陕西省社会科学基金项目（2019D009）资助
陕西省教育厅科研计划项目（19JZ052）资助
西安石油大学油气资源经济与管理研究中心资助
西安石油大学优秀学术著作出版基金资助

我国货币政策的房价传导机制与效应研究

李善燊 著

中国纺织出版社有限公司

图书在版编目（CIP）数据

我国货币政策的房价传导机制与效应研究 / 李善燊著. -- 北京：中国纺织出版社有限公司, 2021.4
ISBN 978-7-5180-8410-4

Ⅰ. ①我… Ⅱ. ①李… Ⅲ. ①货币政策—影响—房价—研究—中国 Ⅳ. ① F822.0 ② F299.233.5

中国版本图书馆 CIP 数据核字（2021）第 040708 号

责任编辑：郭　婷　　责任校对：江思飞　　责任印制：储志伟

中国纺织出版社有限公司出版发行
地址：北京市朝阳区百子湾东里 A407 号楼　邮政编码：100124
销售电话：010—67004422　传真：010—87155801
http://www.c-textilep.com
中国纺织出版社天猫旗舰店
官方微博 http://weibo.com/2119887771
三河市延风印装有限公司印刷　各地新华书店经销
2021 年 4 月第 1 版第 1 次印刷
开本：710×1000　1/16　印张：13.75
字数：260 千字　定价：68.00 元

凡购本书，如有缺页、倒页、脱页，由本社图书营销中心调换

前　言

　　货币政策的房价传导机制存在理论和现实依据，在现代货币政策传导机制的研究中，忽略和掩饰房价传导渠道已不符合经济发展现实。实践表明，货币政策的房价传导机制，既造就了经济的繁荣发展，也埋下了滞涨的隐患，这种现象是客观存在的，但并不是预先设定和完全可控的，因此也并非是合理、合意的。

　　研究的目的，是从认识规律达到科学治理的效果。本书在文献梳理基础上，首先从现有货币政策传导机制理论的总结出发，结合当前货币政策和经济发展的实践，发现现有理论存在的不足，提出以房价为中间渠道的新型货币政策传导机制理论，探索这种机制的内涵和表现形式。然后，通过实证方式分两个阶段验证我国货币政策房价传导机制的实际效果。第一阶段是货币政策对房价的传导，在 FAVAR 计量模型的分析框架下，重点利用格兰杰因果关系检验和脉冲响应方法，分析了数量型货币政策和价格型货币政策对异质性房价的不同冲击效应，着重对价格型货币政策在房价传导过程中出现的"房价之谜"现象作了深入剖析，探明这种异常现象下的深层次原因。第二阶段是房价对宏观经济目标的传导，在 FAVAR 计量模型框架下分析了房价对经济增长以及物价的影响效果，详细分析了房价变动对我国投资结构、消费结构、物价结构变动的传导效应。实证研究表明，货币政策的房价传导机制是存在的，数量型货币政策传导效果更为显著，然而，这种传导机制下的经济增长是不可持续的，存在结构失衡隐患。为增强研究结论的可比性，在国外房地产泡沫案例分析基础上，对于西方发达国家普遍存在的货币政策房价传导机制失灵但是又相继深陷其中的现象，给出了一个马克思主义政治经济学的解释，揭示了房价内生化的货币政策传导机制的矛盾内核与发展必然。最后，本书提出现阶段我国货币政策房价传导机制的完善措施。

李善燊

2020 年 7 月

目　录

第一章　绪论 ··· 001

第一节　研究背景及研究意义 ··· 001

第二节　研究思路和方法 ·· 011

第三节　研究内容与研究框架 ··· 012

第四节　主要创新点 ··· 017

第二章　相关文献综述 ··· 019

第一节　研究观点综述 ··· 019

第二节　研究方法综述 ··· 035

第三节　研究现状评述及本书进展 ··· 052

第三章　货币政策房价传导机制理论分析 ·· 056

第一节　传统货币政策传导机制理论与分析 ··· 056

第二节　货币政策传导机制的内在构成要素及其总体特征 ······························· 063

第三节　货币政策传导机制理论的动态演变与存在的不足 ······························· 073

第四节　以房价为载体的货币政策传导机制理论的构建 ·································· 078

第四章　货币政策房价传导机制的实证分析：从货币政策到房价 ·············· 090

第一节　我国货币政策与房价相关性描述 ·· 090

第二节　实证模型的选用——FAVAR模型 ··· 096

第三节　数量型货币政策影响房价的传导效应分析 ······································· 098

第四节　价格型货币政策影响房价的传导效应分析 ······································· 108

第五节　开放经济条件下货币政策对房价的影响 ·· 115

第六节　本章小结·· 133

第五章　货币政策房价传导机制的实证分析：从房价到货币政策目标············· 135

　　　第一节　房价影响经济增长的传导效应分析·························· 135
　　　第二节　房价影响经济增长结构的传导效应分析······················ 138
　　　第三节　房价影响物价的传导效应分析······························ 149
　　　第四节　房价影响物价结构的传导效应分析·························· 152
　　　第五节　本章小结·· 155

第六章　发达国家货币政策房价传导机制的实践：日、美案例··················· 156

　　　第一节　日本房地产泡沫时期货币政策房价传导机制·················· 156
　　　第二节　美国次贷危机前后货币政策房价传导机制···················· 162
　　　第三节　日、美案例对货币政策的启示······························ 167

第七章　货币政策房价传导机制的政治经济学解释与治理方向··················· 170

　　　第一节　相关学术史梳理·· 171
　　　第二节　房价内生化货币政策的传导过程···························· 174
　　　第三节　房价内生化货币政策的主要矛盾···························· 176
　　　第四节　本章小结·· 180

第八章　结论与政策建议·· 182

　　　第一节　本书主要研究结论·· 182
　　　第二节　政策建议·· 184

参考文献·· 192

附录　2000年至2020年我国房地产调控的主要金融措施及房地产行情··········· 211

第一章 绪论

第一节 研究背景及研究意义

一、研究背景

(一) 我国货币政策与房价变化关系日益紧密

1998年国务院发布了《关于进一步深化城镇住房制度改革加快住房建设的通知》,确定城镇住房制度改革的目标是停止住房实物分配,逐步实行住房分配货币化,以此为标志,中国房地产的市场化发展之路正式启动。随着房价的一路攀升,房地产市值在我国总体经济中的体量越来越大,宏观经济政策对房价的影响也备受人们的关注。货币政策作为一国基础性宏观经济调控方式之一,在实现宏观经济发展目标、促进宏观经济稳定方面发挥着重大作用,货币政策的有效性,则需要依靠其传导机制的顺畅运转。房价作为资产价格的一种重要表现形式,在货币政策传导机制中,必然发挥着重要的传导渠道作用。

从数量型货币政策实施效果来看,货币供应量的增加与房价的变化趋势基本一致。从图1-1看出,1999~2018年,货币供应量的变动呈现平稳增长趋势;房屋销售价格则在2003年后开始出现较快增长势头。从该图可以得到一个直观的判断就是货币供应量的变动与房价的变动存在同向一致性,即使在2007~2008年我国经济遭受到美国次贷危机外生冲击,以及2013~2014年经济新常态下的结构性变动,房价受到负面因素冲击短暂迅速回落,之后在积极货币政策干预下货币供应量迅速提升,经济下滑趋势得到控制的同时,也扭转了房价下行的趋势。

从价格型货币政策实施效果来看,利率和房价走势并非完全线性,而是存在时变特征。从曲线图直观来看,大致分为两个阶段。第一阶段是1999~2011年,利率和房价基本呈现同向运行;第二阶段是2012~2018年,利率和房价基本呈现负向运行。对于第二阶段的负向运行,即资产价格与市场利率负相关,符合基本的资产定价原理,然而对于第一阶段,房价与利率正相关,理论上却难以解释。一般来说,房价作为一种资产价格,其资产现值等于按利率贴现的预期未来收益流量,因此,利率上升,则资产预期未来收益的现值降低,从而资产价格下降;反之,如果利率下降,资产预期未来收益的现值增加,从而资产价格上升。但是从图1-2看出,1999～2011年的多数年份,我国利率变动与房价变动之间呈现正相关,二者几乎同涨同落,呈现出西方学者所说的"房价之谜"(home price puzzle)现象。

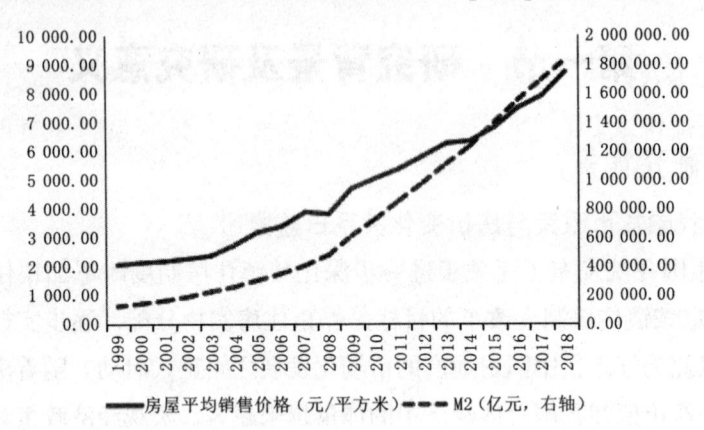

图1-1 1999～2018年间全国房屋销售价格与货币供应量走势

数据来源:WIND 数据库

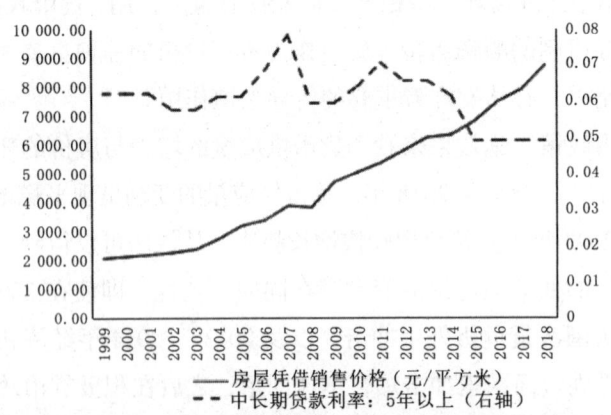

图1-2 利率变动与全国房屋销售价格变动走势

数据来源:WIND 数据库

所谓"房价之谜"是指中央银行连续提高利率情况下,房产价格没有受到抑制反倒持续上升的奇异现象,类似于西蒙斯(Sims,1992)在研究美国货币政策效果时发现的"价格之谜"——联邦基金利率正向冲击导致物价同向变化的情景，这与一般的货币金融思想以及资本资产定价理论大相径庭。古德哈特Goodhart和霍夫曼Hofmann（2008）曾对七大工业国（美国、日本、德国、法国、意大利、英国、加拿大）在1972～1998年间利率与住宅价格关系进行比较研究，发现只有日本存在"房价之谜"现象，而此段时期刚好是日本房地产泡沫累积和爆发的年代，"房价之谜"由此被视为货币政策与资产价格关系失调的表现。

（二）房地产业的发展与房价的波动对我国宏观经济的影响日益增强

房地产业作为国民经济体系的重要构成部分，由于具有相关产业链较长的特点，自改革开放以来，在推动我国经济发展方面发挥了重要作用。长期以来，我国将房地产业作为支柱产业发展，房地产业异军突起，对宏观经济的影响日益增强。

一方面，房地产业对经济增长的贡献率大。如表1-1所示，城镇房地产开发投资占城镇固定资产投资的比重在多数年份超过了20%，比国际通常水平10%～15%高出5～10个百分点。从1999年到2018年，我国房地产开发投资年均增长超过20%，远高于同期GDP的增长速度。1999年以来，房地产开发投资对GDP增长的直接贡献率由2.9%增加到15%左右，房地产本身能起到直接带动经济发展的作用。同时，由于房地产影响到的行业多达50多个，因此房地产对经济的间接影响力更大，房地产业的景气程度与我国经济发展状况息息相关。

另一方面，房价波动与宏观经济的走向紧密相联。如图1-3所示，1999～2003年，房价变动率和GDP变动率都比较平稳，从2004年起，房价开始跳跃式增长，GDP也随之较快增长，第一个跳跃阶段在2003～2008年，2008年末开始迅速回落，与此同时，GDP增长率也随之下滑，直至2009年一季度房价开始回涨，GDP增长率才随之上行，并随之步入2009～2013年第二个房价跳跃阶段。由此可见，不但房地产投资能够直接拉动GDP，房价变动本身也与GDP有很大联系，从直观上来看，房价上涨产生的再投资效应、财富效应、资产负债表效应等有可能对GDP增长产生正向作用。

然而，不能因为观察到房价变动与GDP同起同落就认为高房价有利于GDP的增长。实际上，房价持续快速上涨虽然伴随GDP的上行，但也往往是经济过热以及房地产泡沫的象征，一旦经济形势发生逆转，房价泡沫破裂对实体经济的负面影响十分严重。典型实例是20世纪80年代日本的房地产泡沫和2008年美国的次贷危机，房价的高速上涨既将经济拉向了繁荣的顶点，也将经济推向了危险边缘。我国虽然还未经历过一个完整的较大波幅的房地产价格周期，但是当前房价高位运行，存在调整的内在需求。

表1-1 1999~2018年我国房地产开发投资和销售概况

年份	城镇房地产开发投资完成额（亿元）	城镇固定资产投资完成额（亿元）	城镇房地产开发投资/城镇固定资产投资	全国商品房销售额（亿元）	全国GDP（亿元）	商品房销售额/GDP
1999	4 103	23 732	0.17	2 746	90 564	0.03
2000	4 984	26 222	0.19	3 572	100 280	0.04
2001	6 344	30 001	0.21	4 626	110 863	0.04
2002	7 791	35 489	0.22	5 721	121 717	0.05
2003	10 154	45 812	0.22	7 671	137 422	0.06
2004	13 158	59 028	0.22	10 376	161 840	0.06
2005	15 909	75 095	0.21	17 576	187 319	0.09
2006	19 423	93 369	0.21	20 826	219 439	0.09
2007	25 289	117 464	0.22	29 889	270 092	0.11
2008	31 203	148 738	0.21	25 068	319 245	0.08
2009	36 242	193 920	0.19	44 355	348 518	0.13
2010	48 259	241 431	0.20	52 721	412 119	0.13
2011	61 797	302 396	0.20	58 589	487 940	0.12
2012	71 804	364 854	0.20	64 456	538 580	0.12
2013	86 013	435 747	0.20	81 428	592 963	0.14
2014	95 036	501 265	0.19	76 292	643 563	0.12
2015	95 979	551 590	0.17	87 281	688 858	0.13
2016	102 581	596 501	0.17	117 627	746 395	0.16
2017	109 799	631 684	0.17	133 701	832 036	0.16
2018	120 264	635 636	0.19	149 973	919 281	0.16

数据来源：WIND 数据库

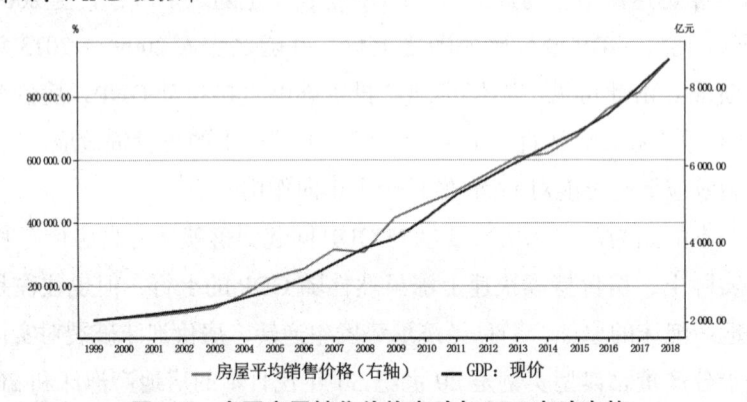

图1-3 全国房屋销售价格变动与GDP变动走势

数据来源：WIND 数据库

（三）货币政策的房价传导渠道存在理论基础与现实依据

货币政策影响实体经济的复杂传导渠道在理论上常被视为一个"黑箱"，故识别该过程的研究被称为打开"黑箱"的过程（伯南克和米霍夫，1998）。米什金（1996）将"黑箱"中的传导路径归类为四大渠道：信贷渠道、利率渠道、资产价格渠道和汇率渠道。传统的研究方向和货币政策实践中，主要关注的是信贷渠道和利率渠道，主要原因在于：一是能与凯恩斯主义经济理论相衔接。信贷渠道和利率渠道直接挂钩投资需求和消费需求，这让各国普遍遵循的经济发展的需求决定论看似存在一整套具备因果关系的理论基础；二是货币政策操作的便利性。信贷渠道和利率渠道基本对应了数量型和价格型两大货币政策操作类型，中央银行通过改变基础货币或者政策利率水平，容易通过信贷渠道或者利率渠道作用于中介目标，进而影响货币政策最终目标。相较而言，资产价格渠道和汇率渠道就难以在中央银行的直接管控之内，多数情况下只能被动地接受。

即便如此，资产价格渠道并未因理论和实践上的"非正统"而沉寂，特别是房地产价格，在各类资产价格中的重要性日益凸显，在货币政策传导机制中的作用也越来越受到关注，吸引一些学者试图解析房价在货币政策传导机制中的作用（青木，2004；米什金，2007；埃尔伯恩，2008等）。近年来，我国也有少数学者开始关注房地产价格在货币政策传导机制中的作用，以《金融研究》杂志刊发的文章为例，张红、李洋（2013）利用GVAR模型研究发现，房地产价格对于货币供应量的传导效果整体上优于对利率的传导效果，东部地区的房地产价格对货币政策传导效应最强，针对价格型和数量型货币政策调控方式，房地产价格渠道的贡献度分别达到27.4%和31.2%，西部地区次之，中部地区最弱。陈诗一、王祥（2016）研究发现，我国货币政策传导机制中，房地产市场同样存在"金融加速器"效应，央行采取盯住房地产价格波动的货币政策，能够改善社会福利，但是政策效果会因社会融资成本的降低而削弱。战明华、李欢（2018）采用SVAR脉冲偏导分离技术对货币政策四种传导渠道的作用进行测度，结果显示，在同时考虑利率市场化和影子银行环境因素下，货币政策通过资产价格渠道影响实体经济的比重高达65%，远高于信贷渠道（21%）、利率渠道（13%）和汇率渠道（1%）。此外，在进行跨国经济问题研究时，对于涉及的资产价格变量，由于不同国家直接融资和间接融资结构存在差异，以股票市值作为资产价格的衡量因素存在争议，但是以房价作为资产价格的代理变量认可度较高。例如李宏瑾、任羽菲（2020）的人民银行工作论文中，在验证 M2/GDP 水平的各类影响因素时，对于资产价格变量，就是以 BIS 公布的各国名义房地产价格指数作为资产价格的唯一代理变量。

在货币政策实践中，房地产的特殊性在于，房价既具有资产价格特征，又具有投资品和消费品价格特征，是虚拟经济和实体经济的综合体，因此以房地产价格为渠道的货币政策传导机制应该是多路径的。当前，在少有的几篇测度货币政策的房价传导效应的文章里，是把房地产价格归类于资产价格渠道研究的，这种测度方法是否准确还值得推敲，因为房价不光在资产价格渠道中发挥作用，还在其他传导渠道中发挥作用。当把房价作为资产价格去理解，在货币政策传导机制中可验证其财富效应、托宾 Q 值效应、金融加速器效应等；当把房价作为资本品和消费品价格去理解，由于具有固定资产和耐用消费品的特性，与社会多数行业关联度极高，因此，房价波动会直接影响到投资需求以及消费需求。从投资需求角度来看，房地产属于资金密集型行业，吸纳了大量的银行信贷，理应成为货币政策传导的重要渠道。据 WIND 数据库统计，2018 年末，全国房地产贷款余额是工业中长期贷款余额的 4.51 倍，该倍数比 2017 年增长 13.3%；2018 年末，全国房地产贷款余额占全部中长期贷款余额的 46%，该比值比 2017 年增长 7%（见表 1-2）。从消费需求角度来看，随着中国房地产市场在国民经济中的地位愈加重要，房地产价格与国民财富的联系愈加紧密。根据 2019 年西南财经大学发布的《中国家庭金融调查报告》显示，城镇居民家庭房产净值占家庭人均财富的 71.35%，农村居民家庭房产净值占比为 52.28%，这表明我国家庭财富主要是以房地产形式存在。从人均财富增长的来源来看，房产净值增长额占家庭人均财富增长额的 91%，房产净值增长占据了全国家庭人均财富增长 9 成以上的份额，极为罕见。

通过理论回顾和现状分析可知，货币政策的房地产价格传导渠道存在理论和现实依据，在现代货币政策传导机制的研究中，忽略房地产价格渠道已不符合经济现实。

表1-2 我国房地产贷款与工业贷款、中长期贷款情况

年份	(1)房地产贷款余额	(2)工业中长期贷款余额	(1)/(2)	(3)中长期贷款余额	(1)/(3)
2005	27 700.00	—	—	87 460.42	0.32
2006	36 800.00	—	—	106 512.40	0.35
2007	48 000.00	—	—	131 539.08	0.36
2008	52 800.00	—	—	154 999.79	0.34
2009	73 300.00	—	—	222 418.76	0.33
2010	93 500.00	—	—	288 930.43	0.32
2011	107 300.00	60 900.00	1.76	323 806.52	0.33
2012	121 100.00	63 400.00	1.91	352 907.42	0.34
2013	146 100.00	66 000.00	2.21	398 862.41	0.37
2014	173 700.00	71 300.00	2.44	459 482.07	0.38
2015	210 100.00	74 900.00	2.81	525 389.61	0.40
2016	266 800.00	77 100.00	3.46	623 756.20	0.43
2017	322 000.00	81 000.00	3.98	741 175.15	0.43
2018	387 000.00	85 900.00	4.51	846 490.30	0.46

注：①列表示主要金融机构房地产贷款余额，②列表示主要金融机构工业中长期贷款余额，③列表示金融机构中长期贷款余额，单位均为亿元，空格处为数据库数据缺失

数据来源：WIND数据库

（四）货币政策的房价传导机制是客观存在的，但不一定是合理、合意的

自20世纪80年代以来，发达国家由房地产泡沫导致的金融危机时有发生，多数研究结论表明，房价泡沫的累积和破裂与货币政策有一定关联。货币政策的房地产价格传导渠道，既造就了经济的繁荣，也埋下了泡沫的隐患，这种现象是客观存在的，但并不是预先设定和完全可控的，因此也并非是合理、合意的。从日本的房地产泡沫和美国次贷危机案例能够看出这一端倪。日本是间接融资主体模式下房地产泡沫的典型。1986～1990年，由于日元短期内大幅升值，流动性过剩，加之日本长期的低利率宽松货币政策支持，金融资产市场投资成本低廉，房地产市场泡沫迅速膨胀，仅1989年日本的股市和房地产价值的增值就超过了当年名义GDP。1990年在大幅度的紧缩货币政策压力下，日本的房地产泡沫终于破灭，引发了该国全面的金融危机，自此步入称之为"失去的十年"的经济停

滞期。美国则是直接融资主体模式下房地产泡沫的典型。21世纪初，美国金融自由化盛行，住房融资门槛降低，美国次级住房抵押贷款盛行，资产证券化市场规模逐年攀升，在美联储长期低利率的宽松货币政策支持下，房地产泡沫迅速膨胀，通过金融衍生品的传导，信用风险不断向市场扩散，基础资产收益率难以支撑资产证券化的预期回报，迫使美联储不得不升息抑制泡沫，终使得次贷危机爆发。2007年美国全国范围住宅用地价格下跌了约70%，房价下跌了34%以上，银行不动产抵押资产价值大幅缩水，一些原本实力雄厚的金融机构陷入巨亏而倒闭，许多与次贷业务相关联的金融机构也陷入了信用危机的泥潭。

回顾我国房地产市场的发展历史，自20世纪90年代初我国部分地区就已经出现了房地产过热的现象，其中在一些区域出现了较为严重的房地产泡沫，典型的例子是1991年前后的海南房地产市场泡沫以及北海的房地产泡沫事件。1998年我国住房市场商品化改革以来，为了避免再次出现房地产投资过热、价格上涨过快的局面，自2003年开始，相关部门多次下发政策指导意见，在信贷、土地、税收等方面提出多项措施，特别是房贷政策的运用最为突出，在过热时期抑制房价过快上涨或者在低迷时期提振房地产消费动力方面，均发挥了重要作用。

从历史数据来看，我国房地产投资额从1999年的4103亿元增加到2018年的120264亿元，增加了28倍；全国商品房平均销售价格从1999年的2053元/平方米上涨到2018年的8737元/平方米，上涨幅度约3.3倍。在房价上涨过快时，央行运用的房贷政策，主要包括提高首付比、提高房贷利率、限贷等手段，并配合限价、限购、限售、限户籍等其他部门出台的行政措施抑制住房投资与消费需求，试图稳定房地产价格，促进房地产市场健康发展。同理，在经济受到负面因素冲击房价回落时，央行运用降低首付比、降低房贷利率等激励型房贷政策以促进房地产投资与消费的复苏。从这些政策效果来看，刺激住房投资与消费的金融政策十分有效，但是抑制住房投资与消费需求的金融政策效果不大，几乎每一轮推出的抑制房价的指导意见和相关措施出台以后，房价经历短暂时期的停顿后均迎来报复性上涨。

银行贷款规模与房价之间的顺周期性和正反馈效应在各国均比较普遍。银行信贷规模扩大，流动性容易渗透至各类资产，引起资产价格上行；同样地，高房价推动不动产抵押品价值增值，刺激银行放贷扩张和社会信用扩张。在这个相互促进的过程中,往往伴随货币供应量或者社会融资规模的较大幅度增长。据统计,2011年我国主要金融机构房地产贷款余额占工业中长期贷款余额的比重为1.76倍,到2018年末,该比重增长至4.51倍,该比值8年增长2.56倍(见图1-4);2011年主要金融机构房地产贷款余额占金融机构中长期贷款余额的比重为33%,到2018年末,该比重增长至46%,该比值8年增长13个百分点。房地产贷款已经是商业银行资产的重要组成部分,如果考虑到影子银行体系流向房地产领域的融资规模,则整体房地产领域沉淀的资金规模相当大,如此一来,房价对货币政策的敏感性会越来越强。

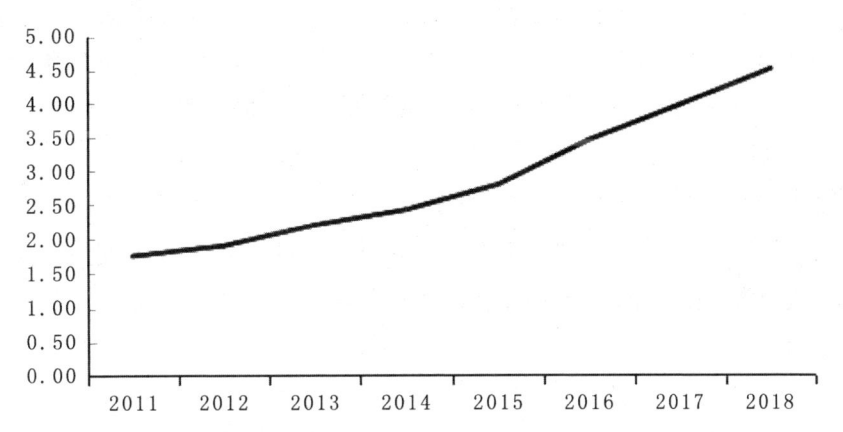

图1-4 主要金融机构房地产贷款余额占工业中长期贷款余额的比重

数据来源:WIND 数据库

纵观发达国家以房地产泡沫为主要起因的金融经济危机,货币政策与房价关系失调有两个重要表现特征:一是银行信贷与房价的"顺周期"行为加强。银行信贷和房地产投资紧密结合并互相强化,与经济周期具有极强的关联度。当经济处于上升和繁荣周期时,房地产业作为经济增长的重要支柱,通过对上、下游行业带动所产生的关联效应为经济增长注入强劲动力,房价上行更为信贷提供了强有力的担保基础,信贷规模进一步扩大。而当经济处于停滞和衰退周期时,情况则正好相反。这种"顺周期"增加了货币政策调节的难度,使货币政策很难通过平滑操作保持连续性。二是资产价格相对于货币政策的黏性增强。在房价泡沫快速膨胀阶段,升息难以抑制房价,反倒出现利息调高、房价猛涨的"步步惊心"走势,货币政策被迫更高频率紧缩,最终以泡沫破裂而告终。在1980年代的日本房地产泡沫期间,以及2008年美国次贷危机爆发前期,货币政策与房价均呈现这种关联。

二、研究意义

（一）理论意义

（1）本书在西方传统货币政策传导机制理论基础上，结合房价在货币政策传导中的特殊作用，构建了货币政策房价传导机制的理论分析框架。内嵌房价的货币政策传导机制是当代新的经济发展环境下对货币金融理论创新的内在要求。本书在西方货币政策传导机制经典理论基础上融入房价变量，充分考虑房价在货币政策传导过程中呈现出来的财富效应、投资效应、挤出效应等作用机理，系统性地概括了我国货币政策房价传导机制的表现形式，为我国货币政策房价传导机制理论提供一个既存在理论基础、又符合最新发展实践的动态全面的分析框架。

（2）利用 FAVAR 模型能够处理大规模、多变量数据的优势，构建了一个相对完整、科学的货币政策房价传导机制与效果的时序分析体系。该时间序列模型囊括了我国绝大多数的宏观经济变量，克服了一般的 VAR 模型变量过少、信息反映不足的缺陷，从而更能准确和详细地考察不同类型房价在货币政策传导过程中的效应。

（3）基于西方经济理论的货币政策房价传导机制的理论与实证研究结果表明，货币政策在经历房价的传导过程中虽然在短期能够带来较高 GDP 增长，但是由于对经济结构和收入分配结构产生不利冲击，不利于经济可持续发展。然而，这种内在机理难以用西方经济思想和理论来解释，马克思政治经济学对此能够做出深入的诠释。本书提出了基于马克思剩余价值论的房价内生化货币政策传导机制理论，继承和发展了马克思金融经济学思想，揭示了当代内嵌房价波动的经济结构失衡的内在根源，为发展经济学和转型经济学开辟了一个马克思主义研究视角和经济治理方向。

（二）现实意义

（1）为中央银行货币政策的制定提供更加全面、系统的分析判断思路。传统的货币政策制定和实施过程中较少考虑房价变动的影响，但理论和实践证实我国的货币政策房价传导机制是存在的，虽然这种传导机制并非是预定的、合意的。货币政策能够通过对房价的作用渠道，影响货币政策最终目标。本书的研究为中央银行货币政策的制定提供了一个更加全面、系统的分析和判断思路。

（2）为政府差别化房价调控政策和房地产调控长效机制的建立提供参考。货币政策的房价传导效应显示，数量型和价格型货币政策对于房价的影响效果不同，且普通住宅、高档住宅、商业营业用房等不同类型的房地产价格所呈现出来的传导效果也存在差异，本书的研究对此做出了揭示，从而为政府差别化房价调控政策提供操作依据，为房地产调控长效管理机制提供施政参考。

（3）有利于尽早认识和防范由于房价过度偏离真实价值引发系统性金融风险和经济危机。对日、美房地产泡沫危机分析表明，货币政策的房价传导机制容易滋生泡沫，最终触发系统性金融风险并引起经济长期衰退。书中最后的实证结果也揭示了货币政策与房价关系失调以及高房价导致投融资结构和消费结构失衡的现象，泡沫破裂必然危及整个金融体系，维持泡沫则侵蚀实体经济。本书的研究有利于货币当局尽早从货币政策调控手段出发防范因房价过度波动引发的系统性金融经济风险。

第二节　研究思路和方法

一、研究思路

本书在文献梳理基础上，首先从现有货币政策传导机制理论的总结出发，结合目前货币政策和经济发展的实践，发现现有理论存在的不足，由此提出新型货币政策房价传导机制理论，探索这种机制的内涵和表现形式。然后，文章通过实证方式分两阶段验证我国货币政策房价传导机制的实际效果。第一阶段是货币政策对房价的传导，在 FAVAR 计量模型的分析框架下，重点利用格兰杰因果关系检验和脉冲响应方法，分析了数量型货币政策和价格型货币政策对异质性房价（普通住宅、高档住宅、经济适用房以及商业用房等价格）的不同冲击效果，着重对价格型货币政策的房价传导过程中出现的"房价之谜"现象作了深入剖析，发现这种异常现象下的深层次原因。第二阶段是房价对宏观经济目标的传导，在 FAVAR 计量模型框架下分析了房价对经济增长以及物价的影响和传导效果，为突出货币政策房价传导机制对最终目标的结构性影响效果，详细实证描述了房价变动对我国投资结构、消费结构、物价结构变动的作用效果。为增强研究结论的可比性，文章在日、美两国房地产泡沫案例分析基础上，对于西方发达国家普遍存在的货币政策房价传导机制失灵但是又相继深陷其中的现象,给出了一个马克思主义政治经济学的解释,揭示了房价内生化的货币政策传导机制的矛盾内核与发展必然。最后,提出我国货币政策房价传导机制的完善措施。

二、研究方法

1. 总体分析与结构分析相结合研究法

传统的货币政策传导渠道方面的研究,是将各个环节要素作为一个同质性主体,从总体的角度把握这种传导机制与效果。但作为中国转型期社会发展而言,多元经济结构明显,货币政策通过异质性房价(包括普通住宅、高档住宅、保障性住房以及商业用房等)的传导渠道,对宏观经济目标的影响也呈现结构性差异(包括对投资结构、消费结构以及物价结构等的影响)。将总体分析和结构分析法相结合,有利于从宏观和微观的角度透析货币政策传导机制的异质性特征与规律。

2. 逻辑演绎与历史归纳相结合研究法

以传统货币政策传导机制基本原理为前提,在强调新时期房地产和房价在其传导过程中的作用基础上,推导出货币政策→房价→宏观经济目标的货币政策房价传导机理,并通过经验实证检验实际传导效果。与此同时,采用历史归纳法,考察日、美两国特定历史时期货币政策的房价传导效果,并从中得到经验借鉴。

3. 定性分析与定量分析相结合研究法

任何事物的发展过程都是量变与质变的统一,利用定性与定量结合的方法展开研究,有利于对货币政策房价传导机制的总体路径、微观结构以及传导效果有比较清晰的认识,从理论和经验的角度全方位把握货币政策传导机制的本质规律。

第三节 研究内容与研究框架

一、研究内容

全书共分八章,各章节研究内容如下。

第一章:绪论。主要介绍本书的研究背景、研究目的与研究意义,并从宏观上呈现出本书的研究框架、研究内容、研究方法与主要创新点。

第二章：相关文献综述。根据研究的视角和方法的不同，将以往文献分为基于研究观点的综述和研究方法的综述两大类进行梳理，在此基础上对文献进行评述，找出以往文献研究的成果与不足，明晰本书的研究目的和研究意义。

第三章：货币政策房价传导机制理论分析。货币政策的房价传导机制是把房价作为货币政策传导的中间渠道所呈现出来的新型货币政策理论和实践。本章从现有货币政策传导机制理论的总结出发，结合目前货币政策和经济发展的实践，发现现有理论存在的不足，由此引入货币政策房价传导机制理论，探索这种机制的内涵和表现形式，为后续实证部分的研究提供了理论铺垫。

第四章：货币政策房价传导机制的实证分析：从货币政策到房价。首先从我国货币政策与房价之间的相关性描述出发，发现数量型货币政策和价格型货币政策与房价之间的变动趋势。然后，为探索货币政策对房价传导的深层次影响效果，在FAVAR计量模型的分析框架下，重点利用格兰杰因果关系检验和脉冲响应方法，分析了数量型货币政策和价格型货币政策对异质性房价（普通住宅、高档住宅、经济适用房以及商业用房等价格）的不同冲击效果，着重对价格型货币政策的房价传导过程中出现的"房价之谜"现象作了深入剖析，发现这种异常现象下的深层次原因。最后，在我国开放经济内生性货币供给视角下，针对美国量化宽松货币政策环境下的溢出效应，分析了外源性货币政策因素对我国房价的影响效果。

第五章：货币政策房价传导机制的实证分析：从房价到货币政策目标。首先，从我国房价与宏观经济目标之间的相关性描述出发，发现二者的变动趋势。然后，为探索房价对宏观经济目标传导的深层次影响效果，在FAVAR计量模型的分析框架下，利用格兰杰因果关系检验和脉冲响应方法，分析了房价对经济增长目标（投资和消费）的影响和传导效果，以及房价对物价的影响效果。为突出货币政策房价传导的结构性影响效果，本章实证描述了房价变动对我国投资结构、消费结构、物价结构变动的作用效果。最后，借鉴埃尔伯恩（2008）的方法估计了房价对货币政策的传导效应，比较不同类型房的传导效应差异。

第六章：发达国家货币政策房价传导机制的实践：日、美案例。主要对20世纪70～90年代日本房地产泡沫和2008年美国次贷危机前后货币政策的房价传导机制现实特征和政策得失进行案例分析。

第七章：货币政策房价传导机制的政治经济学解释与治理方向。基于马克思剩余价值论的观点，对西方经济学在货币政策房价传导机制失灵的原因进行剖析，揭示商品经济条件下房价与货币政策共济失调的内因及其治理方向。

第八章：结论与政策建议。以前文理论和实证分析结果为基础，结合国际社会货币政策房价传导机制实践得失，提出我国货币政策房价传导机制的完善措施。

二、研究对象

关于研究对象相关范畴的界定。"机制"一词原指机器的构造和工作原理，后来它被经济学借用发挥，用于说明经济机体的运行。"机制"重在强调机体内各构成要素之间相互联系和作用。根据"机制"的概念，货币政策的房价传导机制主要是研究以房价为中间传导渠道的货币政策对宏观经济发展目标的影响机理和实际效果。由于货币政策工具类型主要包含数量型和价格型两类，因此文章从这两大货币政策工具类型出发研究其房价传导机制和效果。而对于宏观经济目标，文章主要界定在经济增长和物价稳定及其相应的结构变动方面。

文中对于房地产市场结构的界定来源于国家统计局编纂的《中国经济景气月报》（以下简称《月报》）中对于房地产的划分。该数据库分类明细，时效性强，权威性高，是很多高校、科研机构以及商业数据库资料的初始来源。依据分类细则，本书把新建房产（非二手房）按照用途划分为总体住宅和商业用房。总体住宅又包括普通住宅、高档住宅和保障型住宅（包括经济适用房、限价房、廉租房和公租房）；商业用房来自《月报》中非住宅一项，涵盖范围包括商业营业用房和办公楼及其他。它们的关系如图1-5所示。

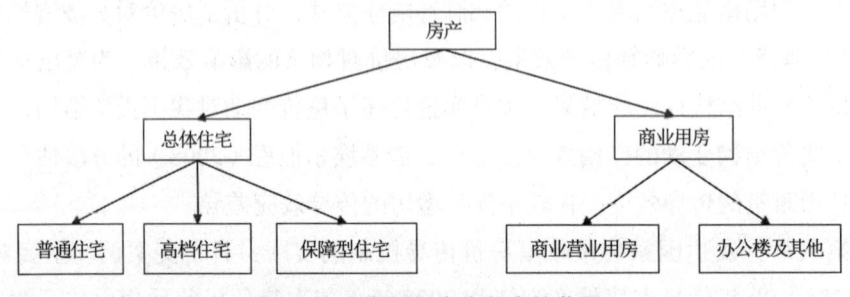

图1-5 本书所指房产包含的范围

我国房屋类型划分的具体规定如表1-3所示：

表1-3 我国房屋类型划分的具体规定

住宅	普通住宅	是指按所在地一般民用住宅建筑标准建造的居住用房屋。普通标准住宅与其他住宅的具体划分界限，2005年5月31日以前由各省、自治区、直辖市人民政府规定。2005年6月1日，国办发〔2005〕26号中对普通标准住宅的规定为：住宅小区建筑容积率在1.0以上、单套建筑面积在120平方米以下、实际成交价格低于同级别土地上住房平均交易价格1.2倍以下。各省、自治区、直辖市要根据实际情况，制定本地区享受优惠政策普通住房的具体标准，允许单套建筑面积和价格标准适当浮动，但向上浮动的比例不得超过上述标准的20%
	高档住宅	符合以下三个条件之一即为高档住宅：①住宅小区建筑容积率在1.0以下(不含1.0)；②单套建筑面积在160平方米以上(含160平方米，或者房屋交易成交价160万元以上)；③实际成交价格高于该区市场指导价1.2倍以上（不含1.2倍）
	保障型住宅	是专门针对中低收入家庭建设的具有社会保障性质的特殊住房，目前包括廉租住房、公共租赁住房、经济适用房和限价商品住房
商业用房		也叫商业营业用房，是指各类商店、写字楼、商场、餐饮店、金融营业场所、宾馆等从事商业和为居民生活服务所用的房屋

资料来源：住房与城乡建设部以及国务院办公厅相关文件

鉴于数据的可得性和代表性，本书实证时用到的异质性房价主要包含普通住宅价格、经济适用房价格、高档住宅价格和商业用房价格，各类房价取自对应的新建房屋销售价格指数。

三、研究框架

本书首先基于西方货币金融学基本理论提出货币政策房价传导机制理论框架，然后利用前沿的计量经济学方法对我国货币政策房价传导机制进行验证并分析效果，揭示货币政策房价传导机制的内在矛盾，最后提出改善我国货币政策房价传导机制的相关政策建议。按照这一思路，研究的主体分为三大部分：

第一部分为问题的提出部分。主要是对以往相关文献进行梳理的基础上，分析其研究的可借鉴之处和局限性，提出本书需要开展的创新性工作和需要解决的问题。

第二部分为问题分析部分。主要运用货币金融学以及计量经济学等相关学科经典和前沿理论与方法，分析我国货币政策房价传导机制理论的存在形式，在此指引下对我国货币政策房价传导机制的作用效果进行验证。

第三部分为问题解决部分。以理论和实证分析结果为依据，提出完善我国货币政策房价传导机制的措施。

本书整理的技术路线图如图 1-6 所示。

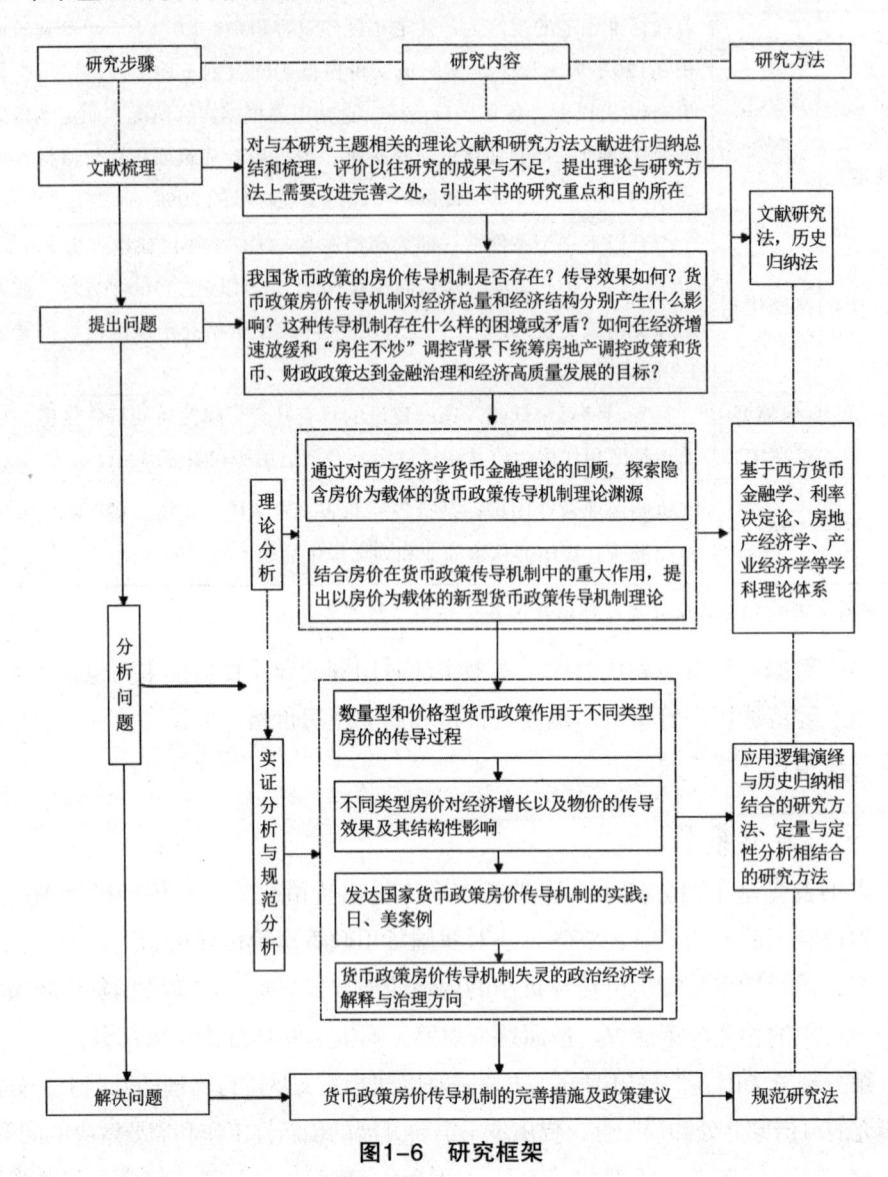

```
研究步骤                研究内容                          研究方法

文献梳理 ──→  对与本研究主题相关的理论文献和研究方法文献进行归纳总
             结和梳理，评价以往研究的成果与不足，提出理论与研究方     ──→  文献研究
             法上需要改进完善之处，引出本书的研究重点和目的所在            法、历史
                                                                      归纳法
提出问题 ──→  我国货币政策的房价传导机制是否存在？传导效果如何？货
             币政策房价传导机制对经济总量和经济结构分别产生什么影
             响？这种传导机制存在什么样的困惑或矛盾？如何在经济增
             速放缓和"房住不炒"调控背景下统筹房地产调控政策和货
             币、财政政策达到金融治理和经济高质量发展的目标？

         ┌─ 理论分析 ─→ 通过对西方经济学货币金融理论的回顾，探索隐
         │              含房价为载体的货币政策传导机制理论渊源         ──→  基于西方货币
         │                                                                  金融学、利率
         │              结合房价在货币政策传导机制中的重大作用，提              决定论、房地
         │              出以房价为载体的新型货币政策传导机制理论              产经济学、产
分析问题 ─┤                                                                  业经济学等学
         │                                                                  科理论体系
         │
         │              数量型和价格型货币政策作用于不同类型
         │              房价的传导过程
         │                                                           ──→  应用逻辑演绎
         └─ 实证分析 ─→ 不同类型房价对经济增长以及物价的传导                  与历史归纳相
            与规范分析   效果及其结构性影响                                 结合的研究方
                                                                          法、定量与定
                        发达国家货币政策房价传导机制的实践：              性分析相结合
                        日、美案例                                        的研究方法

                        货币政策房价传导机制失灵的政治经济学
                        解释与治理方向

解决问题 ──→  货币政策房价传导机制的完善措施及政策建议         ──→  规范研究法
```

图 1-6　研究框架

第四节 主要创新点

本书创新点主要体现在以下四个方面：

（1）构建了以房价为渠道的新型货币政策传导机制理论，丰富了货币政策传导机制的研究领域和内涵。全书以西方货币金融理论为基础，结合房地产和房价在当代经济体系和政策体系中的重大影响力，阐释了房价在贯通货币政策工具和最终目标过程中的作用，建立货币政策的房价传导机制理论。

（2）比较分析了数量型货币政策和价格型货币政策工具影响房价的不同传导效应。研究表明，我国数量型货币政策的房价传导效应显著，但是价格型货币政策的房价传导机制并不顺畅。探索原因发现，我国居民投资的适应性预期效应、优惠的房贷利率具有的房地产投资"挤出效应"以及更强于"收入拉动"和"成本推动"作用的"收入差距拉动"效果，远大于利息对房地产价格的直接作用效果，房地产投资和投机性需求因此被超前集中释放。完善价格型货币政策的房价传导机制，需要引导居民的理性预期、科学的房贷政策以及有利于需求平稳释放的收入分配政策。

（3）在对房地产市场结构进行细分的基础上分析了异质性房价对我国货币政策的不同传导效果。鉴于以往文献研究中把房地产作为一个整体来对待，缺乏对异质性房价不同特性的认识，也就难以发现我国不同类型房价在货币政策传导过程中的差异化效果。本书在对房地产市场结构进行细分的基础上，将房价划分为普通住宅价格、高档住宅价格、经济适用房价格以及商业用房价格，充分利用FAVAR模型具有的能够处理大规模、多变量信息的优势，详细考察了异质性房价在货币政策传导过程中的作用，从而为我国差别化房地产调控政策的制定提供科学依据。

（4）对西方国家经历的货币政策房价传导机制失灵现象提出一个政治经济学的解释。研究认为，剩余价值分配方式天然地将利息、地租与房价关联，当代资本主义制度环境下房价内生化的货币政策传导机制对经济结构的调控作用失灵，归根结底在于资本家集团内部对剩余价值的分配失衡，突出表现在货币资本家和土地所有者围绕房价对剩余价值的过度攫取，产业资本家所得剩余价值份额相对不足，剩余价值分配结构不利于产业资本的有效积累，资本扩大再生产的可持续运转机制遭到干扰和破坏。我国在市场经济运行环境下的经济治理需要以此为鉴，只有打破围绕房价的利益固化，优化发展主体价值分配关系，振兴产业资本，才有利于矫正货币政策传导机制，促进经济社会平稳转型与健康发展。

第二章 相关文献综述

货币政策传导机制的研究一直是金融经济学领域的热点和难点问题。传统的货币政策中间变量,主要针对股价、汇率等资产价格,较少考虑房价这种新型载体,对于货币政策房价传导机制的系统性研究较少。即便如此,各国学者对与之相关的领域仍然进行了广泛而卓有成效的探索,积累了大量富有启发意义的文献。本章分别从研究观点和研究方法两个方面对这些文献进行梳理和评述,由此引申出本书的逻辑起点和理论基础。

第一节 研究观点综述

一、货币政策对房价的作用机制及其效果

货币政策是否对房价产生影响是判别货币政策房价传导机制是否存在的首要前提。在货币政策的资产价格传导渠道中,货币政策工具首先影响实际利率或其他金融变量,通过这些变量的调整,影响到资产价格等中介渠道,由此间接地影响产出、就业、物价等最终目标变量。

(一)数量型货币政策传导观点

从国内外文献来看,关于数量型货币政策与住宅价格关系的研究结果基本一致,绝大多数研究认为数量型货币政策对房价的作用有效,即货币供应量或者信贷的增加会促进房价上扬,反之则促使房价下降。莫迪利安尼(1975)分析认为信贷额在抵押市场上对房地产建设有间接的作用,货币政策的传导主要是通过资本投资和消费进行的。周京奎(2006)利用1998~2005年的数据对我国房价和股价波动状况进行了实证研究,发现货币供应量对银行拆借利率和贷款额都有显著影响,因此认为货币供应量是引起资产价格波动的发动机。王来福和郭峰(2007)通过VAR模型研究发现,货币供应量变化对房地产价格有长期的正向作

用，货币供应量的增加促使房价上涨，货币供应量变化较利率变化对房价变化的贡献率更大。郭娜（2019）研究发现，紧缩的货币政策冲击能够有效降低房价、缓解宏观经济波动。

魏玮（2008）从货币政策传导渠道角度发现紧缩的信贷政策仅能在短期内抑制房地产市场需求，长期效果欠佳，而货币供给量冲击对房地产市场的影响并不显著，相对于房地产需求，房地产市场供给对各种货币政策工具冲击的响应深度高，但响应速度较慢。高波和王先柱（2009）运用 2000～2007 年的相关指标构建了 5 个向量自回归模型，通过协整检验和脉冲响应函数，探讨了中国房地产市场货币政策传导机制的有效性，发现货币供给量的增加直接刺激了房地产投资和商品房销售额的增长，导致房地产价格上涨。胡浩志（2010）利用 1999～2009 年的月度数据，运用 SVAR 模型对货币政策、房地产市场与宏观经济波动之间的动态关系进行了实证研究，发现存在通过房地产市场影响宏观经济的货币政策传导渠道，在货币政策调控房价方面，金融机构信贷规模作为中介目标较为有效。李成等（2011）基于 DSGE 模型的模拟分析和 VAR－GARCH（1，1）－BEKK 模型的溢出效应检验发现，在运用货币政策调控房地产市场时应以数量型工具为主。郑忠华和郭娜（2011）从金融信贷的角度出发，结合我国的实际背景，采用 SVAR 模型对我国房地产价格波动与货币政策传导进行了实证检验。实证结果发现，在以房地产价格作为货币政策传导渠道的作用中，以数量机制为主导的调控体系较之价格机制为主导的调控体系更加有效。王晓芳和毛彦军（2011）在理论分析的基础上，通过构建结构向量自回归（SVAR）模型，实证检验我国房价在货币政策信贷传导渠道中的作用，结果表明房价已成为我国货币政策信贷传导渠道中的一个重要环节，货币政策冲击通过信贷渠道对宏观经济所产生影响中有 50% 以上要经由房价这个载体加以实现。沈悦和李善燊（2012）的分析认为，当出现流动性过剩时，充足的流动性必然会对房价泡沫起到推波助澜的作用。周冰和苏治（2012）在区分房地产消费属性和投资属性的基础上，通过不同货币政策对房地产供给和需求的传导机制的分析，发现数量型货币政策工具比价格型货币政策工具在调控当前中国房价时更加有效。余华义和黄燕芬（2015）研究表明，货币供应量变动对一线城市和东部城市房价的正向影响高于其对中西部城市的影响。郑世刚（2018）研究发现广义货币供应量对宏观经济的解释力更强，也是我国房价持续上涨的重要原因。

外源性的货币供给特别是国际资本对房价的冲击也时有发生。1998年亚洲金融危机就是最好例证。詹森（2003）实证研究了泰国在金融危机前境外投机资本流入后对泰国国内房价和股价的不同影响，认为国际资本产生的巨大流动性攻击对泰国股市的影响相对较小，而对房市的影响相对较显著。次贷危机发生后，国际资本为了在全球寻找新的投资机会，出现了全球流动格局。堀田（2006）采用的Copula函数测度结果显示，加拿大、日本、意大利、法国以及英国的房价变化在次贷危机中与美国市场存在强相关关系，国际资本的纽带起到重要作用。郭峰和黄英淑（2010）研究了国际资本对中国房地产市场和股票市场的不同影响，得出结论认为热钱推动了中国住宅价格的加速上涨。中国相关文献的研究主要在2005年汇率制度改革之后。张宇（2008）、刘莉亚（2008）等的实证研究分别表明，境外投机资本流入国内房地产市场，尤其是豪华住宅市场的非预期突发性变化会引发房价发生异动波动。陈浪南等（2009）研究发现，人民币汇率、国内外利差和房地产收益率等对短期国际资本流动存在显著滞后效应。焦继文和郭灿（2011）研究发现国际资本流动与房价上涨之间的相互影响较为显著，国内房价对国际资本流动的敏感度较高。沈悦和李善燊（2012）利用SVAR实证研究发现国际资本流入对我国商业用地价格、高档住宅用地价格、商业房产价格以及高档住宅价格冲击效果依次增强，对普通住宅及其用地价格冲击效果则不强。国际资本对我国房价存在正向冲击效应的研究还有马亚明和赵慧（2012）、朱孟楠（2017）、徐雅婷（2018）等。

（二）价格型货币政策传导观点

货币政策房价传导机制中的价格型货币政策主要体现在利率对房价的作用效果上，主要有三种不同的观点，即有效论、无效论和结构论。

20世纪90年代以后，西方国家货币政策"泰勒规则"的盛行使得利率成为主要的中介目标，从目前研究文献来看，多数研究认为价格型货币政策（利率）对房价的影响是有效的。伯南克和格特勒(1995)研究认为，房地产投资对短期利率冲击反应强烈而且持久，对长期利率的反应比对短期利率的反应小，而且恢复很快，因此利率的期限结构影响了货币政策效果。米尔鲍尔和墨菲（1997）发现抵押市场的金融自由化使得利率水平对房价的变化发挥着重要作用，利率可以有效影响房价。亚科维洛和米内蒂（2003）利用VAR模型研究了芬兰、瑞典及英国货币政策冲击对房价波动的影响，发现利率变动不但直接对房价变化有作用，而且还增加了房地产市场的政策敏感性。弗坦托尼和舒（2003）采用异质代理人自回归模型（Heterogeneous-Agent VAR Model）对美国 1986~1996 年间区域性住房市场与货币政策之间关系进行了分析，研究发现，利率与住房投资以及房价变化呈负相关关系，但其作用效果具有区域差异。他们认为这种差异主要是因不同地区经济结构及其对货币政策反应不同造成的。

此后，真实经济周期理论和更加复杂的向量自回归模型的广泛使用使该领域的研究成果进一步丰富。青木等（2004）在 BGG 模型基础上引入了房地产部门，研究了房地产在货币政策中的传导作用。该模型中住房既提供一定的消费流，也充当了家庭借贷的抵押品，在一定条件下，金融加速器效应会放大利率冲击在住房投资、住房价格和消费中的作用。卡梅隆等（2006）的研究发现，在英国，信贷状况直接或间接地通过实际利率水平影响房地产价格，实际利率提高导致房价下降。赵德浩和马承龙（2006）运用协整检验和光谱分析（spectral analysis）考察了韩国 1991~2002 年间房价与利率之间的关系，发现长期内房价与利率是正常的负相关关系，并且短期内利率是房价变动的 Granger 原因。米什金（2007）通过理论分析把货币政策对房地产的传导划分为直接和间接途径：首先利率通过影响房地产市场供给者和需求者的成本直接作用于房地产市场；其次利率通过作用于实体经济从而间接影响房地产市场。亚科维洛和米内蒂（2008）通过四个向量自回归模型（VAR）分析了芬兰、德国等国家的房地产市场上货币政策的传导机制，指出货币政策的房价传导机制是否有效与一个国家的房地产市场结构特征相关联。亚当（2008）运用 SVAR 模型，发现英国房地产价格波动对消费价格和利率存在互动影响。沃利森（2010）通过考察美国次贷危机发现，美联储的长期低利率、社区再投资法以及其他的房产刺激政策，加上房利美和房地美的隐性担保，导致极高的道德风险，促成了美国的房产泡沫。毕斯曼和朱利奥多里（2010）实证研究了 11 个欧洲国家从 1970~2004 年的情况，发现收入等因素对房价的影响变小，而利率、股票市场等作用则明显增强，提高利率能够抑制房价上涨。

国外研究结果表明价格型货币政策对房价影响无效的结论不多。古德哈特和霍夫曼（2007）发现 1972~1998 年日本房地产泡沫期间利率对房地产价格具有罕见的正向冲击。麦长锡和俾赤（2002）以及长塞等（2010）的研究表明，南非市场在 20 世纪 80 年代快速金融自由化时期也存在这种货币政策异象，除此以外罕有类似结论，他们把这种奇异现象称之为"房价之谜"。可以看出，发达国家由于金融自由化起步时间早，利率市场化程度高，利率对房价的影响作用有效。

我国自从住房市场化改革以来这方面的研究也在不断丰富，但是对利率与住宅价格关系的研究结果存在较大分歧，梳理出以下几种情况：

（1）利率与房价变动正相关，因此认为利率政策对房价作用无效的观点。陆前进和卢庆杰（2008）研究发现利率的上升并不能有效地控制房价，反而会导致商业银行信贷风险的上升。陈鹄飞等（2010）通过构建 GARCH(1, 1)—M 模型，发现央行实施加息的货币政策后当期房价反而上涨的投资现象。况伟大（2010）对中国 35 个大中城市 1996～2007 年数据回归研究发现，本期利率变动对房价变动具有正向影响，但回归系数不显著，这表明中央银行利率政策在很大程度上是无效的。蔡真和汪利娜（2011）研究认为，在当前中国金融体制下，提高利率的价格政策以及提高准备金的数量政策都没有起到抑制房价过快上涨的作用。周江涛（2011）使用中国 2000～2010 年的季度数据，利用 SVAR 计量模型研究发现，利率对住宅价格具有异于寻常的正向冲击作用。持相同研究观点的还有黄祥庆（2012）、李松华（2015）等。

（2）利率与房价负相关，由此认为利率政策对房价调节有效的观点：丁晨和屠梅曾（2007）运用向量误差修正模型（VEC）对房价在货币政策传导机制中的作用进行了实证分析，以短期利率、信贷、货币供应量为政策变量发现房价渠道的总体传导效率较高。曾华珑等（2008）用房价、股价、利率三个变量做 VAR 模型分析，认为利率对房价的影响系数为负，利率对房价的贡献程度较大。戴国强和张建华（2009）利用 SVAR 模型分析得出，利率正向冲击会对房地产投资和房地产价格产生负向的扰动，同样的结论还见周江涛（2011）、沈悦（2011）、赵继鸿（2012）、徐忠和张雪春（2012）、王瑾（2012）、巴曙松（2019）等，他们的研究发现利率提高能够使房价下降，这都与现实情况有出入，不能解释中国在 2000 年后多数年份呈现出来的房价与利率互涨的现象。除此以外，也有研究认为利率与房价二者作用微弱，例如李雅静和杨毅（2005）的研究结论。有的干脆以中国利率没有完全市场化为由回避这一问题。

（3）结构论观点认为要从利率的期限结构或者房地产异质性方面剖析利率对房价的影响，相对来说这种研究更为深入与灵活。周建军等（2011）通过对 1998～2009 年实际贷款利率与全国房地产销售价格指数季度数据的实证研究发现，中短期内房价的变化与利率呈正向相关关系，长期内房价的变化与利率呈负向相关关系；房地产价格对 5 年期以上的中长期贷款利率比较敏感，且呈负相关关系，而对 1～3 年期贷款利率敏感度相对较弱，并且呈正相关关系。得出类似研究结论的还有邓富民和王刚（2012）等。吴燕华和杨刚（2011）通过采集我国宏观月度数据，建立 VAR 模型，并运用脉冲响应函数及方差分析表明短期内利率正的变化对房地产价格的影响为正，长期内为负。吴淑萍等（2017）研究发现不同利率政策方向下的"利率—房价"关系存在差异，利率下降对房价的刺激程度比利率上升对房价的抑制程度更显著。

对货币政策中介目标作用房价的文献梳理来看，不论是西方国家还是我国，研究都无一例外地表明数量型货币政策对房价起到正向作用，货币供应量或者信贷规模的增加会直接推动房价的上涨，流动性过剩成为房价上涨的动因。但是对于价格型货币政策——利率对房价的作用来看争议较大，有研究表明利率与房价负相关，提高利率可以降低房价，因此利率对房价的调节有效；也有研究表明利率与房价正相关，提高利率反倒加速房价上涨，利率对房价调节无效；还有折中的研究观点，提高利率短期内房价上涨，长期内则抑制房价上涨。国内外的研究之所以得出不同的结论，既受研究对象所处的社会制度和经济结构差异的影响，也受到房地产发展与实体经济的偏离（比如经济中存在房地产泡沫）使社会价格体系失衡的影响，当然研究方法的不同，数据选取的范围不同，也会使研究结果产生一定的偏差。

二、房价影响宏观经济的传导渠道

房价与对观经济目标（经济增长与物价稳定等）的传导渠道，主要体现在财富效应渠道、投资效应渠道、资产负债表渠道以及 Q 传导渠道等四种情况。

（一）财富效应渠道

财富效应是说资产（如股票、债券、不动产等）价格的变化如何影响消费需求，这种影响主要是通过两个方面实现的：一是资产价格的上涨使得公众持有的资产的名义总额增加，财富的增长会促使公众增加对商品和劳务的消费，从而使现实消费需求增加。二是资产价格的上涨使得公众对未来收入的预期增加，按照永久收入假说，未来收入的增加会刺激公众增加对当期产品和劳务的消费。三是房价的变化会影响银行的信贷约束，居民获得流动性更加容易，从而刺激了消费需求。早期的财富研究主要集中在证券市场，特别是股价与消费之间的关系，后来随着房地产市场的繁荣和交易额的增加，研究者对货币政策影响下的房地产市场是否存在财富效应十分感兴趣，于是该研究方向成为关注的焦点，但是对于结论却难以达成一致。

部分研究认为房价变化存在一定的财富效应。特蕾西和施耐德（2001）发现住房资产价值对美国中产阶级来说大概占据了全部家庭财富的三分之二，贝尔托（2002）研究发现美国1990年代的住房资产价值大约占据了全美家庭财富的四分之一，班克斯和塔纳（2002）则发现英国同时期住房资产价值大约占据本国家庭财富的35%，因此房价的变化直接关系到家庭财富的变动。席勒（2003）发现发达国家从1970年代到1990年代随着房价的上涨，消费需求因此增加，因此呈现明显的房价财富效应。黄平（2006）分析了房地产财富效应传导货币政策的机制，结果显示我国房地产市场存在微弱的财富效应。比约恩兰和雅各布森（2008）利用结构VAR模型对美国货币政策传导机制中房地产作用进行研究，发现在考虑同期因素后，相对于股票价格而言，房地产价格在货币政策的传导机制中有非常重要的作用，财富效用更加显著。黄文华等（2010）研究发现资产价格（房价和股价）对消费存在较小的影响。冯科（2011）分别从宏观和微观两个角度来考察我国房地产市场在货币政策传导中的效果，研究表明中国房地产价格的财富效应存在，但是较弱。米勒等（2011）研究发现房价的上涨会使银行放松信贷约束条件，从而使房产持有者有更加宽松的平滑终生消费。骆祚炎（2013）研究发现住房资产财富效应高于金融资产财富效应，得出类似结论的还有田启昌和周昭雄（2012）、姚树洁和戴颖杰（2012）、杨赞和沈彦皓（2013）、唐志军等（2013）、段忠东（2014）、文先明（2016）、王凯和庞震（2019）。

也有研究认为房价变化的财富效应不明显，甚至是存在负的财富效应。李树丞（2008）利用结构VAR模型对房地产价格的货币政策传导机制进行分析，发现房地产市场的财富效用不明显。戴国强和张建华（2009）利用结构VAR模型研究发现货币政策对房地产价格的传导比较顺畅，但房地产价格对消费的传导却存在阻塞，我国房地产市场的财富效用不显著。魏成龙和张添丁（2009）对2005~2008年房地产调控政策的效果研究发现，房地产公司股价波动受货币政策、土地政策、产业政策等不同政策的影响不同，对货币政策最敏感，宏观政策对房地产上市公司产生总体负的股东财富效应。骆祚炎（2010）构造一个包括住房支出、资产及其财富效应、可支配收入和利率的消费函数，研究发现我国住房支出的比例与居民消费的增长呈现反方向变动关系，资产呈现较弱的负财富效应。武康平和胡谍（2010）在理论分析的基础上，建立施加两种约束的SVAR模型来实证分析房地产市场在货币政策传导机制中的作用。结果表明房地产市场已经成为我国货币政策传导的重要渠道，房价的过快上涨对我国的消费存在明显的挤出效应。李成武（2010）利用面板数据分析了中国各地区房价的财富效应，发现4个直辖市、东北和东部地区存在显著的负向财富效应，而中西部地区财富效应不显著，结论认为经济越发达地区，房地产负向财富效应越明显，居民住房压力越大，房价对消费的挤出效应也越明显。王轶君和赵宇（2011）基于我国2001年第一季度至2009年第三季度数据，利用条件均值方法对房地产价格与消费之间的关系进行了实证检验，结果表明当房价涨幅超过2%时，房地产价格的滞后4期对消费有显著负效应。邓健和张玉新（2011）也得出类似结论。李天祥和苗建军（2011）研究发现房价的财富效应存在结构性，房价上涨使财富从无房者向有房者集聚，使无房者的福利水平下降。李剑（2018）研究发现，房价在短期中主要表现为对居民消费的挤出效应。何兴强和杨锐锋（2019）研究发现，房价收入比高时家庭消费水平也相应较高，但房价收入比高却显著降低了家庭消费的房产财富弹性。

综合前人研究成果来看，基本一致的结论是我国货币政策房价传导过程中房价对消费的影响很小，房价的财富效应不显著。房价的上涨并未导致消费需求的明显增加，有的研究甚至发现消费需求反倒降低，呈现负的财富效应。

（二）投资效应渠道

投资效应渠道是说房价变动对投资需求的影响，它主要通过两个方面发挥作用：一是房价变动引起房地产投资的变化，而房地产投资本身又构成了总投资的支柱内容，因此会对投资需求直接产生影响。二是房价变动引起非房地产部门投资的变动，房地产业与其他产业关联性较高，因此房价变动会对其他产业投资产生影响，从而影响投资需求。

对于我国房价的投资效应渠道是否存在研究结果不一，多数研究结果表明房价的投资效应不明显。戴国强、张建华（2009）利用结构VAR模型对我国房地产价格的货币政策传导机制进行探讨，通过经验分析得出货币政策对房地产价格的传导比较顺畅，但房地产价格对投资的传导却存在阻塞，我国房地产市场的投资效用不显著。武康平、胡谍（2011）研究发现房价的过快上涨对我国非房地产投资存在明显的挤出效应。曹晶（2011）采用我国1998～2010年的相关数据对房地产市场的货币政策传导渠道进行了实证检验，发现我国房地产市场的投资规模对我国货币政策的最终目标的正相关关系不显著，由此得出我国房地产市场对货币政策传导途径并不通畅的结论。冯科（2011）研究发现中国房地产价格的投资效应较弱，房地产市场的货币政策传导机制不够顺畅。王先柱和赵奉军（2012）研究发现房价和总产出的变动并非显著影响了私人投资而是财政收入，从而为财政收入的高速增长提供了一种基于资产价格的解释。

少数研究表明房价的投资效应显著。黄文华等（2010）研究发现房价对投资远大于股价对投资的影响，房价对投资的影响程度达到18%，表明房价通过投资对实体经济产生了一定程度的影响。沈悦等（2011）研究发现房价的投资效应强于财富效应，房价短期内存在挤出效应，长期中才显示出微弱的财富效应，而且不同类型房屋价格的投资效应和财富效应有所差异。类似的结论见李树承（2008）、黄忠华等（2008）的研究。

（三）资产负债表渠道

资产负债表渠道效应认为，如果资产价格不断上升，企业的净值会增加，资产负债表会得到改善，银行就会提高对企业财务状况的评级和授信额度，企业降低了从银行借款的成本，投资需求增加。与之伴生的是，投资需求的增加会刺激银行放贷特别是房地产方面信贷规模的增加，银行不仅直接持有房地产相关资产，而且提供房地产资产抵押贷款，"房价—信贷"正反馈作用的顺周期效应会由此增强。

在我国董双全和邓璇（2003）较早研究发现房地产企业抵押资产价格的变化通过资产负债表效应能够影响投资并且引发金融风险。尹中立和桑晓靖（2009）对资产负债表假说做出了详细回顾，认为该理论假说能很好地解释20世纪30年代的美国大萧条以及20世纪90年代日本经济泡沫后的衰退。徐凯（2010）基于2005年7月至2010年3月的月度数据，利用VAR模型研究发现，房地产价格和社会固定资产投资额呈显著的正相关，企业的"资产负债表效应"明显。昌忠泽（2010）研究认为，房地产市场的资产负债表渠道在金融危机爆发及传导的过程中扮演了重要角色，借款人的资产负债表效应导致损失螺旋和保证金螺旋的产生，造成资产的折价销售，推动了资产价格的下跌、银根紧缩和投资骤减。王先柱和刘洪玉（2011）引入实际控制人类型和企业成长性变量，以房地产上市公司为研究对象，测度了货币政策对房地产企业的影响，发现房地产企业的现金持有水平随着货币政策调控程度的变化而变化，当货币政策趋于从紧时，外部融资约束增强，企业会提高现金持有水平，该书由此认为从微观上可以拒绝房地产市场货币政策无效的断言。周莉（2018）研究发现，对有房家庭，高房价对居民消费的"财富效应"显著，但资产负债表效应的存在将减弱这一促进作用。

从目前较少的文献来看，通过企业资产负债表渠道能够达到货币政策通过作用房价而影响宏观经济的效果，但由于此类研究涉及微观领域的更多细节，要求的工作量大，因此相关文献并不丰富。

（四）Q传导渠道

Q传导渠道来源于托宾的Q理论。与投资效应渠道强调投资的关联带动作用不同，Q传导渠道理论强调企业本身市场价值变动引起的投资扩张和萎缩。在这里Q定义为企业的市值与其资本的重置成本的比率，Q的高低决定了企业的投资意愿。扩张性的货币政策往往使Q值增大，企业的市值于是高于其资本的重置成本，相对于市值而言，新的厂房和设备的投资比较便宜，因而企业宁愿通过发行股票获得价格相对低廉的投资品，从而增加投资，经济显现出景气态势。反之，紧缩性货币政策使Q值变小，企业的市值低于其资本的重置成本，则投资萎缩，经济不景气。

刘传哲和何凌云（2006）测算了货币政策房地产传导渠道的作用程度，结果表明房地产渠道整体效率较高，Q传导渠道效率优于财富渠道效率，产出效率优于物价效率。段忠东（2007）研究发现房地产价格通过托宾Q传导效应、财富效应以及信贷渠道影响总需求，进而对物价产生影响，而具体影响方向则取决于投资对房价的偏导数与储蓄对房价的偏导数二者的对比。

从房价作用宏观经济的中介渠道研究文献来看，目前的研究主要是把房产看做是一项与股票类似的资产并遵循传统的资产价格传导理论展开的。但是房产又不完全等同于股票类的虚拟资产，它本身既具有使用价值，又具有实物资产的属性，把房产作为纯粹的类似于股票一样的虚拟资产去研究，忽略了房产的自身物质属性的特点，使得此类研究缺乏信服力，这也是目前研究结论不统一的一个重要原因。

三、货币政策传导渠道的非对称性

目前对于货币政策影响房价的非对称性效果研究主要体现在三个方面：一是

货币政策类型导致的非对称性，表现为紧缩性和扩张性货币政策对房价影响效果的差异；二是由于地域的不同导致的非对称性，地域环境的异质性会影响货币政策对房价的作用效果；三是对于不同时期，货币政策传导与效果存在非对称性。

陆前进和卢庆杰（2008）研究认为利率调控的不对称性影响了中央银行调控的效果和强度。胡荣才和刘晓岚（2010）基于1999～2008年我国商品房房屋平均销售价格水平，运用聚类分析法将我国31个省（市、自治区）划分为低房价地区、中房价地区和高房价地区三类，根据房价和货币政策变量建立面板数据模型，实证研究货币政策对房价的影响。研究结果表明，货币政策对房价具有一定的宏观调控作用，但区域差异性较大，货币政策传导效果也不明显。魏玮和王洪卫（2010）通过建立PVAR（面板向量自回归）模型，使用脉冲响应函数分析方法，测度各种货币政策工具对中国东、中、西部地区房地产市场价格动态影响效果。结果表明：东、西部地区房地产价格受数量型工具冲击后向稳态收敛的速度慢于中部；数量型工具对西部地区房地产价格的累积效应最为显著，价格型工具对东部地区房地产价格的累积效应最大。王先柱（2011）基于我国31个省市的实证分析发现，利率和信贷规模对房地产市场存在显著的区域效应，对中西部地区的抑制效应要普遍小于东部地区，对房地产先行性指标的影响要大于当期指标，分析认为内部经济的非同质性决定了货币政策存在区域效应。李成等（2011）研究发现在货币政策的房价传导过程中数量型工具的影响显著强于价格型调控。程承坪和张旭（2011）从利率政策的非对称性视角出发，区分扩张性和紧缩性利率政策区间，建立向量自回归模型，研究结果表明扩张性利率政策对房价的促进作用要强于紧缩性利率政策对房价的抑制作用。李村璞和何静（2012）使用非线性方法对我国的货币传导渠道进行了研究，发现我国的货币政策传导渠道都有各自的门限值，各条渠道不同的门限值造成了我国货币政策传导效果的非对称性特征。冀志斌和宋清华（2012）对中央银行沟通的短期金融市场效应进行了考察，发现沟通对资产价格水平和波动性的影响均是非对称的，紧缩意图沟通的效应大于宽松意图沟通。刘金全和毕振豫（2017）研究显示，货币政策对房价的调控效果具有显著的时变特征与非对称性，经济政策不确定性会削弱货币政策对房价的调控效果。张清源等（2018）研究发现，货币供给量增长对我国不同城市房价存在显著的异质性效应，货币供给量是加剧我国城市房价结构性分化的主要外部诱因，而利率调整发挥的作用并不明显。

不论对于货币政策类型导致的货币政策影响房价的非对称性还是区域差异导致的货币政策影响房价的非对称性，对于我国这样一个地区发展差异显著、货币政策影响范围广的国度而言是有重要研究意义的。但是从目前的研究来看，缺少对不同类型的房价的分类研究，例如住宅就包含了普通住宅、高档住宅和保障性住宅，每种类型的房价对货币政策的传导效果也可能存在非对称性，因此把货币政策房价传导非对称性的研究范围拓展到不同的房产类型，这对于目前我国房地产调控政策的分类实施具有重要的政策指导意义。

2007年源于美国的次贷危机让以往的货币金融理论黯然失色，探索新的金融危机理论是最近几年学术界研究的一个热点。"银行风险承担"就是学术界在伯南克（1999）的"金融加速器理论"基础上提出的一个新概念，该理论修正了传统的"信贷渠道"只是强调信贷配给和信贷数量影响投资需求和消费需求的观点，认为银行在经济周期波动和货币政策传导过程中存在风险承担的主动性和非对称性，银行风险承担具有明显的顺周期性，从而为货币政策传导机制理论的研究提供了一个新视角。

多数文献主要以房地产抵押贷款为例研究银行风险承担问题。弗隆和基利（1989）较早对银行风险承担和资本监管的关系做了阐述，泰勒（2009）观察到传统货币政策存在的问题，发现商业银行风险承担的作用会削弱货币政策的调节力度，但同时强化基于盈利目的的货币政策传导效果。López等（2011）认为，原有宏观经济理论模型忽略了银行风险承担因素对房价冲击所发挥的作用。马达洛尼和佩德洛（2011）实证研究认为，银行低利率持续的时间越长，则银行的信贷标准放松程度越强，对有不良信用史和无信用史的高风险借款者发放贷款的概率越高，导致贷款未来风险增加。德利斯和库雷塔斯（2011）也发现，较低的短期利率在很大程度上刺激了银行的风险承担意愿。阿尔道巴斯等（2011）发现，长时期的低利率特别是低于泰勒规则基准值的短期利率增加了金融体系的脆弱性。德利斯等（2012）的研究结果表明，正是银行风险承担具有顺周期效应，才导致包括房地产市场在内的系统性风险加大。帕利戈罗娃和斯坦托斯（2012）研究发现，由于货币政策宽松，资产价格上涨，商业银行便具有更大的风险承担冲动，给劣质房地产抵押贷款客户的贷款利率升水过低，当因房价下跌，劣质借款者无法还款后，风险必然由商业银行承担，商业银行再将风险转移给"最后贷款人"的中央银行和整个社会。类似的研究还有利文和莱文（2009）、桑德斯等

（2012）以及弗隆（2012）等。伯南克（2012）在2012年度亚特兰大联邦储备银行金融市场会议上的演讲则指明银行风险承担的主体不光存在于系统重要性金融机构，影子银行对风险的积聚和扩散也发挥了重要作用，从而掀起了对影子银行风险的研究热潮。

国内目前关于"银行风险承担"研究的文献不多，基于银行风险承担视角研究货币政策传导机制的文献还没有出现，目前的研究还停留于基于"金融加速器效应"下"信贷渠道"视角的研究。宋凌峰和叶永刚（2010）认为中国房地产行业的风险受到银行信贷等因素的影响。在金融支持与房价变化的研究方面，刘兰凤和袁申国（2011）证实金融加速器效应在我国房价上涨中非常明显，但这些研究都未涉及银行风险承担水平。在目前对"银行风险承担"的研究成果中，曹廷求和张光利（2011）、徐明东和陈学斌（2012）、张雪兰和何德旭（2012）等分别研究了政府监管、资本充足约束、市场约束、公司治理、外资进入等与商业银行风险承担渠道的关系。潘敏和张依茹（2012）研究发现宏观经济波动将改变商业银行风险承担水平，而银行股权结构的不同将使两者之间的关联呈现差异。李晓庆和曹金爽（2012）则对银行风险承担行为的市场约束机制进行了初步研究。总体来看，"银行风险承担理论"是对"金融加速器理论"的扩展，揭示了商业银行在提供信贷支持过程中的主动性和顺周期性，应成为今后研究货币政策传导机制的重要借鉴。赵胜民和何玉洁（2018）研究发现，信贷是房价上涨的原因，并且影子信贷比银行信贷对房价影响更迅速也更强烈，时变性也更高。

四、货币政策干预房价的不同观点

（一）单纯的货币政策干预论观点

胡国和宋建江（2005）分析认为房价会影响经济主体的消费、投资行为，进而将其效应传递至金融系统。由于房地产金融风险存在的必然性以及间接融资为主体的融资结构承受能力较弱，区域金融稳定将受到冲击。该文暗示了货币政策对房价的关注，至少应该对房地产市场做出反应。王维安和贺聪（2005）在风险中性的假设前提下，利用无套利均衡定价原理发展了通货膨胀预期的新方法，通过实证研究发现房地产预期收益率与通货膨胀预期之间存在稳定的函数关系，由此文章提出将房地产价格纳入居住类消费价格指数中去以减少货币政策认识时滞的政策建议。韩冬梅和屠梅曾（2007）通过联立方程模型说明房地产调控应以信贷手段为主，当房价有过热势头甚至是泡沫极度膨胀时，应辅之以货币供应量的控制；紧缩货币供应量的政策在抑制房地产价格泡沫的同时也会作用于实体经济。曾华珑等（2008）在研究我国利率、房价和股价互动关系的基础上，分析了货币政策对房价和股价的冲击效应。结果表明，我国的利率政策对房价和股价两大资产价格的冲击并不显著，由此支持我国货币政策应关注通货膨胀而不是资产价格的国际主流观点。楚尔鸣和鲁旭（2008）通过 SVAR 模型发现扩张性货币政策拉动房地产价格的作用比紧缩性货币政策降低房价作用更为明显。王擎和韩鑫韬（2009）研究发现，货币供应量与房价的联动变化非常剧烈，房价与经济增长的联动对经济增长的波动影响却不显著，由此文章得出的政策意义在于应该控制房价波动，但是目前中央银行没有必要动用货币政策去直接干预房地产价格。唐齐鸣和熊洁敏（2009）分别估计我国考虑或不考虑以股价、房价为代表的资产价格的 IS-Phillips 模型，进而分别推出我国考虑资产价格与忽视资产价格的货币政策反应函数，研究结果表明，我国股价和房价对产出缺口有较为显著的作用，货币政策反应函数如果忽视资产价格将会导致更大的损失。因此文章建议我国央行在制定利率时应考虑资产价格对实体经济的影响，同时为了兼顾利率的平滑性还应完善对资产市场的监管。赵进文和高辉（2009）实证分析表明资产价格（房价与股指）是央行货币政策利率反应函数的重要内生影响变量，将资产价格作为内生变量的货币政策会使央行在实现其目标时更具可控性，因此建议央行将资产价格波动作为内生性影响因素，纳入前瞻性利率规则中。戴国强（2009）研究发现我国资产价格波动影响通货膨胀，但各因素对通货膨胀的影响差异较大，即房地产价格和汇率两个指标作用显著，股票作用较弱。弗雷德里克（2011）对货币政策房地产传导过程中的直接机制和间接机制进行了详细的论述，对每种机制发挥作用的条件进行探讨，总体结论认为房地产价格对经济的影响很大，但由于市场变化的不确定性，因此提出只有在房地产价格影响到宏观经济政策目标时才对它进行干预，否则相信市场行为。

受美国次贷危机传染的深层次影响，我国学者遵循西方经济学研究思路，开始把房地产部门作为独立的行为主体纳入模型来研究。陈鸿飞和郑琦（2010）从行为金融学的研究视角出发，立足于房地产市场参与人的投资特征，建立了包含行为资产定价的动态模型经济系统，研究了资产价格波动与最优货币政策选择问题并求得相应闭型解，为实施关注资产价格波动的最优货币政策提供了理论基础。邢天才和田蕊（2010）将股价、房价等资产价格和汇率、利率，以及通货膨胀、经济增长等货币政策目标联系起来，运用协整、脉冲响应、方差分解等方法分析发现：房价、股价、汇率、利率和通胀以及产出之间存在着稳定的长期关系。由此建议我国中央银行密切关注资产价格的波动并制定相关的政策以更好地实现货币政策目标。赵宇和王轶君（2011）采用1996年1月至2010年4月的月度数据，使用多步向前的方法对未来的通货膨胀进行样本外预测，结果显示在房地产价格下跌时期其指示性作用大于房地产价格的上涨时期，这种不确定性使人们目前还不能将房地产价格指标纳入通货膨胀的预测体系中。李健和邓瑛（2011）从理论上探究了货币量与房价之间的双向联系，分析了不同渠道下两者之间的动态"加速器"机制，在此基础上，采用协整VAR模型在货币、资产价格、宏观经济之间建立多变量关系，结果表明中、日、美三个国家货币量与房价之间都存在长期均衡关系，巨额货币存量推动房价上涨的力量比较强大而且明显，因此，控制房价过快增长，就需要中央银行调整货币政策框架及通胀目标，关注资产价格变化并有效控制货币供应量。项后军和于洋（2012）通过纳入通货膨胀预期，发现货币政策在整个样本期内均对房价做出正向反应，并且随着通货膨胀预期的不断攀升反应逐渐增强。

近年来，动态随机一般均衡模型在该领域的研究也逐渐增多。李巍和张志超（2011）运用DSGE模型研究发现货币当局若实施考虑房地产价格因素的泰勒规则货币政策，通货膨胀冲击对实体经济的影响就会变得较为有利，责是之故，宏观当局应实施遵循扩展泰勒规则的货币政策（考虑房地产价格因素），防止房地产市场价格的剧烈波动，有效规避潜在金融风险对实体经济的冲击影响。梁斌和李庆云（2011）基于贝叶斯估计构造了一个包含房地产部门的动态随机一般均衡模型，证明了温和地对房地产价格波动进行反应是中国的最优货币政策，可以降低通货膨胀和总产出的波动，从而使社会总福利最大化。肖争艳和彭博（2011）构建了一个含有房产的动态随机一般均衡模型，对我国货币政策规则是否关注住房价格进行了检验。结论是央行在2003~2010年的实际操作中已将住房价格波动纳入修订泰勒规则中，这对调控房价上涨有较好效果，但代价是调控过程中通货膨胀率的持续上升，以及产出水平和家庭消费负向偏离稳态，家庭住房贷款首付比例的提高能有效降低稳态水平下的住房价格。

（二）多种调控手段搭配调节的观点

解保华（2009）以日本"泡沫危机"为借鉴，分析认为我国在总体宽松的货币政策背景下，要注重积极财政政策着力点的运用，打击房地产市场的炒作和腐败行为，慎重对待经济增长与资产泡沫的关系。段忠东和朱孟楠（2011）通过对已有文献的研究发现，当前各国的货币政策框架正在进行修正以应对房价异常波动，并且学者们就金融监管的作用已经达成理论共识，货币政策应该综合运用直接干预与间接反应方式应对房价泡沫，货币政策与金融审慎监管的协调配合有助于实现经济金融稳定的目标。周建元（2011）利用附加投机性需求的均衡模型分析表明，我国房地产属于典型的投机性市场，不但要实施限价，还要实施配套的财政金融政策、限定开发商利润、限定地方政府土地出让价格等措施，才能达到应有的效果。刘明（2011）从公共选择理论的视角解读我国近期房价高涨的原因，提出要从加强财税体制改革、出台有效的货币政策、加快保障性住房建设、加强对房地产利益集团的监督管理、重构地方官员的政绩考核指标等入手解决。福本智之等（2011）研究发现，从2009年中期开始，随着经济好转和房地产价格上涨，中国政府加强了窗口指导，但随着金融自由化的发展，窗口指导的有效性将会逐步降低。任木荣和苏国强（2012）把货币政策工具分为价格型工具和数量工具，通过分析表明利率政策、信贷政策以及选择性货币政策工具可以影响房地产的供需双方的成本以及资金预算约束从而可以影响房价，但由于供需方对货币政策房价传导的弹性的差异导致房地产价格调控存在不确定性，因此房价的调控还需要辅以其他政策工具。持相同观点的还有宗良和周景彤（2009）、王军和刘向东（2012）、尹虹潘（2012）等。

总体而言，目前既存在单纯的货币政策干预论观点，也存在多种调控手段搭配调节的观点。前者认为货币供应量的失控和不适宜的货币政策是房价暴涨暴跌的根源，因此应该追本溯源从控制货币供应量和规范货币政策入手调控房价，从而稳定宏观经济；后者则认为房价失衡是由多种因素共同作用的结果，特别是对中国而言，特殊的土地财政制度、土地所有制以及户籍制度等与金融制度交织在一起对房价产生影响，因此要以多种调控手段搭配调节房价，从而稳定宏观经济。但从理论研究来看，货币政策到底要不要关注并且干预房价，既属于货币政策是否干预资产价格的范畴，也属于货币政策是否干预房地产业（作为产业政策）的范畴，尤其是前者，这是一个争论已久的话题。尽管在理论上关于中央银行要不要关注资产价格存在着严重的分歧,但在实践上各国中央银行普遍对资产价格特别是房价存在不同程度的干预,这种现象的支撑是基于以下两个公认的事实:一是在经验研究上,前美联储主席伯南克在其任职以前就早已提出并理论验证的观点,那就是当资产价格影响到通货膨胀预期时,货币政策需要进行干预;二是在经济实践中,房地产业已经在各国 GDP 中占据了相当大的份额,房地产业的兴衰直接影响到一国 GDP 水平或者 CPI 水平,各国政府对房价有不同程度的干预。这两个事实的存在实际上已经隐性地宣告货币政策对房价的积极关注,这就为货币政策的房价传导路径提供了现实基奠。

第二节 研究方法综述

对现代货币政策的研究基本按照两种范式演进。一是借助现代计量手段,建立一种可以直接用来估计、检验和利用正式统计程序进行预测的完全概率模型,试图"让数据本身说明一切"。20 世纪 30 年代考尔斯经济研究委员会(Kowles Commission)的成立奠定了计量经济学的方法论基础,1980 年代的 VAR(Unrestricted Vector Auto-regression,非限制性向量自回归)模型则是该类方法的典型代表。二是遵循一般均衡的主流经济思想,"按照严密的理论分析演绎"。这种建模理念出现在 1970 年代石油危机之后,传统的货币政策理论模型在分析和预测方面出现失误,一部分经济学家重新审视模型的功能和结构,试图从理论上修正问题的根源,这时期出现的实际经济周期(Real Business Cycle,简称 RBC)模型即是这一指导思想下的产物。随后,学者们通过在 RBC 模型加入名义刚性和价格黏性等,对其作进一步拓展形成今天货币政策领域的重要分析工具:动态随机一般均衡(Dynamic Stochastic General Equilibrium,简称 DSGE)模型。DSGE 模型提出伊始就与 VAR 模型形成激烈竞争,二者在随后的相互批判与较量中不断改进并且取得了长足的发展,从而奠定了现代货币政策研究方法的基础。

一、以VAR为代表的计量经济学研究方法

计量经济模型既为经济理论与思想提供了科学的验证方法,同时也自成体系,发挥着"让数据本身说话"的功效。传统的经济计量方法(如多元线性回归

模型、联立方程模型等结构性方法)是以简单的经济理论为基础来描述变量间的关系,人为地决定某些变量的内生或外生性,这使得模型的估计和推断变得不可靠。为了克服这些不足,西姆斯(1980)提出了非限制性向量自回归模型或称为简约式 VAR 模型,该模型及其以后的拓展形式在整个计量经济学体系中占据着重要地位,至今在宏观经济计量方面有着广泛的应用。作为 2011 年诺贝尔经济学奖获得者之一,西姆斯的获奖理由就是开创性地利用 VAR 模型对宏观经济中的因果关系进行了实证研究,并对实证宏观计量经济的发展做出了重要贡献。本书的任务就是基于西姆斯研究成果的拓展脉络,对 VAR 宏观经济计量模型的演进与发展做梳理和综述,比较各类 VAR 模型扩展形式的特点,并对该模型在 2000 年后的最新发展和应用情况做介绍,最后指出该类模型在运用中应注意的问题。

(一)VAR 宏观计量模型的基本结构与运用

VAR 模型以多方程联立的形式出现,系统内每个方程右边的变量是相同的,包括了所有内生变量的滞后值,然后通过模型中所有内生当期变量对它们的若干滞后值进行回归,进而估计出全部内生变量的动态关系。一个不含外生变量的 VAR(p) 模型的数学形式是:

$$y_t = A_1 y_{t-1} + \cdots + A_p y_{t-p} + \varepsilon_t \tag{2-1}$$

式(2-1)中,y_t 是一个 k 维的内生变量,p 为滞后阶数。$A_1, \cdots, A_p$ 是要被估计的系数矩阵,ε_t 是扰动向量,它们相互之间可以是同期相关,但不与自己的滞后值相关。

与早期的结构性模型比较,VAR 模型的优点在于:①不以严格的经济理论为依据,而是让数据关系说明一切;②解释变量中不包括任何当期变量,只要样本足够大,就不存在因参数过多使模型不可识别的问题;③无需事先区分变量的外生性和内生性。

VAR 模型主要用来处理平稳性数据,传统的理论要求对于非平稳的时间序列经过差分再建立 VAR 模型,这样通常会损失掉许多信息,同时也会使得分析结果难以得到解释,但只要各变量之间存在协整关系也可以直接建立 VAR 模型。Engle 和 Granger 将协整与误差修正模型结合起来,建立了向量误差修正模型(VEC),可以较好地克服 VAR 模型的不足。在这里确定 VAR 模型滞后期十分关键。目前的 Eviews6.0 软件有 5 种方法可以确定模型的滞后期,分别是 LR、

FPE、AIC、SC 和 HQ，如果出现检验结果不一致时，一般选取次数最多的最优滞后阶数。

VAR 模型还可以用来检验变量之间是否存在因果关系，Granger 因果检验正是基于 VAR 模型来定义的。传统的 Granger 因果关系检验分为"基于水平 VAR 模型的因果关系检验"和"基于差分 VAR 模型的因果关系检验"。基于水平 VAR 模型进行多变量系统的因果关系检验因未考虑变量的非稳定性和变量系统的协整性而存在一定的问题；基于差分 VAR 模型来进行因果关系检验容易使信息丧失且首先要求检验变量的平稳性和协整关系，使其在实证检验中的应用受到限制。当研究者并不关注变量的协整性而只关注其因果关系，或者协整性不存在但需要研究其因果关系时，就需要一种新的检验方法。托达和山本（1995）提出的"基于扩展 VAR 模型（Lag-Augmented VAR，简称 LA-VAR）的因果关系检验"可以不考虑单位根的个数和变量的协整性，在后来的因果关系检验中得到应用。

对 VAR 模型单个参数估计值的经济解释是很困难的，因此，要想对一个 VAR 模型做出分析，通常是观察系统的脉冲响应函数和方差分解。脉冲响应函数描述的是 VAR 模型中的一个内生变量的冲击给其他内生变量所带来的影响。为了区分新息冲击对具体变量的影响大小，通常采用乔利斯基分解方法，但此法对进入模型的变量的次序很敏感，一旦改变变量的次序，得到的脉冲响应函数也不同。Pesaran 和 Shin（1998）所提出的广义脉冲响应函数解决了这个问题，可以不考虑变量排序问题而得出唯一的脉冲响应函数曲线。方差分解是通过分析每一个结构冲击对内生变量变化的贡献度来评价不同结构冲击的重要性，从而反映其他变量对某一变量变动的贡献度。

(二)VAR 宏观计量模型的演变

VAR 模型所具有的良好的计量特性使该模型一经提出就得到广泛运用，然而该模型也存在不足，主要表现为：①如果滞后期越长，变量越多，那么需要估计的参数就越多，对数据样本长度的要求就越大；②模型并不严格遵循经济理论，对变量未施加结构性约束，也不考虑变量之间的同期相关性，这会影响模型估计效果；③模型难以刻画理性预期因素，无法避免"卢卡斯批判"；④该模型是常参数模型，但很多证据表明，在经济系统发生大的结构性变化时，VAR 参数并不稳定；⑤VAR 模型所处理的经济变量个数有限，难以全面反映经济体的真实情况。此后 VAR 模型的演变与发展基本上都是围绕以上不足进行的。

1. SVAR：从简约式步入结构式

由于简约式的 VAR 模型事前不考虑结构性的经济冲击，难以与实际经济情况相吻合，使得人们不断对这种方法提出质疑。为了解决这一问题，计量经济学家提出了很多方法。布兰长德和奎阿（1989）对 VAR 模型进行了修正，提出结构向量自回归模型（Structural VAR，简称 SVAR）。SVAR 模型尝试加入若干结构性约束得到唯一的结构关系，解决模型对信息的识别问题，从而使脉冲响应具有了一定的经济意义。SVAR 模型由此在经济研究中得到了广泛的应用，并逐渐取代了传统 VAR 模型，成为主要的分析方法，哈维（1990）、约翰森（1991）、伯南克（1992）、史密斯（1993）等学者运用该方法取得良好的研究效果。麦凯西等（1993）则提出了另一种结构式 VAR 模型，即递归型 VAR（Recursive Vector Autoregressive，简称 RVAR），在 RVAR 模型中引入了同期变量作为解释变量，这种改进对变量的顺序安排有严格要求，排序在前的变量同期影响排序在后的变量，但是排序在后的变量同期不影响排序在前的变量。虽然 SVAR 比 VAR 有很大的进步，但是从目前的运用来看，不足之处在于识别结构性冲击时施加的外生约束过于随意，难以规范。

2. BVAR：VAR 模型统计推断方法上的革命

贝叶斯方法是基于贝叶斯定理而发展起来用于系统地阐述和解决统计问题的方法。早在 1764 年，英国新教牧师兼数学家托马斯·贝叶斯就以贝叶斯定理解答了逆概率问题，同时期法国著名学者拉普拉斯也独立地发现了贝叶斯定理，并将其应用到了更广泛的领域。随后在受到正统数理流派的批判与冲击中，贝叶斯统计推断方法几度消沉，然而却在 20 世纪 50 年代奇迹复活并迅速成长为现今的贝叶斯学派。贝叶斯统计推断方法为解决 VAR 模型参数过多时的估计问题提供一种新的分析框架。遵循贝叶斯定律，贝叶斯估计假设 VAR 待估系数服从一定的先验分布，这种先验分布与似然函数结合，得到参数的后验分布，从而增加预测的准确性。先验分布的引入缩小了系数的取值范围，有助于避免无约束 VAR 的自由度损失问题。贝叶斯先验分布可以采取很多种不同的形式，最著名的是里特曼等（1986）使用的 Minnesota 共轭先验分布。

20 世纪 80 年代以来，BVAR 模型已经成为西方国家政策领域常用的预测工具。杜瓦和里（1995）利用 BVAR 模型对美国康涅狄格州就业率等经济变量进行预测，发现预测精度要高于 VAR 和 ARIMA 两类模型的预测结果。肯尼等（1998）

利用 BVAR 研究了爱尔兰通货膨胀问题，与爱尔兰中央银行基于非贝叶斯方法的预测结果相比较，发现前者的预测效果更好。德琼等（2000）利用 BVAR 模型研究经济周期问题，发现具有良好的预测效果。艾金等(2006) 综合比较了美联储研究人员的主观判断预测、随机游走预测、DSGE 模型预测和 BVAR 预测，结果发现 BVAR 预测结果最具有稳健型。

3. PVAR：向空间计量的拓展

为了克服 VAR 模型对数据量的限制和空间个体的异质性影响，计量经济学家们对 VAR 模型进行了改进，提出了基于面板数据的向量自回归（Panel Data Vector Autoregression，简称 PVAR）模型。PVAR 不仅继承了传统 VAR 的优良特性，更重要的是由于面板分析的引进使得 PVAR 具有两方面的优点，一是对数据的长度要求降低，只要 $T \geq m + 3$(T 为时间序列的长度，m 为滞后项的阶数）便可以对方程的参数进行估计，当 $T \geq (2m + 2)$ 时，即可在稳态下估计滞后项的参数；二是该模型能够控制由于空间变动造成的不可观测的个体异质性：个体效应允许了不可观察的个体差异，时间效应则可以捕捉到个体在横截面上可能受到的共同冲击。这使得 VAR 模型摆脱了对单纯个体时间序列数据的依赖并向空间计量进一步拓展，为宏观经济研究提供了一个相当灵活的分析框架。

早期的面板数据向量自回归模型是张伯伦（1983）基于简单混合数据的研究，之后霍尔埃金等（1988）利用两阶段最小二乘法研究了一类时变系数的 PVAR 模型。而对 PVAR 模型的深入拓展则是从皮尔森和史密斯（1995）的开创性研究开始，他们的研究表明可以通过对 PVAR 模型中每个变量的个体平均时间序列数据建立时间序列向量自回归模型的方法估计模型参数，并且证实这种估计是一致的。在进行模型估计时，阿雷亚诺和博韦尔(1995) 提出采用"组内均值差分法"去除时间效应，采用"前向均值差"分法去除个体效应。后来麦考斯基和高（1998）、韦斯特隆德（2005）等学者对该模型不断拓展，使 PVAR 逐渐成为一个兼具时序分析与面板数据分析优势的成熟模型。

4. 非线性动态 VAR：线性分析范式的变革

传统的线性 VAR 模型基于一个理想的假设，那就是现实的经济结构不会改变，因此模型的参数在整个时期内是一致的，不会因外部环境的变化而改变。20 世纪 70 年代以来，随着非线性科学理论的迅速发展和经济发展的波动性，人们逐渐意识到线性分析范式存在严重问题，这种范式可能正是导致现代经济分析和预测在经济波动情况下普遍失效的根本原因。非线性方法作为能够描述宏观经济时间序列中非线性和结构性变化特征的一种有效工具，随后被频繁应用于政策效应和经济波动的测度当中。非线性动态模型常见于三种类型：马尔可夫机制转换向量自回归模型（Markov Switching Vector Auto regression，简称MSVAR）、门限向量自回归模型（Threshold Vector Auto regression model，简称TVAR）和平滑转换向量自回归模型（Smooth Transition Vector Auto regression model，简称STVAR）。

MSVAR由汗米尔顿（1990）较早提出，克劳茨格（1997）已经开发了基于Ox软件的MSVAR极大似然估计技术。该模型假定转换是由外生的不可观测的马尔可夫链决定，但是它不能给出机制转换的非线性表达形式，一般只能推断不同机制转换的概率，它的转换机制是离散的，这些缺陷限制了它的应用；TVAR是将全（1978）提出的非线性时间序列门限模型（Threshold model）与VAR模型相结合而形成，用于刻画不同区制或状态下变量之间的作用机制和区间非线性的动态特征。该模型允许机制变化是内生的，但是引起机制转化的门限却是不可直接观测的，转换机制同样是离散的；STVAR是魏泽(1999)在研究转换机制时为获得转换函数而提出的模型，该模型可以通过恰当的方式获得转换变量和转换函数，从而使机制的转换平滑化或渐进化，方便了人们对转换过程的认识。根据转换函数的特征，可设置两种平滑转换自回归模型：逻辑斯特STVAR（LSTVAR）模型和指数STVAR（ESTVAR）模型。

（三）VAR宏观计量模型的最新拓展

任何学科都不是孤立地发展演进的，进入21世纪，在研究范式的转变、方法创新以及计算科学技术不断发展的基础上，VAR模型的使用领域和拓展形式有了新的突破，主要表现为以下三个方面。

1. 利用贝叶斯估计法，与具有微观经济理论基础的研究方式相融合——以DSGE-VAR模型为代表

作为一种纯粹的计量经济模型，VAR建模由于缺少经济理论的支持一直饱受诟议，理性预期因素在该模型中的缺失也无法完全克服"卢卡斯批判"的质疑。20世纪80年代初，一种基于宏观经济理论的真实商业周期模型（Real Business Cycle，简称RBC）在与VAR竞争中逐渐发展起来。关于DSGE模型的构建最早可以追溯到基德兰德和普莱斯考特(1982)里程碑式的研究，二位学者提出的

RBC 模型是 DSGE 模型的最早雏形。该模型的特点是秉承瓦尔拉斯-阿罗-德布鲁一般均衡理论范式和新古典宏观经济学理念，在市场连续出清、价格完全弹性以及信息完全的假设下，利用最优化方法，得到不确定环境下经济主体最优行为方程。但是随后的研究发现，标准 RBC 模型由于缺乏内部动态调整过程而不能维持数据的一致性。鉴于此，新凯恩斯主义者把 RBC 模型拓展到动态随机一般均衡（Dynamic Stochastic General Equilibrium，简称 DSGE）模型。在一个通用的 DSGE 模型中包含的代表性行为人包含居民、厂商、金融机构、政府及对外部门等，各项政策冲击，包括政府支出的需求冲击和货币供给冲击等都能在该模型的框架中得到清晰的刻画。克里斯蒂亚诺、艾肯鲍姆和埃文斯（2005，简称 CEE 模型）对该模型的应用做了深入的研究，通过考察了产出、消费、通胀、投资、利润等变量对于货币政策脉冲的响应，发现与基于 VAR 的估计结果十分一致。目前，具有坚实经济理论基础的 DSGE 模型近乎发展为西方宏观经济研究的标准范式。

DSGE 模型的结构化设计看似完美，然而在实际操作中难以直接使用，未经参数化的 DSGE 模型要达到预测效果需要通过复杂的参数校准和估计过程。通常的方法是对反映模型稳态特征的有关参数进行校准，对反映模型动态特征的有关参数进行估计，常用的估计方法有 GMM（广义矩估计）、SMM（模拟矩估计）、ML（极大似然估计）和 Bayes 估计法等。现在，大多数的校准和估计比较了模拟数据的性质和真实数据的典型事实，把 VAR（或者 SVAR、BVAR 等）作为基准评价 DSGE 模型分析的效果。例如 CEE 模型通过调整 DSGE 模型参数设定，在货币政策的冲击下发现能够很好拟合 BVAR 的冲击响应。但是这种方法近年来受到德·内格罗等（2007）的严厉批判，他认为同样是信息有限的两类模型难以达到完全匹配对照的效果。另外一种是斯梅茨和伍特斯（2003）的建模思想，他们通过将 DSGE 模型的先验信息应用到 VAR 模型的估计中，得到 BVAR 的估计结果，然后通过比较 DSGE 和 BVAR 两个模型的边缘概率分布来评估模型。爱尔兰（2004）把这样的模型称为混合的 DSGE-VAR 模型，德·内格罗等（2007）将该方法进行了概括和完善。未来如果能够提供一整套 DSGE-VAR 模型标准化的分析工具，将有着非常广阔的应用前景。

2. 向非线性、时变参数的趋势发展——以 TVP-VAR 模型为代表

传统的 VAR 模型假定 VAR 系数以及扰动项的方差都是不变的，这种假定显然难以吻合现实的情况。实际上随着时间的推移，经济体制、经济结构、政策偏好和技术等方面的因素不断发生变化，模型参数也会随之改变，传统的VAR模型显然不能刻画这种动态特征。以往能够描述非线性特征的状态空间模型由于是单向方程，无法展现多变量之间的相互作用，因而在使用上受到限制。早期的非线性动态VAR（MSVAR，TVAR，STVAR）也主要把研究重点放在非线性的过渡——转换机制上，缺少对全局的把握。对此，向非线性、变参数趋势发展的VAR模型应运而生，其代表性模型是时变参数的向量自回归模型（Time-Varying Parameter Vector Auto Regression，TVP-VAR），以Cogley和Sargent(2005)的TVP-VAR模型为例，该模型可以用向量空间的形式表述为：

$$y_t = Z_t \beta_t + \varepsilon_t \qquad (2-2)$$

$$\beta_{t+1} = \beta_t + R_t \mu_t \qquad (2-3)$$

其中式（2-2）是量测方程，式（2-3）是状态方程。y_t是$M \times 1$的向量，M是被解释变量的个数。Z_t是由解释变量组成的纬度为$M \times K$矩阵，包含所有被解释变量的滞后值以及截距项。β_t是$K \times 1$的向量，表示VAR的系数。ε_t是相互独立的服从正态分布$N(0, H_t)$的随机向量，也是相互独立的服从正态分布$N(0, T_t)$的随机向量。R_t是$K \times 1$的向量，用来控制参数发生变化的信息。在所有的时刻t，我们设定$R_t = 0_k$，即维度为$k \times k$的零矩阵，那么就得到简化的不变参数VAR模型。如果我们设定$R_t = I_t$，即维度为$k \times k$的单位矩阵，就得到TVP-VAR模型。

在Cogley和Sargent（2005）的TVP-VAR模型中，为了方便估计，他们的模型对新息冲击的方差设定为不变值，博伊文和詹诺尼(2006)研究时也采用了类似设置。普里米切里（2005）则同时考虑了VAR系数和误差项方差的时变性，将模型扩展为带有随机波动的时变参数形式（简称为TVP-SV-BVAR模型），该方法用于分析美国的货币政策传导机制的动态变动，取得了十分满意的结果。但是一些学者在利用该模型时发现，建模时做出的许多设定很容易导致过度参数化，为了克服这一问题，库普等(2007)在格拉赤、长特和科恩(2000)以及焦尔当和科恩(2006)的研究基础上提出了混合创新的方法（简称为MI-TVP-SV-VAR模型），该模型允许VAR系数与误差方差相关的参数以及误差协方差矩阵参数按照不同的方式演进，这样更好地体现了让数据本身说话的思想。利用这种方法，鲍迈斯特和皮尔斯曼(2008)研究了欧盟区的流动性对资产价格与通货膨胀的动态冲击效果，发现对现实的解释力极强。

3. 向大规模、多变量的趋势发展——以 FAVAR 模型为代表

VAR 模型的创始人西姆斯（1992）很早就指出，VAR 模型所处理的经济变量过少是该模型的主要缺陷之一。伯南克等（2005）也认为，政策制定者需要考虑的经济因素数很多，目前运用的 VAR 模型最多可以处理 12 个变量，有限的经济变量不能反映政策对经济系统的真实作用效果。为了克服该模型存在的缺陷，伯南克（2005）在前人研究的基础上，对 VAR 模型进行了改进，提出了 FAVAR（Factor Augmented Vector Auto Regressive Model，简称因素扩展的向量自回归）模型。

FAVAR 模型特点在于运用多变量、大规模数据研究政策变量对系统的冲击问题，有效解决了现有模型（VAR、SVAR、VECM 以及 DSGE 等）无法克服的变量过少、信息有限的问题，从而全面捕捉现实中的经济信息，更加真实地反映变量之间相互影响的动态关系。该模型后来得到 Boivin 和 Giannoni(2008) 等人在理论上的进一步发展。Shibamoto(2007)、Vargas-Silva (2008)、Kabundi 和 Gupta (2009)、Gupta(2010) 等人先后利用 FAVAR 模型对日本、美国及南非等国家货币政策对房地产价格变化的作用进行了实证研究，发现 FAVAR 模型的实证分析效果优越于小规模的 VAR、BVAR 等模型。但 FAVAR 模型的不足之处是在处理非平稳数据时可能会因数据的差分平稳化而丢失一些信息，从而造成模型预测的不准确，为克服这一问题，Banbura(2008) 和 Gupta(2009) 利用 LBVAR（Large-scale Bayesian Vector Auto Regression：大规模的贝叶斯向量自回归）模型，在 FAVAR 基础上结合了贝叶斯统计推断方法的优点和处理非平稳数据的特性，为 VAR 模型的发展进一步拓展了空间。另外，Pesaran 等（2004）在全球链接模型基础上发展起来的 GVAR 模型（Globle VAR，全球向量自回归），通过对各国子系统和国家间连接矩阵的合理设置也使大规模变量得以简化，在全球经济系统研究方面取得了成功的运用。

总的来看，未来 VAR 模型的发展，会向更具有严密经济理论基础、能够处理非线性、多变量以及空间计量的趋势演进，贝叶斯统计推断技术在进行模型参数估计时仍具有无可替代的优势。

（四）VAR 模型在使用过程中应注意的问题

近年来，以计量模型作为宏观经济分析方法的学术论文越来越多，特别是

VAR 系列的计量模型占据的比重较大。毫无疑问，以 VAR 为母体演变和拓展的模型将成为宏观计量经济分析的重要工具。

然而，对研究方法不加思索地引进难免会出现"囫囵吞枣"的现象。李子奈教授等曾经对我国计量经济模型的滥用大声疾呼，并多次阐明与澄清计量经济模型的方法论基础。联系当前我国计量经济模型的使用现状，结合 VAR 模型自身的特点，我们认为 VAR 模型在实际运用中应注意如下问题：

一是在总体回归模型的设定上要遵循经济主体间的动力学关系。计量经济学模型的设定，既要避免按部就班的理论导向，也要避免纯粹的数据关系导向（李子奈，2010）。完全的理论导向，在过于苛刻的假设前提下有时会使研究结果偏离现实；纯粹的数据关系导向，有时又会导致毫无意义的伪回归。特别是 VAR 系列模型，由于强调了变量的内生性，因此更需要根据经济主体间的动力学关系确定总体回归模型，实现先验理论导向与数据关系导向的综合。

二是既要注重总量分析，更要强调结构分析。总量与结构问题是模型分解性程度的问题，应该根据实际问题的需要而有所偏重。我国作为一个经济体制转轨中的大国，经济结构差异较大，存在普遍的地域差异、城乡差异、所有制差异以及分配制度差异等多重二元结构问题，时下盛行的 VAR 类模型多数进行的是总量分析，受我国非平衡的经济结构的影响，其有效性和实用性存在不足。从问题导向上来说，解决我国结构平衡问题至关重要，因此未来采用非线性、时变参数以及向空间计量方面拓展的 VAR 模型应该受到重视。

三是注意模型使用过程中的规范性。从目前发表的采用 VAR 类计量模型的文章来看，这些问题主要表现为：不加区分地运用水平 VAR 或者差分 VAR；结构性冲击矩阵设置的理论依据不严谨；样本数据容量不足，难以保证参数估计的稳定性等。

二、以DSGE模型为代表的一般均衡分析方法

（一）DSGE 模型结构与发展

DSGE 模型遵循一般均衡理论，利用动态优化方法对各经济主体（主要包含居民、厂商、政府、对外部门等）在不确定环境下的行为决策进行分析，得出经济主体在约束条件下的最优行为方程，并利用加总的方法，对经济体长期稳态和短期动态调整过程进行刻画，能够为货币政策的最优选择和福利分析提供理论依据。

DSGE 模型的设置在具体形式上不拘一格,但在整体框架上却要保持一致性。以一个典型的包含家庭、企业和政府的三部门经济为例,设置的思想是:家庭通过合理选择消费、货币持有和劳动供给以最大化其一生的效用;企业通过恰当配置技术、资本以及雇佣劳动以最大化企业利润;政府的作用是制定和实施宏观调控政策(货币政策或财政政策)。为便于下文分析,下面给出一个简单数学表述,该表述具有一定的代表性。

1. 家庭部门

假设代表性家庭谋求最大化如下跨期效用函数:

$$E_t\left\{\sum_{k=0}^{\infty}\beta^k\left[U_{t+k}\left(C,\frac{M}{P}\right)-V_{t+k}(N)\right]\right\} \quad (2-4)$$

其中效用函数所包含的内层函数的具体表达式为:

$$U_t\left(C,\frac{M}{P}\right)=\frac{1}{1-\sigma}\left((1-b)C_t^{1-\nu}+\left(\frac{M_t}{P_t}\right)^{1-\nu}\right)^{\frac{1-\sigma}{1-\nu}} \quad (2-5)$$

$$V_t(N)=\frac{N_t^{1+\eta}}{1+\eta} \quad (2-6)$$

$t=0,1,2,3\cdots$

$\frac{M_t}{P_t}$ 表示家庭拥有的实际货币余额,表示家庭劳动供给,代表家庭消费指数,其具体定义如下:

$$C_t=\left[\int_0^1 C_t(f)^{\frac{\varepsilon-1}{\varepsilon}}\mathrm{d}f\right]^{\frac{\varepsilon}{\varepsilon-1}} \quad (2-7)$$

公式(2-6)至公式(2-7)中 $C_t(f)$ 代表家庭在 t 时期所消费商品 f 的数量,参数 σ 表示家庭风险规避系数,参数 ν 表示货币持有与利率之间替代弹性的倒数,参数 η 表示劳动供给与实际工资之间替代弹性的倒数,参数 ε 代表不同商品之间的替代弹性。

家庭效用最大化所面临的预算约束为:

$$P_tC_t+B_t+M_t+P_t\int_0^1 S_t(f)Q_t(f)\mathrm{d}f+P_t\int_0^1 K_t(h)G_t(h)\mathrm{d}h\leq$$
$$W_tN_t+I_{t-1}B_{t-1}+M_{t-1}+P_t\int_0^1 S_t(f)(Q_t(f)+D_t(f))\mathrm{d}f+P_t\int_0^1 K_t(h)(G_t(h)+J_t(h))\mathrm{d}h$$

其中 P 是总价格指数,B_t,M_t 分别表示家庭 t 时期末拥有债券的名义价值与名义货币余额,S_t,Q_t,D_t 分别表示持股数量、股价和股利,K_t,G_t,J_t 分别表示住房拥有量、房价和房租，W代表名义工资，I_{t-1}表示家庭持有的债券由$t-1$期到t期总收益率，并且本模型假设$B_t = I_{t-1}B_{t-1}$。

2. 企业部门

假设存在一个连续的企业集合$f \in [0,1]$，每个企业利用相同的生产技术生产不同的产品，单一企业生产函数为：

$$Y_t(f) = A_t N_t(f) \tag{2-8}$$

其中A_t表示技术水平。

总的产出水平定义为：$Y_t = \left(\int_0^1 Y_t(f)^{\frac{\varepsilon-1}{\varepsilon}} df \right)^{\frac{\varepsilon}{\varepsilon-1}}$，企业雇用的总劳动量定义为：$N_t = \int_0^1 N_t(f) df$。

3. 政府宏观调控模型

以货币政策调控为例，一般采用泰勒规则或拓展的泰勒规则。

以上只是一个简单的模型结构，模型的求解与模拟以及在此过程中参数的确定则需要通过校准和贝叶斯估计等更多细致的工作，最优货币政策的选择也是运用该模型要解决的主要问题，这里不再赘述。

关于DSGE模型的构建最早可以追溯到基德兰德和普雷斯科特里程碑式的研究，二位学者提出的真实商业周期（RBC）模型是DSGE模型的最早雏形。RBC模型假设在市场出清、价格完全弹性以及信息完全的新古典主义假设条件下，利用动态优化方法得出经济主体在不确定环境下的最优行为方程，最初的RBC模型分析得出生产率冲击是经济波动的根源的结论。RBC的分析框架一经提出就引起学者们的极大推崇，一度成为货币政策分析的典型模式。云、古特弗雷德和金、卡诺瓦等利用该模型对货币政策的研究取得了良好的模拟效果。但是随后的研究发现，标准的RBC模型由于缺乏内部动态调整过程而不能维持数据的一致性。鉴于此，新凯恩斯主义者通过在经典的RBC模型中引入价格黏性和名义刚性对其动态传导路径做了进一步研究，形成一个更加完善的货币政策分析框架，即DSGE模型。克拉里达、斯迈次和沃特斯、奈瑟和尼尔森用该模型估测出的产出缺口，与传统方法比较发现用DSGE估计的产出缺口对经济周期的预测能力更强。克里斯蒂诺、艾肯鲍姆和伊文斯对该模型的应用做了深入的总结性研究，通过考察了产出、消费、通胀、投资、利润等变量对于货币政策脉冲的响应，发现估计结果优于一般的VAR模型。自此以后，以微观经济理论为基础的DSGE模型被誉为货币政策研究的典范。

（二）DSGE 模型特征

1. 具有坚实的微观经济理论基础

经济建模是经济学走向科学研究的一个手段。受自然科学研究模式的影响，一些经济建模过程过于倚重数据统计关系，使经济模型变成了纯粹的统计模型，严重偏离了经济学的发展本宗，这受到 DSGE 模型分析学者的严厉批评。他们认为经济理论应该成为一切经济模型的出发点，必须用严格的理论指导实践，蕴含充分经济思想的模型才是连接理论与实践的桥梁。DSGE 模型就严格依据一般均衡理论，利用动态优化方法和加总技术，成为整合微观和宏观经济理论的分析方法。

2. 模型的结构性特点避免了卢卡斯批判

卢卡斯批判是卢卡斯在 20 世纪 70 年代提出的一种认为传统经济模型分析没有充分考虑到政策变动对人们预期影响的观点。卢卡斯指出，人们做出的预期，不但要考虑过去，还要估计现在的事件对将来的影响，最终会根据他们所获知的综合结果来决定他们的行为。这种理性预期思想的提出意味着经济模型参数的不稳定性，几乎颠覆了所有传统的经济模型。为了克服这一缺陷，DSGE 模型在行为方程的设定与推导、参数校准与估计、冲击识别以及预期形成机制方面体现出结构性特点，专门构建了带有预期变量的模块（常见的有后顾型、前瞻型和混合型三种预期形式），从而有效避免了卢卡斯批判。

3. 构造了一个政策分析的实验室

DSGE 模型是一个动态、开放的宏观经济模型，根据研究需要能够最大限度地囊括现实中的经济主体，包括居民、厂商（可分为最终产品生产厂商、中间产品生产厂商、资本品生产厂商三类）、金融机构（可分为中央银行和商业银行两类）、政府和对外部门（包括进口商和出口商）等。模型可以刻画经济在稳态下各类因素对其他经济变量的冲击效果和动态特征，从而构造了一个货币政策分析的实验室。

三、一般均衡模型分析与计量模型分析的比较

1. 结构式分析：两种研究范式的本源

早期用来描述经济变量之间关系结构的模型是结构式模型，该类模型是根据

经济理论和经济人行为规律设定,初始目标是向可计量的方向发展,常见的联立方程模型就属于此类。但是完全依据经济理论设定的结构式模型可能不具有确定的统计形式,也就不能得到模型中全部结构参数的估计值,这种情况称之为模型的不可识别。为了克服这一负面影响,西蒙斯才提出了非限制性向量自回归模型(即简化式 VAR 模型),该模型无需严格的经济理论约束,也不必事先区分变量的外生性和内生性,不考虑当期变量待估参数,只要样本足够大,就不存在因参数过多而使模型不可识别的问题。几乎与此同时,基德兰德和普雷斯科特另辟途径,提出了真实商业周期(RBC)模型,利用动态优化方法得出经济主体在跨期条件下的最优行为,所不同的是它通过校准的过程达到参数识别效果。该模型起初坚持新古典经济理论分析框架,后来与新凯恩斯主义宏观经济思想相结合,直接导致了新兴新古典综合派(The New Neoclassical Synthesis)的兴起。

2. 理论的严谨性:两种研究范式之争

是否能够同时兼顾微观和宏观经济理论,并且严格遵循经济理论建模是 DSGE 和 VAR 模型研究范式分道扬镳的出发点。DSGE 模型秉承一般均衡理论框架,利用动态优化方法对各经济主体在跨期条件下的最优决策行为进行详尽描述;与之不同的是,VAR 模型并不严格依据经济理论设定行为方程,只是在变量经济含义界定的情况下利用计量手段来反映它们之间的关系,模型的设定具有很强的灵活性。DSGE 模型就此批判 VAR 模型是"非正统",VAR 模型对此的解释是,作为计量经济模型,就应该"让数据本身说话",如果理论是正确的,那么所有的过程都隐含在数据关系当中,因此复杂的行为方程设定和推导过程是不必要的。况且计量模型中变量的选取也不是完全随意的,仍然需要根据经济主体间的动力学关系确定总体回归模型,实现先验理论导向与数据关系导向的综合,因此并未完全脱离经济理论。是否依据严密的经济理论进行经济实证分析,实际上也划分了两种不同风格的研究范式:一种是理论先导的形式;一种是纯粹的计量分析。

3. 理性预期:对卢卡斯批判的回应

面对"Lucas 批判",简化式 VAR 模型中滞后各期变量只是体现了后向预期(backward-looking),这远远未实现理性预期的效果。DSGE 模型则通过设置带有理性预期形式的模块来克服这一问题,将预期与基于模型本身及"所有可能"的信息条件相结合,即所谓"前向预期"(forward-looking)或者"混合预期"(Hybrid model）的形式，这种做法似乎显得更有说服力，也是 DSGE 批判 VAR 最为激烈的地方。实际上，VAR 模型对此也做出了改进，比如在模型中引入结构性经济冲击矩阵，形成结构向量自回归；或者是演变为非线性模型（前文提到的马尔可夫机制转换向量自回归模型、门限向量自回归模型和平滑转换向量自回归模型）；或者是时变参数模型（如前文提到的时变参数向量自回归模型），这些演变对理性预期关于 VAR 模型参数不变的批判做出了一定回应。

4. 参数估计：批判与共识

以 VAR 为代表的宏观计量经济模型，只要结构性约束条件设置得合理，就可以达到恰好识别的效果，参数估计较容易完成。早期的 RBC 模型则不同，它的参数通过校准（Calibration）的方法得到，这种校准得到的参数缺少统计上的检验功效，模型中的数据生成过程（Data Generating Process，简称 DGP）与实际的数据生成过程也并不完全一致，这受到计量经济学家们的批判。在 RBC 过渡到 DSGE 以后这个问题得到进一步的解决，除了部分参数仍需通过校准获取外，其他参数可以通过广义矩估计（GMM）、模拟矩估计（SMM）或者极大似然法（ML）估计得到，但这并不意味着所有问题得到解决。实际上，二者都遇到参数估计超出正常范围区间的难题，这是有限信息在模型参数估计上的反映。为了解决这一问题，Bayes 估计方法不约而同被两派学者采用[1]，分别形成了目前货币政策分析常用的基于 Bayes 估计的 DSGE 模型和基于 Bayes 估计的 VAR 模型。借助 Bayes 统计技术是二者在参数估计方法上达成的共识。

5. 分析效果：模拟、预测和决策功能的比较

不论是采用哪种分析范式，利用建模技术进行货币政策研究通常都要体现模拟、预测和决策的分析功能。在模拟和预测方面，由于 VAR 模型是"让数据本身说话"，并非 DSGE 模型那样受最优化理论上的限制，这使得 DSGE 模型数量分析结果没有无约束的 VAR 模型那样具有较高的模拟和预测能力，因此在核实 DSGE 模型对数据的拟合和预测能力时，通常将 VAR 模型作为比较基准，形成所谓的 DSGE-VAR 模型。但是对于认识经济结构的内部运行机理，从而体现模型决策功能方面，VAR 模型因为没有相应的经济理论支撑而显薄弱，DSGE 则更能让人信服。一个开放的、包含多数经济主体的 DSGE 模型，能够容纳更复

---

[1] 贝叶斯估计假设模型中的参数是随机变量，先给定参数的先验分布，根据贝叶斯定律，利用实际数据来修正先验分布，得到参数的后验分布，然后基于后验分布情况来估计统计量。

杂的经济结构关系，包含多种诸如利率、信贷规模等外生变量，特别适合货币政策分析。这些外生变量又可以根据预期方式的不同设置成为后顾模型、前瞻模型以及混合性模型，通过模型的参数校准和估计后，可以分析这些政策变量对经济的冲击响应效果，从而为决策者提供了施政依据。相较而言，简化式的 VAR 模型由于包含的变量有限，因此难以全方位地展现模型的决策功能。但是纯粹计量经济学从没有放弃对 VAR 功能的拓展。伯南克等曾经指出，通常运用的 VAR、SVAR、VEC 和 DSGE 等模型能够处理的变量有限，有限的经济变量不能反映经济变动的真实情况，这样对政策效果的分析难免会出现偏差。他提出的因素扩展的向量自回归（Factor Augmented Vector Auto Regressive Model，简称 FAVAR）模型通过大规模变量的设置而对这个问题起到改善作用。班博瑞和古普塔在 FAVAR 基础上利用贝叶斯统计推断技术构建了大规模的贝叶斯向量自回归（Large-scale Bayesian Vector Autoregression，简称 LBVAR）模型，使 VAR 模型的功能进一步完善。国内学者沈悦等对 VAR 系列模型的演变进行了详尽的梳理，并指出了该类模型的发展方向。

四、其他研究方法概述

在该领域的其他研究方法主要侧重于运用非一般均衡思想的研究模式和方法，主要包括系统动力学、人工神经网络、博弈论与信息经济学、演化经济学以及制度经济学等，这些方法起初运用在工程领域或者社会领域，经济学研究方法的多样性和包容性使这些方法在经济学领域绽放光彩。

系统动力学（System Dynamics，简称 SD）创始者为 20 世纪 50 年代美国麻省理工学院的福瑞斯特教授，20 世纪 70 年代，由罗马俱乐部提供财政支持，以梅多斯为首的国际研究小组所承担的"世界模型"研究课题，利用系统动力学基本原理对世界范围的人口、资源、工农业和环境污染诸因素的相互关系，以及产生的各种可能性后果进行了研究。以福瑞斯特教授为首的美国"国家模型"研究小组，将美国的社会经济作为一个整体，利用该方法成功地研究了失业和通货膨胀等社会经济问题，第一次从理论上阐述了经济学家争论不休的经济长波的产生和机制问题。系统动力学方法的一般步骤为：①找出问题；②对问题产生的原因形成动态假设（Dynamic Hypothsis）；③从问题根源出发，建立计算机仿真模型系统；④对模型进行测试，确保现实中的行为能够再现于计算机模型系统；

⑤设计、测试各种选择性方案，减少问题的发生；⑥实施方案。我国学者金晓斌等（2004）较早利用系统动力学方法研究房价，针对住宅产业发展所具有的复杂系统特征，对其进行结构和因果关系分析，并通过政策调控参数实验了政策变化对住宅市场发展的影响。刘丹等（2007）从宏观层面建立了包含银行、地产商及消费者在内的住房市场系统模型，重点考虑了信贷对住房市场供需双方的金融支持，在此基础上构建了住房市场系统的定量分析框架。沈悦等（2010）利用该方法研究了异质有限理性预期下我国住宅价格的动态反馈机制并取得了良好的仿真效果。目前系统动力学正处在一个蓬勃发展的时机，由于其多学科交叉的特点，其自身的理论、方法和模型体系还未形成一个固定的框架，仍在深度和广度上不断发展进化。

人工神经网络（Artificial Neural Networks，简称ANNs）也称作连接模型（Connection Model），是一种模仿动物神经网络行为特征，进行分布式并行信息处理的算法数学模型。这种网络依靠系统的复杂程度，通过调整内部大量节点之间相互连接的关系，从而达到处理信息的目的。美国的物理学家Hopfield（1982，1984）在美国科学院院刊上发表了两篇关于人工神经网络研究的论文，引起了巨大的反响。随后，一大批学者和研究人员围绕着Hopfield提出的方法展开了进一步的工作，形成了20世纪80年代中期以来人工神经网络的研究热潮，先后提出了模拟退火算法、多层前馈神经网络的学习算法以及径向基网络等。目前国内运用神经网络方法对房价进行研究的文献不多，闫妍等（2007）分别建立回归模型和灰色模型预测季度房价，利用小波神经网络进行误差校正。周丽萍（2008）将神经网络应用于特征价格模型中，在模型预测能力上体现出相对的稳定性和精确性。人工神经网络的特点是具有初步的自适应与自组织能力、泛化能力、非线性映射能力以及高度并行性，这为解决复杂的社会问题提供了一种相对来说比较有效的简单方法。

对于货币政策其他的研究方法主要有博弈论、演化经济学以及制度经济学的相关方法，这些研究方法注重理论与思想的规范分析，既是对传统货币政策量化分析方法的有益补充，也是对正统经济学以力学均衡思想为原教旨思想的挑战，必将引起学术界对相关学科研究方法的进一步反思和借鉴。但是这些非主流的经济学研究方法要"翻身"成为主流，还需要理论的彻底革命和实践上的不断"试错"，因此还有很长的路要走。

第三节 研究现状评述及本书进展

一、研究现状总体评述

1. 研究观点总体评论

从现有的研究成果来看，系统性地针对货币政策房价传导机制的研究文献极少，多数文献只是涉及到该领域的某个方面或者某个阶段，综合来看观点评述如下：

一是货币政策中介目标对房价作用效果的研究观点。绝大多数研究表明数量型货币政策对房价起到正向作用，货币供应量或者信贷规模的增加会直接推动房价的上涨，流动性过剩成为房价上涨的动因。但是对于价格型货币政策——利率对房价的作用来看争议较大，有研究表明利率与房价负相关，提高利率可以降低房价，因此利率对房价的调节有效；也有研究表明利率与房价正相关，提高利率反倒加速房价上涨，利率对房价调节无效；还有折中的研究观点，提高利率短期内房价上涨，长期内则抑制房价上涨。对于价格型货币政策研究出入如此之大，既受到研究对象所处的金融发展水平和经济结构差异的影响，也受到房地产发展与实体经济的偏离（比如经济中存在房地产泡沫）从而导致社会价格体系失衡的影响。现有文献对利率为何导致资金配置失衡，特别是利率对房价调节失效的作用机理和实证研究仍然不够深入。

二是货币政策影响房价的非对称性效果研究观点。目前对于货币政策影响房价的非对称性效果研究主要体现在两个方面：一方面是货币政策类型导致的非对称性，表现为紧缩性和扩张性货币政策对房价影响效果的差异；另一方面是由于地域的不同导致的非对称性，地域环境的异质性会影响货币政策对房价的作用效果。不论对于货币政策类型导致的货币政策影响房价的非对称还是区域差异导致的货币政策影响房价的非对称性，对于我国这样一个地区发展差异显著、货币政策影响范围广的国度而言是有重要研究意义的。但是从目前的研究来看，缺少对不同类型的房价的分类研究。例如住宅就包含了普通住宅、高档住宅和保障性住宅，每种类型的房价对货币政策的传导效果也可能存在非对称性，因此把货币政策房价传导非对称性的研究范围拓展到不同的房产类型，对于目前我国房地产调控政策的分类实施具有切实的政策指导作用。

三是有关房价影响宏观经济的传导渠道研究观点。这是房价与宏观经济目标

（经济增长与物价稳定等）之间发挥作用的中间纽带，目前的研究主要体现在投资效应渠道、财富效应渠道、资产负债表渠道以及 Q 渠道等四种情况。①财富效应方面，综合前人研究成果来看，基本一致的结论是我国货币政策房价传导过程中房价对消费的影响很小，房价的财富效应不显著。房价的上涨并未导致消费需求的明显增加，有的研究甚至发现消费需求反倒降低，呈现负的财富效应。②投资效应渠道方面，当前的研究结论不一，多数研究结果表明房价的投资效应不明显。③资产负债表渠道方面，从目前较少的文献来看，通过企业资产负债表渠道能够达到货币政策通过作用房价而影响宏观经济的效果，但由于此类研究该涉及到微观领域的更多细节，要求的工作量大，因此相关文献并不丰富。④Q 传导渠道方面，目前的研究很难从实证的角度具体量化分析这种渠道的传导效果。总结房价作用宏观经济的中介渠道研究文献来看，目前的研究主要是把房产看做是一项与股票类似的资产并遵循传统的资产价格传导理论展开的。但是房产又不完全等同于股票类的虚拟资产，它本身既具有使用价值，又具有实物资产的属性，把房产作为纯粹的类似于股票一样的虚拟资产去研究，忽略了房产的自身物质属性的特点，使得此类研究缺乏信服力，这也是目前研究结论不统一的一个重要原因。

四是以房地产为载体的货币政策干预论观点。目前既存在单纯的货币政策干预论观点，也存在多种调控手段搭配调节的观点。前者认为货币供应量的失控和不适宜的货币政策是房价暴涨暴跌的根源，因此应该追本溯源从控制货币供应量和规范货币政策入手调控房价，从而稳定宏观经济；后者则认为房价失衡是由多种因素共同作用的结果，特别是对中国而言，特殊的土地财政制度、土地所有制以及户籍制度等与金融制度交织在一起对房价产生影响，因此要以多种调控手段搭配调节房价，从而稳定宏观经济。目前这方面的研究主要集中在政策导向上，但由于施政的依据研究不足，从而政策建议也显得缺乏支撑力。如何做到理论、实证以及政策研究的连贯性和科学性，提出具有说服性的研究结论，做到施政有理有据，是当前相关研究需要解决的问题。

2. 研究方法总体评述

无论是以计量经济模型"让数据本身说明一切"的逻辑还是以一般均衡模型"按照严密的理论分析演绎"的思维，两种货币政策研究范式都各有优势和不足，相比较来看，虽然动态一般均衡模型以优良的经济理论和跨时最优方法为基础，使得经济学家们可以"名正言顺"地进行经济学的研究而非统计学和数学的工作，但是构建 DSGE 这样一个庞大的近乎完美的一般均衡体系，任何细小的误差都有可能导致整体效果的不合意，而且复杂的行为方程设定以及研究者个性化的参数校准和估计过程也使得不确定性因素增多。

货币政策传导机制在以 VAR 代表的计量分析和以 DSGE 为代表的经济理论分析两种范式在思想基础上存在差异，在功能和适应性方面也存在不同，因此在实际运用当中应该根据研究的条件和需要进行选择，从现有文献的研究经验来看，通常考虑的因素有：①变量的内生性和外生性问题。DSGE 需要区分变量的内生和外生性，而 VAR 不需要，当对变量的性质产生争议时，VAR 似乎是一条捷径；②当建模过程中对一些关键经济理论存在争议时，这时宁可"让数据本身说话"，因此选择 VAR 更合理；③当我们想探究问题的内在本质，例如，经济波动产生的根源、具体的传导机制以及经济政策的福利分析等方面，DSGE 更具有优势；④如果涉及到全局性的复杂的系统性问题，经济结构存在的变迁问题等，在有条件完成大规模数理分析和计算工作的情况下，利用 DSGE 可以提供思考经济问题的结构性框架。从目前研究货币政策以及房价的相关文献来看，不管是运用 DSGE 或者是 VAR 系列的实证方法，多数都存在赶潮流而且盲目引进的弊病，只是按部就班的程序化操作，缺乏对模型引用的实用性的分析。

系统动力学、人工神经网络以及演化博弈论等非主流经济学分析方法，目前在学术界引起不小的轰动，但是由于缺少经济学理论的支撑以及方法的局限性，难以完全根植并推而广之适应经济学问题的研究。虽然对以均衡思想为基奠的正统经济学提出了挑战，但是完全取而代之需要对整个经济学思想进行彻底的重建，还需要走很长的路要走。

总体来看，现有研究成果虽然有一定的文献积累，但是还存在一些关键不足：首先，现有文献的研究还主要局限于货币政策房价传导机制的局部性的讨论上，对于货币政策→房价→宏观经济目标的系统性研究框架还未建立起来，缺乏对货币政策房价传导机制理论的逻辑性研究和系统的实证研究。其次，现有的研究主要把房价作为一个整体指标去考量，这一单一的指标抹杀了不同类型房价和不同区域房价的内部结构特征，其科学性越来越受到质疑，货币政策如何通过异质性房价对经济体产生影响？目前这类研究几乎空白。最后，面对我国城乡、地域、所有制、收入分配等二元经济结构差异显著的事实，现有文献鲜有从理论和实证的角度深入分析货币政策通过房价的传导渠道对经济结构产生的影响，而这正是当前我国经济发展转型期亟待解决的理论和政策问题。

二、本书进展

虽然当前还尚未形成系统的我国货币政策房价传导机制研究框架和研究体系，但现有文献所开辟的新视角和新方法，可以为本文的写作提供一些启示，从而找出更科学的宏观调控思路。本文将在文献分析研究的基础上，结合西方货币金融学理论和马克思主义政治经济学思想的科学成分，将总体分析与结构分析相结合、历史归纳与逻辑演绎相结合、定性分析与定量分析相结合的研究方法，围绕以下四个方面的核心问题开展工作：

（1）系统构建我国货币政策房价传导机制理论分析框架。货币政策房价传导机制是在当今房地产业蓬勃发展时期，房价作为货币政策传导的中间变量所呈现出来的新的货币政策理论和实践。从现有货币政策传导机制理论的总结出发，结合目前货币政策和经济发展的实践，构建我国新型的货币政策房价传导机制理论，并分析这种机制的内涵和表现形式，为实证研究部分提供理论铺垫。

（2）实证分析我国货币政策房价传导机制的实际效应。基于货币政策→房价→宏观经济目标的逻辑线索，利用 FAVAR 模型能够处理多变量、大规模信息数据的优势，分别考察货币政策对房价的传导以及房价对宏观经济目标的传导效应，重点利用格兰杰因果关系检验和脉冲响应函数进行量化分析，突出货币政策通过房价的传导渠道对经济总量以及经济结构的影响效果。

（3）揭示我国货币政策房价传导过程中异常现象的内在成因。以往的研究对于我国房价越调越高呈现出来的"房价之谜"（升息使得房价不降反升的现象）的事实感到困惑，本文通过考察我国居民投资的适应性预期、特殊的房贷政策以及收入差距等因素，对我国利率政策和房价关系失调呈现出来的"房价之谜"的内在成因进行了解释。

（4）提出我国货币政策房价传导机制的完善措施。以本书理论分析和实证研究结果为依据，同时反思日、美发达国家房地产泡沫时期货币政策失误的教训，通过归纳总结与比较分析的研究方法，提出具有针对性的政策建议，为完善我国货币政策房价传导机制提供参考。

第三章 货币政策房价传导机制理论分析

货币政策房价传导机制是在当今房地产业蓬勃发展时期，房价作为货币政策传导的中间变量所呈现出来的货币政策理论和实践。本书从传统货币政策传导机制理论梳理出发，结合房地产的特殊属性以及房价在货币政策传导中的特殊作用，尝试构建新型的货币政策房价传导机制理论，分析这种传导机制的理论内涵和表现形式，从而为后续的实证研究提供理论铺垫。

第一节 传统货币政策传导机制理论与分析

一、货币政策的传导主体和传导步骤

从货币政策的传导主体来看，货币政策源自于中央银行，通过对货币供应量和利率的控制调节金融机构的货币存量，进而影响居民的消费和企业的投资，最终影响产出和物价如图3-1所示。

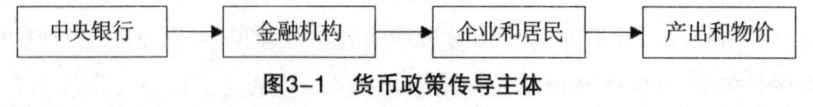

中央银行 → 金融机构 → 企业和居民 → 产出和物价

图3-1 货币政策传导主体

货币政策的传导步骤是从政策手段到操作目标，再到中介目标，最后到最终目标发挥作用的过程。整个过程可以从制定和执行两个方面来理解，制定过程是从确定最终目标开始，依次确定中介目标、操作目标、政策手段；执行过程则正好相反，首先从政策制定开始，通过政策工具直接作用于操作目标，进而影响中介目标，最后达到实现货币政策最终目标的目的。制定过程和执行过程实际上是一个统一体。对于中介目标以前的传导阶段，由于关系既定，作用效果明显而且时效短，而对于中介目标到最终目标的过程，由于作用效果复杂，又直接关系到货币市场到实体经济的过程，是货币政策传导机制理论研究的重点，因此通常所说的货币政策传导机制理论主要是从货币政策中介目标到最终目标的过程如图3-2所示。

第三章 货币政策房价传导机制理论分析

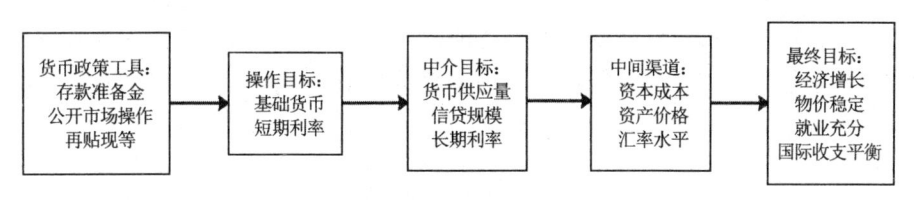

图3-2 货币政策传导过程

二、货币政策传导机制理论的发展

根据学派观点的不同，西方经济学界对货币政策传导机制的解释大致经历了以下三个发展阶段：

（一）古典经济学的货币政策传导机制理论

古典经济学的经济理论及货币理论基于两个基本前提：一是经济体能够达到充分就业的均衡，二是满足萨伊定律，即供给能够创造需求。古典经济学的货币政策传导机制理论基础有三个方面的典型代表。

（1）费雪的现金交易论：$MV=PT$ 或 $P=MV/T$。费雪认为，一旦现金货币供给确定，则货币供求达到平衡，即物价水平也就随即确定。如果中央银行试图调节经济活动水平，它可以调整货币政策，改变货币供给。

（2）现金余额论：短期内一国的货币流通速度和商品数量是不会发生变化的，如果货币数量增加，人们就会发现自己实际持有的货币量超过他们的意愿持有量，就会增加支出，结果导致物价上涨，直到涨幅与货币供应增加比例一致时形成新的均衡为止。在此基础上的传导机制可以描述为：

$$R\uparrow \to M_s\downarrow \to P\downarrow \to Y_n\downarrow$$

其中 R 表示准备金数量，M_s 表示货币供给量，P 表示市场物价水平，Y_n 表示名义收入。其传导机制是：中央银行的货币政策措施，首先是改变商业银行的准备金数量，引起货币供应量的变动，继而引起市场物价水平的变动，最终造成社会名义收入的变动。此时体现的货币是中性的。

（3）维克塞尔的所得学说：维克塞尔认为，货币对经济的影响是通过货币利率（通常表现为现行的市场借贷利率）与自然利率（即投资的预期利润率）相一致或相背离来实现的。当货币供应增加时，货币利率相对于自然利率下行，企业家觉得有利可图，便会扩大投资，使产出增加。然而，随着收入和支出的增加，物价会上涨，累积性经济扩张过程出现。只有当货币利率趋近于自然利率时，投资、生产、收入、物价这些经济变量才能稳定,经济于是实现均衡。因此说,政府货币政策的目的就在于使货币利率趋于自然利率,以此来消除货币对经济的不利影响。该理论下的货币政策传导途径为:

$$M \rightarrow R \uparrow \rightarrow i_m \downarrow < i_o \rightarrow I \uparrow \rightarrow P \uparrow \rightarrow Y_n \uparrow$$

可解释为:增加货币供给($M_s \uparrow$),会增加商业银行的准备金($R \uparrow$),后者是商业银行调整利率的指示灯。过多的准备金会促使银行降低利率以扩展信用。利率的调整导致货币利率(i_m)与自然利率(i_o)发生偏离,如果$i_m \downarrow < i_o$促使投资增加,从而一般物价水平和社会名义收入增加。

(二)凯恩斯主义学派的利率传导机制理论

凯恩斯主义学派理论是在批判古典学派观点的实践中发展起来的,与古典学派的观点不同的是:凯恩斯主义学派摒弃了充分就业的假定,认为失业是经济社会的常态;凯恩斯主义学派摒弃了货币面纱观,把货币看作是经济的一个内生因素和内在动力;摒弃了货币数量变动直接影响物价水平的传统观念,指出货币数量对物价的影响是间接的。强调了货币的价格——利率在货币政策传导中的重要作用,其基本观点是:当实行扩张的货币政策时($M \uparrow$),会引起实际利率的下降($i \downarrow$),这会降低融资成本,进而导致投资的上升($I \uparrow$),使得总需求和总产出上升($Y \uparrow$),因此,传导基本图示可表述为:$M \uparrow \rightarrow i \downarrow \rightarrow I \uparrow \rightarrow Y \uparrow$。

在极端情况下,比如通货紧缩时名义利率下调趋近于0,货币政策仍可以通过实际利率刺激经济。假定名义利率为0,扩张的货币供应量($M \uparrow$)能提高预期价格水平(P_e),进而提高预期通货膨胀率π_e,并降低实际利率($i \downarrow$),进一步刺激投资($I \uparrow$):

$$M \uparrow \rightarrow P_e \uparrow \rightarrow \pi_e \uparrow \rightarrow i \downarrow \rightarrow I \uparrow \rightarrow Y \uparrow$$

凯恩斯分析了货币政策由货币领域均衡到商品领域均衡的传导过程,凯恩斯追随者们则从不同的角度丰富了凯恩斯货币政策传导理论,形成一般均衡分析。这种思想基本观点是:当中央银行采取宽松的货币政策而使货币供应量增加时,在总需求不变的情况下,利率会相应下降,从而刺激投资,引起总支出和总收入相应增加。但利率下降后,降低了存款人的存款意愿,借贷资金因此减少。与此同时,实物经济由于收入的增加又引发了更多的货币需求,结果是货币需求量超过了货币供给量,下降的利率又重新回升,这是商品领域对金融领域的作用。上升的利率又促使货币需求下降,利率再次回落,循环反复并最终达到均衡,这个均衡点同时满足了商品市场和金融市场两方面的均衡要求,也就是 IS-LM 模型的基本内涵。

凯恩斯主义者甚至弱化货币供给的概念而十分强调利率的作用。1959 年著名的拉德克利夫(Radcliffe)报告中指出,货币政策的决策应该将"利率结构而不是货币供给的概念作为货币行为的核心"。对这一理念最有力的证实是斯梅茨(1995)的研究成果,他考察了 12 个国家的货币政策模型后得出:在多数国家的货币政策模型中,货币政策的传导过程是以利率传导机制为准建立的。中央银行设定短期利率,这一短期利率影响整个期限范围内的利率、汇率以及资产价格,这些金融变量又会通过不同的支出要素影响价格与产出。在多数情况下货币只是被动的角色,由需求来决定。

此外,还有货币政策的汇率传导渠道,这实际是对利率渠道的一种补充,基本观点是:当实行扩张的货币政策时($M\uparrow$),会引起国内实际利率的下降($i\downarrow$),这会导致货币的流出,引起本币汇率下跌($E\downarrow$),进而使得净出口增加($N_E\uparrow$)和总产出的增加($Y\uparrow$),因此,传导的基本图示可表述为:

$$M\uparrow \to i\downarrow \to E\downarrow \to N_E\uparrow \to Y\uparrow。$$

（三）货币主义学派的货币供应量传导机制理论

货币主义学派的货币供应量渠道传导机制理论是在经济发展实践中批评凯恩斯主义学派理论的过程中提出来的,它与凯恩斯主义学派理论的重大分歧主要体现在:资产范围不同,经济发展的实践使资产不光体现为债券,还包括股票和金融衍生品等;资产替代关系不同,新的替代关系超出了凯恩斯主义学派提到的货币与债券的替代关系范围,某些实物资产也具有金融资产的性质;传导中枢上,货币主义学派认为利率不一定起到绝对的作用,货币供应量的变动可直接引起名义收入的变动;传导的内在机理上,货币主义学派认为,货币政策可以同时对货币市场和商品市场发生影响,而不是凯恩斯主义学派认为的那样,传导机制首先在货币市场进行调整,然后引起资本市场的变化,最后才影响到商品市场。

货币主义学派的货币政策传导过程为:

$$M\uparrow \to E\uparrow \to Y\uparrow$$

其中 M 表示货币数量,E 表示总支出水平,Y 表示总产出。从货币主义学派的货币政策传导机制可以看出,货币政策效果的有效指标不是利率,而是名义货币供应量。

三、货币政策传导渠道

货币政策的传导渠道是对传导机制理论的进一步描述，它反映了从货币政策中介目标到最终目标过程中发挥作用的载体，以及经济主体和经济变量之间的相互作用和关系。以美国为例，货币政策传导渠道包含资本成本、资产价值、美元汇率三种传导载体。

美联储的货币政策传导机制，主要是通过其对存款机构的储备市场进而对联帮基金利率的影响而发挥作用的。储备市场的变化会引起其他一系列经济变量的变化，例如，短期利率、汇率、长期利率、货币和信贷供应量直至就业水平和产出价格。其传导过程如图3-3所示。

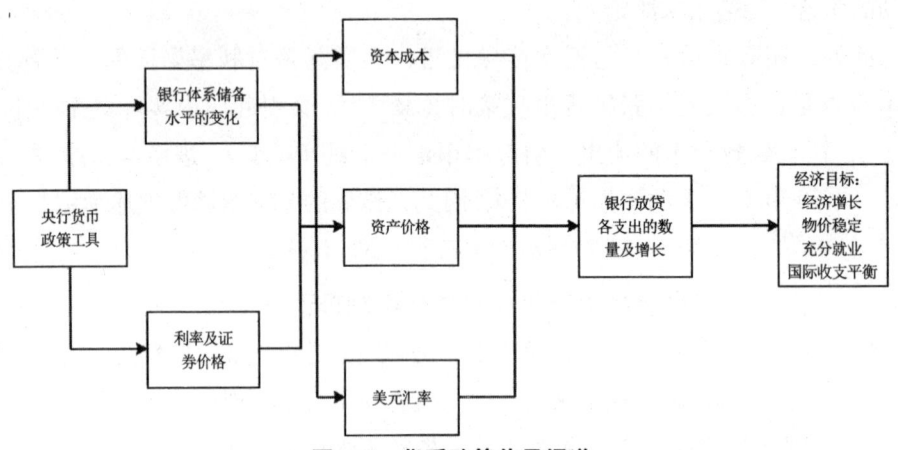

图3-3 货币政策传导渠道

从图3-3可见，美联储货币政策的传导渠道主要有：①资本成本渠道：融资成本（包括银行贷款或债券融资的利率、股本融资成本等）、折旧成本及税收成本等。②资产价值渠道：个人或机构拥有的资产财富价格，包括房价、股价等。③美元汇率：美元汇率变化会通过国际收支渠道影响最终目标。20世纪90年代，这三条渠道在美国货币政策传导中的重要地位可由官方给出的如下统计数据反映出来。

由表3-1数据可见，2000年以前，资本成本渠道是美国货币政策的主要传导渠道，该渠道影响的是私人部门投资和居民消费活动，其传导机制为：实际利率降低→借贷成本下降→家庭消费和企业投资支出增加→企业的产量提高，GDP增长，直到物价的上涨将多余的货币量完全吸收掉为止。资本成本渠道反映了联邦基金利率的变化与长期利率变化之间的时间间隔,以及利率变化与投资变化之间的时间间隔,所以资本成本实际上发挥的是利率渠道的作用。

表3-1 美国货币政策传导渠道对经济总影响的比例

货币政策传导渠道	对经济总影响的比例
资本成本	55%
资产价值	28%
美元汇率	17%

资料来源为《中央银行职能——美国联邦储备体系的经验》,陈元主编,中国金融出版社1995年8月版第121~123页

资产价值是指个人或企业所拥有的财富,这一渠道的变化主要对消费支出产生影响,其传导机制为:实际利率下降→房地产、股票及其他类似的投资市场比债券更具有吸引力→资产价格上涨→持有资产的家庭财富不断增加,产生"财富效应"→人均消费增加。因此,美联储通过货币政策的改变,不仅改变了人们持有的资产结构,也影响了人们拥有财富价值,从而影响了人们的消费支出,继而影响到经济。同时,投资方面也会受到资产价格变化的影响,股票价格上涨,促使企业更愿意通过发行股票的方式筹集资本投资于工厂和设备,或者,房地产价格的上涨,促使企业更愿意投资房地产领域获取利润,带动房地产相关行业兴起,进而拉动GDP。

美元汇率渠道的作用主要体现在对美国国际收支的影响。其传导机制为:实际利率下降→美元贬值→降低出口产品的价格→美国产品在世界市场上更具竞争力→美国商品和服务总消费的增加。当然,本币贬值是否能够促进出口抑制进口,在特殊情况下还受到马歇尔—勒纳条件的制约。

值得关注的是,由图3-4反映出,2000年以后,美国住房抵押贷款占GDP的比重不断攀升,该比值在2018年超过了24%,与2000年相比增长了1倍以上,与此同时,美国私人投资占GDP的比重变化不大,2018年与2000年相比,该比值只增长了大约15%,因此可以推测,2000年后至今,这三种货币政策传导渠道比较,资产价值渠道的重要性在增加,特别是房地产价格作为货币政策传导机制的中间载体,发挥的作用应该越来越大,当然,具体量化结果还须实证检验得知。

(a) 美国：私人部门的信贷占GDP的比重　　(b) 美国：住房抵押贷款占GDP的比重

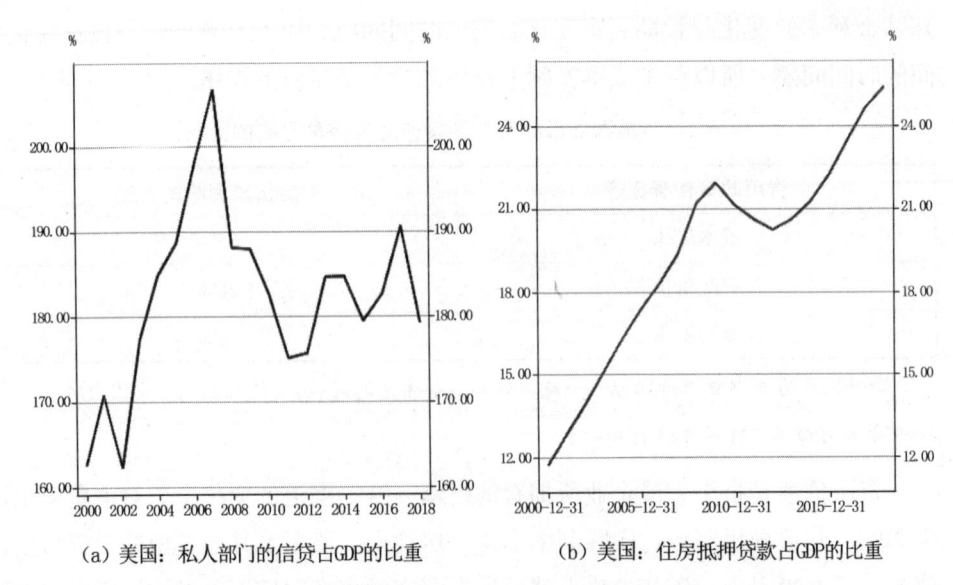

图3-4　2000～2018年美国私人投资与住房抵押贷款占GDP比重

数据来源：WIND 数据库

由上可见，美国的货币政策传导机制不是单一渠道而是一种多元渠道，哪一种传导渠道发挥主导作用，会随着金融结构的变化而出现时变特征。从美国货币政策传导机制模式中我们也可发现，美国货币当局未将信贷供给作为一条传导渠道列出，这主要是因为信贷渠道理论在西方理论界并未形成共识，在理论的成熟性和实证支持上都明显不足，而且，崇尚自由主义的发达国家，认为利率作为资本的价格，利率调节更契合自由经济的概念，因此，在当今世界各国的货币政策理论与实践中，很少有一国货币当局将信贷渠道作为一条最重要的货币政策传导渠道看待，但这决不意味着信贷渠道在客观上不存在。例如，银行体系储备水平的变化实际发挥的就是银行信贷渠道的作用。当美联储增加或减少储备供应，会产生两方面的效应：一方面会导致联邦基金利率下降或上升，进而带动其他短期利率下降或上升，如国库券、商业票据等。另一方面会导致银行体系的储备水平上升或下降，可供信贷的资金相应增加或减少，从而对企业和个人的投资活动造成影响。再如，资本成本渠道也与信贷渠道密切相关。因为中央银行变动利率会产生一种成本效应，假如美联储提高实际利率，就会使商业银行获取流动性的成本增加，进而促使商业银行缩减放款，并通过信贷供给量的变化，影响企业和个人的投资和消费，从而对最终目标产生影响。由此可见，在经济实践中，信贷渠道的作用是无法否认的。

总体来看，不同流派对货币政策传导机制理论的分歧主要在于假设市场是否出清、货币是否中性以及中介目标的选择上，虽然假设基础不同，具体传导渠道也略有区别，但是都具有一个基本前提，那就是理想的西方经济制度和完备的市场经济体制，因此从理论逻辑来看传导机制是存在的，现实经济运行中多种传导机制也可能同时在发挥作用，这为西方国家货币政策的实践提供了可供选择的理论基础。

第二节 货币政策传导机制的内在构成要素及其总体特征

早期的货币政策传导机制论是在对古典两分法的质疑中形成的。18世纪的理查德·坎蒂隆是第一个认识到"货币量增加会导致不同商品和要素价格涨幅程度不一致"的经济学家，他认为"货币量的变化对实体经济的不同影响取决于货币介入经济的方式"和"谁是新增货币的持有者"，这被后人称为"坎蒂隆效应"。20世纪初，瑞典学派的代表人物维克塞尔建立了积累理论，则是最先对萨伊法则提出的挑战。他指出，货币与信用虽然不等于实物资本，或者说不能代替实物资本，但是货币的使用会对经济产生影响，具体表现为：货币合理的使用可以促进实物资本的增加，相反，货币的滥用可能破坏实物资本，导致经济混乱。因此，货币并非"面纱"，而是经济的一个内生因素，应该建立以货币利率与自然利率相一致为中心的货币经济理论。瑞典学派还还首创了与"两分法"对立的"一分法"经济分析方法，对后来包括凯恩斯在内的经济学家产生了巨大的影响。然而，无论是18世纪的理查德·坎蒂隆、大卫·休谟，还是20世纪初的欧文·费雪、维克塞尔，他们所描述的货币政策传导机制都只能是一种单纯的货币与物价之间的简单传递机制，实际上已经开始突破古典自由主义的思想内核，孕育了"看得见的手"的政策调节含义。货币政策的原动力无论是经由何种渠道、何种方式、何种运行机制传递到真实经济体中，既然作为政策的形式存在，都应该是一种政策意向型的传导，是一种沿着预先经验判断的路径和规范而有目的、有方向的传导，体现这种政策目标、政策规范、政策立场的类要素或变量构成一个有机的政策传导系统。

货币政策传导机制的内在要素是货币政策传导机制内部发挥特定功能的经济单元或政策变量。一般来说有四种：政策目标、传导渠道、中介指标（包括近期指标和远期指标）、政策工具。货币政策目标和货币政策工具作为传导机制运行的两端，是与货币政策与生俱来的，作为经济调控方式，没有无目标方向的货币政策，也没有无工具操作的货币政策。在发达的市场经济条件下，货币政策到目标之间的简单传递，难以达到货币政策应有效果。因此，自20世纪50年代在美国货币政策实践中首先出现中介指标变量以来，便先后被市场经济发达国家普遍采用，成为货币政策传导机制内在要素中的关键环节，自此也成为理论上长期争论不休的焦点。在理论界，尽管对中介目标存在的必要性歧见纷呈，观点迥异，但多集中在对这一指标变量的具体选择上，对它的存在已无多大异议；在实务界，中介目标已成为不可或缺的货币政策效果的指示器或观察变量，作为施政的重要参考，没有哪一国的货币当局愿意轻易放弃它。当然，也有个别学者反对中介指标，如美国的罗伯特·J.戈登在1982年众议院一个小组委员会上作证时指出，如果美联储在运用手里的政策工具时，直接对准最终目标，则会更出色地完成其任务。到了20世纪90年代，西方又有经济学家提出，货币当局应实行一种无中介指标直接盯住通货膨胀目标的货币政策。西方国家自那时起，也几乎全部放弃货币供给量这一中介指示，寻求了一些新的变量来代替货币供给量行使中介指标职能，有关货币政策中介目标的研究也成为近20年来货币金融研究的重点，研究成果颇丰。

然而，即便货币政策中介目标成为连接货币政策工具与最终目标之间的纽带，它仍然是金融变量，其性质更加靠近于货币政策工具，货币政策真正发挥作用，并不是从金融变量到最终目标一步到位的，需要借助相应的传导渠道或者载体，只有弄清货币政策起作用的中间受体，才能正确、科学地归纳货币政策传导机制。早期以银行间接融资占据融资主导地位的金融生态环境下，货币政策传导机制普遍认为，通过利率变动影响资本成本（如存贷款利率），影响私人投资和居民消费水平，进而对总需求产生影响。然而随着金融脱媒和金融开放的拓展深化，非资金成本渠道，诸如资产价格渠道（房价或者股价）和汇率渠道在货币政策传导机制中越来越发挥重要作用，理论界对此也有较为深入的研究，但是研究成果远未满足政策调节的需要，亚洲金融危机、美国次贷危机等金融动荡，一再暴露出资产价格作为货币政策传导渠道和中间载体的重要性，货币政策在有意或者无意间通过资产价格的渠道对最终目标产生影响,同时,资产价格过度波动又会反馈至货币政策传导链,对金融稳定形成威胁。因此,研究货币政策的传导渠道和载体,应该是当前货币政策传导机制理论研究的一个重要方向。

由此可见,政策目标、中介指标、传导渠道、政策工具已经构成现代货币政策传导机制的不可或缺的内在要素。

一、政策目标的特征和功能

政策目标是货币当局追求的最终期望值,因此也称为最终目标,是货币当局履行国家机器职能调控经济的应有之义。

（一）货币政策目标的基本特征

1. 多元性

货币政策的最终目标从总体上看不是单一的而是多元的,各国面临的政治体制、历史传统不同,所信奉的理论依据不同,经济发展状况不同,货币政策目标的提法也就多种多样。在这些多元化目标中,大家所公认的一般有四种:经济增长、物价稳定、充分就业以及国际收支平衡。在一国内部,随着经济形势的变化,不同时期货币政策目标有不同的侧重点,但这并不影响目标的多元性,因为在侧重某一目标时,也要兼顾其他目标。对于我国的货币政策最终目标,原中国人民银行行长周小川在 2016 年 IMF 会议上曾表述到,"维持价格稳定的单一目标制是一个令人羡慕的制度——简洁、好度量、容易沟通。但对现阶段的中国尚不太现实""中国央行采取的多目标制,既包含价格稳定、促进经济增长、促进就业、保持国际收支大体平衡等四大目标,也包含金融改革和开放、发展金融市场这两个动态目标"。近 20 年来,发达国家资本市场波动较大,货币政策最终目标也有所调整。2008 年美国次贷危机以后,维护金融稳定是发达国家在特殊时期货币政策目标的重要方面,不论是 2008 年美国次贷危机还是 2020 年初美国股灾,美联储都采取了特别行动,向资本市场直接注入流动性甚至承诺无限量量化宽松,该举措既刷新了传统货币政策目标的认知,必然也会形成新的货币政策传导机制,值得未来进一步深入研究。总体来看,各国央行货币政策最终目标侧重点随经济形势变化会做灵活调整。从表 3-2 可以明显看到货币政策目标的多元性特征。

表3-2 中国和西方国家货币政策最终目标一览表

国别	20世纪50~60年代	20世纪70~80年代	20世纪90年代	2008年次贷危机后
美国	以充分就业为主，兼顾经济增长、物价稳定、国际收支平衡	以稳定物价为主，兼顾经济增长、国际收支平衡、充分就业	以低通胀的经济增长为主	以充分就业和物价稳定为主，注重维护金融稳定
英国	以充分就业、国际收支平衡为主，兼顾真实收入的合理增长和低通货膨胀	以货币稳定为主，兼顾真实收入的合理增长、国际收支平衡以及充分就业	以低通胀的经济增长为主	以低通胀的经济增长与充分就业为主
德国	以稳定通货为主，兼顾对外收支平衡			
日本	以国际收支平衡、物价稳定为主，兼顾经济增长、充分就业、资源合理配置、收入均等化等	以物价稳定、对外收支平衡为主	—	—
中国	经济增长、稳定物价		保持币值稳定，并以此促进经济增长	

2. 公共选择性

货币政策作为宏观经济政策的重要组成部分，其最终目标显然是一国货币当局代表国家意志和社会公众利益而科学决策的结果，因此体现为公共选择性。具体表现为：①货币政策目标反映了特定阶段经济发展的主要诉求。货币政策作为宏观经济政策的重要体现，政策目标和效果应该惠及大众，满足人民群众对储蓄、支付、信用等金融需求的可获得性、便利性和普惠性，促进社会整体福利最大化。②货币政策目标是通过中央银行对政策工具的操作继而通过一系列中间变量和渠道载体的传递而最终实现的。最终到达社会公众手中的货币无疑是一种特定分配机制下的私用物品，但从货币的初始源头看，则带有极大的公共性。这一方面表现为货币的发行是中央银行这一公共机关垄断和法定的；另一方面中央银行资产负债表也是受约束的，货币发行量不是随意的，必须以现实经济实际货币需求为供给依据。中央银行越是遵循货币政策目标的公共性，就越能促进生产—分配—交换—消费之间的流转顺畅，越能平衡好投资和消费之间、虚拟经济与实体经济之间、资产价格和商品价格之间的关系，进而缩小经济主体发展的不平衡性和各阶层利益分配的非对称性，促进公共利益最大化。

3. 客观性

所谓客观性，是指货币政策最终目标的能否实现，不是决策部门主观意志的单纯产物，而是由货币政策到实体经济的内在传导过程本身的客观力量决定的。货币政策最终目标的价值判断和公共选择性是预设的，带有施政者一定的主观偏好也是难免的，问题在于这种主观偏好要与货币政策传导机制的内在要求尽量保持一致。既不能对货币政策传导效果期望过高，过犹不及，也不能对货币政策传导效果丧失信心，不及犹过。货币政策有力所能及的，也有力所不及的，要承认货币政策效力的边界，不能臆断货币政策在经济调控中包治一切，"大水漫灌"等违背客观规律的货币政策造成的危害是不言而喻的。

4. 拟合性

货币政策目标作为货币当局追求的最终期望值，其实现结果不可能是一个与预期完全一致的精确值，而是一种尽量接近预期的拟合值。这是因为：①从货币政策工具的使用到最终目标的实现要经历一系列中间变量的复杂传导过程，很难精确估算这一传导过程的时间周期，各种政策变量又受到外部随机因素的冲击，导致目标变量的实现存在扰动；②由于客观形势的变化、突发事件的影响、最终目标之间的互斥性等原因，会导致目标变量的实现出现"时间不一致"的问题。

5. 统计无误性

货币政策最终目标的统计无误性，是说最终目标变量统计结果能够涵盖宏观经济发展要求，对宏观经济发展的主要方面具有准确的概括性。例如，GDP 的统计不存在较大误差，统计方法准确；以 CPI 为代表的物价指数能够真实反映居民消费负担，不存在统计遗漏或者水分，不存在为美化指数而频繁调整各统计组成项目权重的情况；失业率统计方式合理，不存在严重失真等。只有确保最终目标测度方法合理，数据真实，才能为货币政策的实施提供客观事实依据。

（二）货币政策目标的基本功能

（1）导向功能。没有目标，就无所谓传导，各要素就不可能结成一种关联有序的传动关系。货币政策传导链条中的内在要素都是按照目标要素的要求确定自身的运行方向、轨道和作用力度的大小，各变量在实际运行过程中如果偏离正常的轨道，正常情况下就要按照目标要素的内在要求进行纠偏和微调。

（2）检测功能。货币政策目标作为货币政策传导机制运行的结果，同样也是检验传导过程是否正常的判断依据。如果目标的实际值与理想预期值相差太远，则表明传导过程本身出了问题，就需要检查问题究竟出在传导机制的哪一个环节上，找出问题进行修正，才有利于后续传导机制的正常运行。

（3）反馈功能。多元目标要素的变化是货币当局对现实经济运行情况进行科学预判动态调整的结果。中央银行聚集了金融经济类优秀人才，是各国政府部门宏观经济研究最强大的力量，央行根据各类变量的变化采集到经济发展最新态势的相关信息，在科学分析和预判基础上，适时适度调整货币政策目标，而政策目标的变化产生的信号又会反馈至整个货币政策传导链条，形成新的货币政策传导效应。

二、中介指标的特征和功能

货币政策中介指标是介于最终目标和政策工具之间的中间变量，是货币政策传导机制发挥作用的核心要素。20 世纪 50 年代，美国货币政策实践中最早出现货币政策中介指标这一操作，标志着货币政策传导已从政策工具到目标变量之间的简单、直接的传递关系，发展到更加清晰、更易操作的现代意义上的传导机制。20 世纪 60 年代后期计算机模拟技术和计量经济学的兴起，又为中介指标本身的发展和完善提供了技术支持。20 世纪 70 年代初发达国家陷入经济滞涨，经济理论存在自我突破的内在要求，进一步促成了货币政策中介指标的分化——由数量型向价格型、长期向短期、单一型向多样性的演进。这使得中介指标更为精密，科学，也更复杂化了。

（一）中介指标的特征

（1）可测性。中央银行能够迅速获得该指标的准确的资料数据，且这些资料数据易于为人们分析和理解。中介指标本身要有明确的数量表达，这个表达值既可以是一个比较确切的量值，也可以是一个区间值。

（2）可控性。是指央行通过货币政策工具的操作，可以较有把握地将选定的中介目标控制在确定的或预期的范围内，基本不会偏离预期范围。

（3）相关性。是指中介指标与政策变量之间、中介指标与最终目标之间应有较强相关性。一方面，中介指标本身必须能够接受货币政策施加的信号，即货币当局能够通过对政策工具的直接操作去控制该中介指标变量的变动；另一方面，选取的该中介指标，能够与最终目标之间存在较强相关性，以此实现或接近实现最终目标所要求达到的调控水平。

（4）有效性。有效性是说，货币政策中介目标对最终目标能够发挥作用，且产生这种效果的代价应该是较低的。也就是说，扩张型货币政策，不会在货币供应量大幅提升或者利率大幅降低的情况下仍难以达到刺激经济的显著效果；同理，紧缩型货币政策，不会在银根显著紧缩或者大幅度升息的情况下抑制经济过热的作用微弱。与相关性的含义不同的是，有效性不仅要求中介目标和最终目标相关，还要求中介目标能以较低的成本对最终目标发挥作用，否则，这种中介目标的选择就是无效的，货币政策传导渠道是不畅通的。

（5）多元性。既然最终目标是多元的，相应地，中介指标也应是多元的。单一的中介指标是无法作用于多元的政策目标的，最多只能影响相关度最高的目标变量。表3-3和图3-5显示了中介指标的多元性特征。

表3-3 中国和西方国家货币政策中介指标一览表

国别	20世纪50~60年代	20世纪70~80年代	20世纪90年代	21世纪初至今
美国	以利率为主，其他包括自由准备金、银行信用量、货币供应量（先M_1后M_2）	以货币供应量M_2为主，长期利率和银行信用总量为辅	放弃货币供应量为中介指标，改为监测更多变量（主要是利率、汇率等价格型）	短期利率（先3个月国库券利率，后联邦基金利率）其次为非借入储备和借入储备
英国	以利率为主，其次是银行信用量	先以英磅M_3并参考DCE(国内信用扩张)后以M_0为主，其次为长期利率，银行信用量和PSL2（私人领域流动性）		一组短期利率（隔夜拆借利率、三个月国库券利率、三个月银行拆借率），银行资产与负债，货币基数
德国	商业银行的自由流动准备，银行信用量，中央银行货币（CBM）	先以CBM，后以M_3年度指标为主	货币市场条件（通过对货币市场的操作而间接调控M_3）	⑥利率走廊引导短期利率

续表

国别	20世纪50~60年代	20世纪70~80年代	20世纪90年代	21世纪初至今
日本	民间贷款增加额，贷款平均利率	以 M_2+CD 为主，贷款平均利率，企业金融紧缩感	银行同业拆借利率，短期优惠利率，票据买卖利率，都市银行贷款量	商业银行在中央银行的经常账户余额，基础货币
中国		①贷款规模②货币供应量③信用总量	④同业拆借利率⑤银行备付金率	⑦M_2，社会融资规模以及培育利率走廊机制

注：①在货币供应量未推出前，实际上起了中介指标作用，1998年起取消；②③④⑤于1993年正式提出；⑥指的是欧洲央行，因1998年6月1日欧洲央行成立，因此用欧洲央行代替德国央行考察其货币政策中介目标；⑦2016年我国政府工作报告提出"广义货币 M_2 预期增长13%左右，社会融资规模余额增长13%左右"两个13%的货币政策调控目标，这是我国第一次在国家层面提出社会融资规模的增长目标。中国人民银行《2017年第四季度中国货币政策执行报告》详细分析了 M_2 增速变化及其与实体经济的关系，认为"在完善货币数量统计的同时，可更多关注利率等价格型指标，逐步推动从数量型调控为主向价格型调控为主的转型"

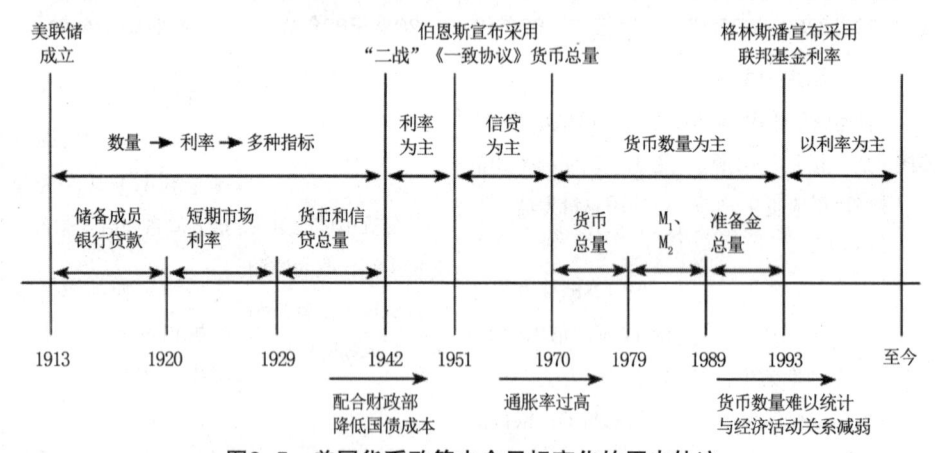

图3-5 美国货币政策中介目标变化的历史轨迹

（二）中介指标在货币政策传导机制中的功能

（1）传递功能。中介指标作为货币政策工具与最终目标之间的中间变量，主要功能就在于把货币当局的政策立场较为准确地传达给经济社会。在现代市场经济条件下，迂回生产和经济网络复杂化程度越来越高，历史经验表明，中央银行通过对政策工具的操作直接作用于经济社会，往往会加重"时间不一致"等信息不对称的矛盾，难以直接达到调控效果，因此，中介指标的设置是十分必要和可行的。

（2）指示器功能。上述关于中介指标的可测性、相关性等特征，均表明中介指标可以在短期内迅速地接受货币政策工具的作用和影响，因此不少西方国家的中介指标直接就是用指示器（INDICATOR）这一术语来表达。货币当局可以透过它对货币政策工具的敏感性来审视货币政策行为，同时，货币政策目标变量的变动是否由于货币政策因素的作用，对于中介指标与目标变量间的因果关系，通过一定的计量方法也可以较为准确地识别出来，因此，从理论上看，控制中介指标这一"指示器"就能达到良好的货币政策调节效果。

（3）反馈功能。不论是货币政策传导机制顺畅还是不顺畅，货币政策中介目标与货币政策工具之间、中介目标与最终目标之间的动态相关性必然有所反应。中介指标一方面把货币当局的政策意向传递给经济社会末端，反过来，它又把经济社会对货币政策的各种反应传递给货币当局。由最终目标反馈给中介目标的信息，也必然成为货币当局施政的重要参考。

三、政策工具的特征和功能

货币政策工具是货币政策传导机制实际运行的初始动力，一般来说，凡是那些能被货币当局直接掌握或直接控制又能够对中介指标产生影响和作用的变量，都可以被用作货币政策工具。

(一)货币政策工具要素特征

（1）多元性。正如政策目标与中介指标多元性特征一样，政策工具也是多样化的。货币政策传导机制在实际运行中要受各种各样外部因素的干扰，为了减少这种干扰造成的最终目标的不确定性，保持一个多元的政策工具组合是非常必要的。此外，各种政策工具的强度不同，发挥作用的时效也有长短差异，这就需要根据调控目的具体情况有选择性地使用，以达到最佳的货币政策效果。表3-4反映了货币政策工具的多样性。

表3-4 西方国家和中国货币政策工具一览表

国别	诱导性货币政策工具	强制性货币政策工具	非常规货币政策工具与创新（次贷危机后）
美国	公开市场业务 再贴现率 道义劝说	法定准备率 法定保证金率 曾经使用后取消的有： 利率上限、消费信用管制、房地产信用管制	西方国家非常规货币政策工具可划分为四类，即：超低政策利率；大规模再融资操作；资产购买计划；前瞻性指引。 例如：美联储的扭转操作（TWIST）、欧央行的定向长期再融资（TLTRO）、日本央行刺激银行信贷工具（SBLF）和英国央行融资换贷款计划（FLS）等
英国	公开市场业务 银行利率（相当于再贴现率）	法定准备率 特别存款 补充特别存款 贷款限额 租赁—购买控制 曾经使用后取消的有： 利率上限	
德国	公开市场业务 再贴现率 伦巴德贷款利率 外汇市场干预 对政府存贷款管理	法定准备率	
日本	公开市场业务官定利率（相当于再贴现率）	法定准备率 窗口指导	
中国	中央银行贷款 再贴现率 公开市场业务 中央银行外汇操作	法定准备率 曾经使用后取消的有： 信贷计划、备付金率、贷款限额	货币政策工具创新：短期流动性调节工具（SLO），常备借贷便利（SLF），中期借贷便利（MLF），抵押补充贷款（PSL）临时流动性便利工具（TLF），调整再贷款分类，定向降准，宏观审慎评估体系（MPA）等

（2）可操作性。这是货币政策工具的最主要的特征。其含义是指中央银行是该政策工具的唯一法定操作主体，且中央银行对其操作不会有任何困难和障碍，

操作力度、强度、时效都容易把控，并能够根据实际需要进行工具变通和创新，以适应新的经济态势的调控需要。

（3）确定性。所谓确定性，是指货币政策工具的作用方向是固定的。某种政策工具可以影响某一种或者某几种中介指标，但对另一些中介指标可能都不产生作用。这种确定性是货币政策工具本身固有的特性，决策者正是根据已经发现和总结出来的确定性，去合理地选择或者创新那些适合中介指标传递的政策工具变量。

（4）诱导性或强制性。在货币政策工具中，有的属诱导性工具，有的属强制性工具。凡是作用方式温和并引导客体（金融机构、金融市场、社会公众等）配合才能作用于中介指标的工具变量便属于诱导性变量；而作用方式猛烈，强制客体执行并迅速作用于中介指标的工具变量则属强制性变量。两类工具如何使用，则要看具体的经济形势，一般来说，强制性工具主要针对经济形势发生大的变化或者需要采取高强度货币政策时才会使用，否则就使用诱导性工具。

(二)货币政策工具功能

主要体现在两方面：一是发动功能。处于初始地位的工具变量一旦启动，就会带动整个传导机制的运转；二是传递功能。政策工具会把货币当局的政策意向传递给中介指标要素进而传递给整个经济社会。

第三节　货币政策传导机制理论的动态演变与存在的不足

20世纪90年代以来，由于银行规避监管和利率市场化步伐加快，金融市场对准备金的需求逐步下降，多国央行逐渐放弃了以存款准备金制度为核心的数量型货币政策调控方式，转而采用了利率调控模式。2008年美国次贷危机后，发达国家时而陷入经济大幅波动，在经济周期低谷阶段，时而出现负利率的情况，价格型货币政策失效，继而采取非常规货币政策手段，一些数量型货币政策工具重新启用，或者通过创新手段推出新型兼具价格型和数量型货币政策工具。即便如此，以价格型货币政策调控体系为主或者向其过度的货币政策治理模式仍然占据主流。

一、西方国家货币政策传导机制的动态演变

1. 美国：货币政策中介目标转换路径为 $M_1 \rightarrow M_2 \rightarrow$ 联邦基金目标利率

美联储的货币政策最终核心目标是物价稳定和充分就业。美国在20世纪70年代的恶性通胀导致名义利率与实际利率大幅偏离，为治理通胀，美联储将物价稳定列为首要目标，1979年8月起将货币供应量 M_1 增速作为中介目标。然而，随着金融创新日新月异，货币增长波动加大，M_1 难以反映真实货币需求，于是，1987年美联储将货币供应量目标由 M_1 转向 M_2。即便如此，货币和信用的可度量性和可控性仍然存在挑战，1994年后，美联储不再盯住货币供应量，而是以联邦基金目标利率为中介目标，参考泰勒规则，利用货币政策工具调整利率目标。

2. 欧央行：双支柱策略稳定物价水平，利率走廊引导短期利率

欧洲央行首要目标是保持物价稳定，并确立了消费价格协调指数（HICP）基本维持2%的增长目标。为了稳定物价水平，欧洲央行建立了货币分析和经济分析"双支柱"策略（Two-pillar approach）。欧洲央行坚信通胀将最终表现为一种货币现象，因而非常注重货币和经济因素的交互影响，注重运用经济和计量模型测度、预测和模拟货币政策调节效果。在货币政策工具方面，欧洲央行构建了利率走廊机制，以主要再融资利率为基准利率，以边际贷款便利利率（即隔夜贷款利率）和存款便利利率（即隔夜存款利率）构成走廊的上下限，并通过公开市场操作和经常性融资便利工具引导短期市场利率。

3. 日本：长期量化宽松

日本央行是全球量化宽松货币政策的实验鼻祖。自1990年代初房地产泡沫破灭以来，日本经济长期停滞不前，通缩风险一直挥之不去，日本央行被迫持续下调政策基准利率，1999年2月实行"零利率（ZRP）"，利率下行似乎到达尽头，到2001年3月史无前例地引入"量化宽松（QE）"，再到2013年4月升级至"量化质化宽松（QQE）"，2016年1月更是推出罕见的"QQE+负利率"，并于2016年9月进一步升级至"QQE+收益率曲线控制（YCC）"的货币政策框架，日本央行丰富的"零（负）利率+量（质）化宽松+通胀目标承诺"的货币政策组合实践，一度成为2008年金融危机之后美欧国际大型央行的效法榜样。日本央行先后探索了零（负）利率和量（质）化宽松操作，再加上近十年来逐步完善的通胀目标承诺制，构建了当前"QQE+YCC+2%通胀目标"的货币政策框架。

二、我国货币政策传导机制的转变

过去我国货币政策框架以数量型调控为主，数量型调控和价格型调控相结合。当前我国利率管制已逐步取消，金融机构自主定价权不断放开，货币政策框架也正由广义货币量为中介目标的数量型框架向以利率为中介目标的价格型框架转变。

1. 中介目标由货币量向利率转移

在货币政策目标方面，我国央行采取多目标制，既包含物价稳定、经济增长、促进就业、维持国际收支总体平衡，也包含促进经济结构调整、维护金融稳定等动态目标，其中经济增长是最主要的货币政策目标之一。

中介目标由货币量向利率转移。2017年第二季度货币政策执行报告中提到，随着金融创新和市场深化，影响货币供给的因素更加复杂多变，广义货币供应量的可测性、可控性以及与经济的相关性亦在下降，对其偶然的异常变化可不必过度关注，这也暗示了央行不再盯住基础货币情况，而是更多关注政策利率。近年来，中国人民银行加快创新货币政策工具步伐，积极管理调节市场利率。央行传统货币政策工具包括公开市场业务、存款准备金率、再贴现和再贷款这几类，其中，公开市场业务主要包括回购交易、央行票据和国库现金管理。在利率市场化改革加快推进的过程中，中国人民银行一方面创设了多种新型政策工具，包括短期流动性调节工具（SLO）、临时流动性便利（TLF）、常备借贷便利（SLF）、中期借贷便利（MLF）、抵押补充贷款（PSL），用以管理中短期利率水平；另一方面在2016年建立公开市场每日操作常态化机制，引导市场预期。央行没有公开明确阐明政策基准利率，良好的政策基准利率还在探索当中，例如，2016年第三季度的货币政策执行报告中曾经指出，"DR007可降低交易对手信用风险和抵押品质量对利率定价的扰动，能够更好地反映银行体系流动性松紧状况，对于培育市场基准利率有积极作用"。当前，中国人民银行稳定短期利率的主要手段是建立利率走廊机制，显性走廊上限为常备借贷便利（SLF）利率，下限是超额存款准备金利率，隐性的政策利率即是中枢利率。由于超额存款准备金利率不可灵活变动，调整有限，因此在正式的利率走廊之内，中国人民银行继续使用公开市场操作建立"隐性的走廊下限"，使得短端利率在一个更窄的利率走廊内波动。

2. LPR重塑货币政策传导机制

LPR（Loan Prime Rate）简称为贷款基础利率，是每个工作日在各报价行报出本行贷款基础利率的基础上，剔除最高报价和最低报价各 1 家后，对剩余报价加权计算而得到的平均利率。其权重为，各有效报价行上季末人民币贷款余额占所有有效报价行上季末各项贷款总余额的比重。

中国人民银行将 LPR 作为基准利率体系之一，就是希望它在货币政策传导机制的前端发挥重要作用。按照我国改革后的 LPR 制度设计，以 LPR 为核心的货币政策传导机制中，人民银行的货币政策工具主要是中期借贷便利 (MLF)。它不是单纯的价格型货币政策工具，而是具有量和价两个方面的影响。一方面，人民银行改变 MLF 投入和回笼量，会直接改变金融机构的流动性，这种流动性效应会影响货币市场利率，这体现了从量到价的间接影响，影响的大小要取决于流动性效应的大小。另一方面，在新的 LPR 机制下，MLF 利率成为 LPR 的锚，因此，人民银行调整 MLF 利率就会直接改变 LPR 的基准，从而引导 LPR 随 MLF 利率而变动，这体现了从价到价的直接影响。在 2019 年新的 LPR 建立以来，MLF 的定价效应就表现得比较明显。

另外，在新的 LPR 机制中，中央银行不仅关注核心利率水平，同时也开始关注利率的期限结构，通过 LPR 来构建更有效的利率期限传导机制。像美国的联邦基金利率之类的货币政策操作目标利率，都是隔夜短期利率，我国原有的 LPR 是期限一年的基础利率。但在信贷市场上，中长期的贷款则占了相当大的一部分，短期利率如何影响长期利率，则要取决于期限升水与流动性溢价，否则，长期利率就不会随短期利率的调整而相应地变化。鉴于此，新的 LPR 增加了 5 年期品种，通过它来影响商业银行的中长期贷款利率。短期利率能否影响到中长期利率还有待观测验证，需要吸取发达国家价格型货币政策经验与教训。实际上，过去十多年里，当美联储提高联邦基金利率后，中长期债券利率并没有相应地上升，或者相反，当联储大幅降低联邦基金利率后，中长期债券利率并没有出现应有地下降，这两种情况都曾出现过，前者被称作格林斯潘之谜，后一种情况则迫使伯南克采取了扭转操作。

即便如此，从数量型货币政策框架过渡到价格型货币政策框架，仍然是一个循序渐进的过程，我国数量型货币政策工具运用有较长的历史，在未来较长时期内，数量型货币政策工具不会完全放弃，仍将发挥应有的货币政策调节效果。鉴于此，本书在对货币政策房价传导机制的理论与实证分析中，仍然兼顾数量型货币政策和价格型货币政策两种工具类型，作为货币政策传导机制的研究起点。

三、传统货币政策传导机制理论存在的不足

传统的西方货币政策传导机制理论是在既定的资本主义经济制度和完善的市场机制情况下形成的，存在以下不足：

1. 不具有推而广之的普遍适用性

传统西方货币政策传导机制理论是基于西方发达国家的经济现实归纳总结的，这些国家不但具有相对完善的货币信贷市场，而且资本市场发达，金融资产品种丰富多样，金融机构治理水平较高，发展稳健，总体来说货币政策传导渠道比较顺畅，传导效率较高。但是不能由此断定现存的货币政策传导机制理论是完善的，由于两方面的限制使得这些理论的实用性受到限制。一是发达国家本身存在金融制度的差异。有的国家以间接融资为主，有的国家以直接融资为主，金融市场体系以及货币政策工具使用的侧重点也有所不同，因此货币政策传导的主要渠道也有差异。二是发展中国家金融制度还不完善。简单地把发达国家得出的结论套用于发展中国家的货币政策传导机制分析当中是极不恰当的做法，发展中国家金融制度不完善、金融市场不发达、金融工具不丰富、利率未完全市场化，因此某些货币政策传导机制理论可能不适用。

2. 理论松散而不具有系统性

西方货币政策传导机制理论是基于各个学术流派的假说分别演化出来的，因众说纷纭而显得松散，没有一个系统的理论框架对此进行总结和完善。对于传导路径的描述也过于理想化，体现了一种单向线型思维，没有反馈回路，未充分考虑到货币政策在面临外界环境、资源变化导致的不确定性因素，这种思维模式下的结果就是导致认识误区，那就是货币似乎成了经济发展的初始动力，明显陷入了一种逻辑分析的泥潭。在经济实践中，由于边际效用递减规律普遍存在，时间不一致效应也是常态，这就导致货币政策在制定和实施传导过程中，与既定的预期目标不一致。

3. 现有理论落后于实践，未形成一套以房价为载体的货币政策传导机制

理论来源于实践，当实践发生重大改变而理论还未重建时，就难以正确地指导实践。当前实践的重大变化就是房价对货币政策的传导体系产生重要作用，房地产作为家庭重要的投资工具和财富保有形式对货币的供需产生重要影响。第二次世界大战以后，各国经济纷纷开始复苏并进入繁荣，房地产业蓬勃发展，房价成为经济发展态势的重要指标，与货币政策以及宏观经济的联系日益紧密。事实

证明，货币政策通过房价变量对宏观经济的影响十分明显，房价在CPI八大因素之外，本身不在货币政策调控目标范围之内，但是事实证明房价既可能影响到经济增长，也会影响到通胀水平。货币政策与房价关系失调会导致严重的金融经济危机，20世纪80年代末日本的房地产泡沫和2007年美国的次贷危机事件足以说明这点，这些危机事件都是目前的货币政策传导机制理论难以有效应对和解释的。即便如此，当前各国的货币政策框架也并未对房价这一因素产生足够的重视，进而建立相应的货币政策治理体系，仍然是按照传统理论观点，将房价作为一般的资产价格处理，因此说，未纳入房价这一传导变量是目前货币政策框架的一大缺陷。

第四节　以房价为载体的货币政策传导机制理论的构建

以房价为载体的货币政策传导机制，是研究货币政策如何通过房价的渠道影响实际经济活动的过程。该理论强调了房价在货币政策传导中的重要作用，反映了最新的经济发展实践，是对现有货币政策传导机制理论的完善和发展。

传统的货币政策传导机制中间渠道，主要考虑货币政策中介目标对资本成本的影响，也就是货币政策要素对投资和消费的激励机制，进而影响到最终目标，这是货币政策传导的主渠道。即使对于资产价格这一传导渠道的研究，也主要以证券价格特别是股市为代表，研究其财富效应、资产负债表效应等，并且认为这种渠道是货币政策传导机制的非主力渠道，对以房价为载体的货币政策传导机制的研究更难引起重视。然而，当今社会，房价作为货币政策传导过程中极其重要的资产价格渠道，越来越体现出重大威力。近半个世纪以来，日本的房地产泡沫和美国的次贷危机，也侧面证实了一旦这种传导机制发生扭曲，就会危及实体经济的发展。建立以房价为载体的货币政策传导机制理论，需要深入厘清房价在货币政策传导机制过程中的重要作用，以及嵌入房价后的货币政策传导机制的具体表达方式。

一、房价在货币政策传导机制中的内生性分析

房价在货币政策传导机制中越来越体现内生性特征，主要原因在于，一是房

价与货币政策中介目标密切关联,二是房价和货币政策最终目标密切关联。房价作为各国重要的资产价格,在货币政策传导机制的链条中,处于中介目标和最终目标之间,发挥了货币政策传导机制的重要载体功能。

(一)房价与货币政策中介目标之间的关系

不论货币政策中介目标体现为数量型还是价格型,均对房价产生影响。在这里,货币政策中介目标对房价的作用,既有传统的视房价为资产价格,以此为受体的来自货币政策的影响,例如,财富效应、资产负债表效应、托宾 Q 理论等所揭示的传导渠道,也有特殊的货币政策传导机制发挥作用。这种作用主要在于房价的特殊性,它不是一般的资产价格,同时也体现了消费品和固定资产的价格,是一个包含虚拟资本和现实资本的价格综合体,因此有别于股票、债券等有价证券在货币政策传导过程中的作用。这种特殊性,也可以理解为中介目标对房价的影响,综合了中介目标对资产价格、投资和消费的综合影响,也就是在货币政策基本的三种传导渠道(资本成本、资产价格、汇率水平)中,房价渠道兼具资本成本和资产价格的特征。

(二)房价与货币政策最终目标之间的关系

(1)房价上行推高房地产业的膨胀。

与一般商品不同的是,房地产同时具有消费和投资两种属性。消费属性通常是一种刚性需求,或者是改善性需求,这种需求往往不会随着房价下跌而增加,反倒容易在房价上行和房贷政策优惠情况下超前消费;投资属性是一种非刚性需求,通常与房价正相关,与证券资产类似,存在追涨杀跌的投资行为特征。

房地产的消费属性使它与股票、债券等一般的金融资产相区别。股票、债券等金融资产是一种资产权益符号,本身不具有使用价值和消费属性。而对于房地产来说,消费是其基本功能,特别是家庭的首套住宅,完全体现了房地产的消费属性,从而形成居民对住宅的刚性需求。我国居民对房地产消费的需求价格弹性很小,原因是中国传统居家思想"居者有其屋"和"婚房"的观念,使得居民对房产所有权的需求迫切程度极高,加之我国住房商品化改革起步晚,潜在需求基数较大,使房地产市场长期处于卖方市场,房地产消费者处于定价的弱势地位,房地产开发商和出售方往往可以抬高房屋销售价格,并且根据购买者的具体情况获取更多的消费者剩余。

房地产投资具有多种表现形式,既具有实体经济的部分,又具有虚拟经济的部分。房地产开发商进行的房地产建设投资是房地产投资最为显性的表现形式，属于社会固定资产投资；老百姓为了获得住宅价值增值（类似证券的资本利得）而进行的超过首套房以上的房地产买卖行为，是最常见的房地产投资方式；购买办公楼、写字楼、商业营业用房等也是相当普遍的房地产投资类型；将资金委托给信托投资公司用以购买或开发房地产也是发达国家成熟的房地产投资方式；企业或者事业单位集资建房、城中村改造、自建小产权房等，都属于房地产投资。从资本的实现方式来看，银行对房地产商的贷款以及房地产信托基金的投资是货币资本的运作；房地产开发商的建筑投资是产业资本的运作；纯粹通过房产的低买高卖获取价差收益则是商业资本的运作。

同一般投资相比，房地产投资具有以下特征：

①房地产投资对象的固定性和不可移动性。房地产投资对象是不动产，土地及其地上建筑物都具有固定性和不可移动性。不仅地理位置是固定的，而且土地上的建筑物及其某些附属物一旦形成，也不能移动。这一特点给房地产供需带来重大影响，如果投资失误会给投资者和地域发展造成严重后果，因此投资决策对房地产投资十分重要。

②房地产投资高风险性。由于房地产投资占用资金多，资金周转期长，在面对市场瞬息万变的行情时，投资的风险因素也就增多。加上房地产资产的低流动性，一旦投资失误，房屋空置，资金不能按期收回，企业就会陷于流动性困境，债息负担沉重，甚至导致破产倒闭。

③房地产投资的高投入和高成本性。房地产业是一个资本高度密集的行业，需要大量的资金支持，这主要是由房地产本身的特点和经济运行过程决定的。房地产投资的高成本性主要源于以下几个原因：一是土地开发的高成本性。土地的位置固定，资源相对稀缺程度较高以及其具有不可替代性使得土地开发成本高。二是由于房屋建筑的高价值性。房屋的建筑安装要耗费大量的物资和建筑材料，需要投入大批技术熟练的劳动力、工程技术人员和施工管理人员，使用许多大型施工机械。房地产成交时，普遍采用分期付款、抵押付款的方式，使房地产的投入资金回收缓慢。此外，建筑施工周期长，占用资金量大，利息成本支付高等特点也增加了房屋建筑物的成本。三是房地产经济运作中交易费用高。房地产开发周期长、环节多，涉及的管理部门及社会各方面的关系也多，房地产开发在其运作过程中的广告费、促销费、公关费都比较高昂，从而也增

大了房地产投资成本。

④房地产投资的低流动性。房地产具有固定资产和耐用品的特征，投资成本高，不像一般商品和证券一样可以在短时间内轻易完成脱手，房地产交易通常要一个月甚至更长的时间才能完成，资金很难在短期内变现，因此房地产资金的流动性和灵活性都较低。作为低流动性的抵补，房地产投资往往又呈现耐久并且保值增值的优点。

⑤房地产开发投资的长周期性。房地产开发投资过程中间要经过许多环节，从土地使用权的获得、建筑物的建造，建筑物的投入使用，以至最后收回全部投资资金需要相当长的时间。

⑥房地产投资的环境约束性。建筑物作为一个城市的构成部分，具有不可移动性。因此，在一个城市中客观上要求有一个科学统一的建筑规划和布局。城市的生态环境、功能分区、建筑物的高度和密度等都构成外在的制约因素。房地产投资必须服从土地规划、城市规划、生态环境规划的要求，把经济效益、环境效益和社会效益统一起来，从长远来说才能取得良好的投资效益。

房地产除了具备特殊的消费属性和投资属性以外，还具有一定的社会属性。房地产为居民提供了住房所需，关系到群众最基本的民生，是一国政府协调社会阶层利益、提供基本生存保障的重要体现。

（2）房地产业的兴衰关联到投资需求、消费需求和金融稳定，因此影响到最终目标。

①房地产业在国民经济中所占比重大，产业关联度高，对经济拉动效应明显。房地产业是综合性的长链条产业，横跨生产、流通和消费三大领域，对建材、家电、金融等50多个相关产业有直接的拉动作用。从投入来看，房地产业的开发需要国民经济中的建材、设备、机械、冶金、陶瓷、仪表、森工、化塑、玻璃、五金、燃料动力等许多物资生产部门和服务行业的产品和劳务提供相配合；从产出来看，房地产业开发营建出的房屋，能为商业、金融保险业、通讯业、家用电器业、家具业、房屋装修业、园林花木业、搬家公司、物业管理业、房屋买卖中介业、家庭服务业等的发展提供前提和发展场所。因此房地产业在经济和社会发展中具有重要的地位和作用，已经成为各国拉动国民经济发展的重要产业之一。

②房地产业与金融机构、金融市场关系紧密，房地产业的兴衰关系到一国的系统性金融风险。房地产业是一个资金密集型产业，无论是房地产商土地的征购、

住房的开发与建筑,还是住房建筑完成后的销售,都离不开金融机构和金融市场的资金支撑,这也客观上决定了房地产业与金融业千丝万缕的紧密联系。目前的商品房预售制、按揭制以及以房地产为基础的证券化产品盛行,房地产开发、银行信贷、信托以及地方财政形成了相互依赖的共生链条,完全依赖房地产的经济格局随时都会面临巨大的系统性金融风险。

③房地产业的发展为居民提供了住房所需和投资渠道,既关系到群众最基本的民生,也关系到投资者的投资选择。我国房地产业的发展一方面为老百姓提供了住房所需,另一方面也提供了投资渠道。完全的市场化操作,房价过高可能会使低收入者难以获得住房而影响民生福祉,因此需要国家保障房的支持;而完全的国家计划供给的方式又会造成低效率和资源浪费,不利于国家和老百姓的正常投资选择,因此合理的商品房和保障房配套体系是关系到国计民生和发展大计的大事。

总的来说,房地产业在国民经济中的特殊作用揭示了房地产业对货币政策的敏感性强,货币政策的实施一旦作用于房价,必将对整个行业、金融体系以及国民经济产生影响,也就对货币政策的目标产生影响。

从房地产业的作用和属性来看,需要我们把房价作为一种重要变量考虑到货币政策传导过程中。房价的变化既牵扯到实体经济的发展又关系到金融市场的波动,成为货币政策是否得当、经济金融是否和谐发展的焦点。我国目前正处于经济转型的关键时期,房价的大起大落对我国经济和金融稳定构成了威胁,研究货币政策的房价传导机制问题对当前我国货币政策的制定实施和房地产调控政策的落实具有重要理论和实践意义。

(三)以房价为载体的货币政策框架的反思

1. 房价对货币政策最终目标的影响

(1)房价对经济增长目标的影响。房价(房地产)膨胀对 GDP 的短期刺激效果强,这在各国经济发展中已得到印证,并且屡试不爽,但是,房价长期上行会干扰社会价值分配体系,扭曲经济结构和收入分配。作为货币当局来说,经济增长目标优于房价波动目标,目前还未有哪个国家将房价作为货币政策重要调控目标,而只是作为关注或者参考变量,对货币当局来说,没有义务将房价作为常规性的政策调控目标。为此,货币政策有放任房价膨胀的动机,因为如此一来,有助于达到经济增长目标,而这一目标几乎是各国央行货币政策最终目标中首要关注的因素。尽管央行也认识到房价对经济增长的助推作用是短期的，但是，和多数行政机构一样，迫于政治压力和民众诉求，央行很难做到顾及长期目标而做出牺牲短期效益的行为，如此一来，导致长期中经济结构和收入分配扭曲，反过来对经济增长又带来负面影响，削弱了货币政策对最终目标的调节能力。

（2）房价对稳定物价目标的影响。住宅具有消费属性，房价也会影响 CPI 水平，这既是经验常识，也被各类文章所证实，然而，现行 CPI 统计制度不包含房价。CPI 是由美国经济学家戈登于 1975 年提出并被各国采用的，当时，房价在各国还未有如此大的影响力，房地产交易仅作为投资项目而未被纳入 CPI 统计。时至今日，房地产作为耐用消费品，随着人们收入水平的提高，其刚性消费需求越来越明显，从而也带动投资需求爆发式增长，作为统计消费物价变动情况的 CPI 指数，理应与时俱进纳入房价因素，但是可惜的是，各国并未对 CPI 做出修正。既然房价不在 CPI 范围之内，那么对于央行来说就存在侥幸，那就是，房地产可以作为吸纳流动性过剩的"池子"，缓释 CPI 波动的压力，将货币政策负面效应特别是货币超发或者超低利率的不良后果转嫁至房价，克服菲利普斯曲线关于经济增长和物价稳定之间的矛盾，殊不知，正是这种货币政策操作的机会主义，将货币政策代入长期无限宽松并失效的无奈境地。

2. 房价对货币政策中介目标的影响

根据经济和金融形式的变迁，货币政策中介目标通常在数量型和价格型变量之间选取。在西方国家非常规货币政策推出以前，中介目标经历了数量型向价格型转换的过程，主要原因在于由于金融创新、金融脱媒以及金融衍生品、石油美元、房地产金融等新型交叉性金融产品的不断涌现，数量型中介目标的可测性、可控性、相关性等基本要求受到严峻考验，因此，各国央行普遍寻求价格型货币政策中介目标。价格型中介目标通常是一种短期利率，央行通过控制这种短期利率来影响长期利率，进而达到调节最终目标的目的。然而，在以房价为载体的货币政策传导机制过程中，价格型货币政策中介目标与房价之间也会出现紊乱，例如，古德哈特和霍夫曼（2008）曾对日本在 1972～1998 年间利率与住宅价格关系进行研究，发现利率与房价存在罕见的正相关关系，显然与一般的资产价格与利率负相关的现象不符，而此段时期刚好是日本房地产泡沫累积和爆发的年代，房价对利率信号的指示存在严重的失真，迫使中介目标不得不做出相应调整，而这种调整的节奏、力度、时机等不一定是实体经济所需要的。

3. 内嵌房价的货币政策传导机制的困境

从以上分析能看出，当代在嵌入房价的货币政策传导机制中，货币政策一方面利用了房价的拉动效应推高 GDP，另一方面利用房价的池子效应舒缓 CPI 上行，其结果是房价严重高企，但是经济发展动力越来越弱。那么，货币政策调节能否达到治理效果呢？传统的货币政策调控方式是在经济周期中逆向伸缩起效的，也就是说，在繁荣阶段退出宽松实施紧缩，在萧条阶段实施扩张，在经济周期的不同阶段逆风向操作，是为了给后续阶段的操作挪腾空间。日本房地产泡沫和美国次贷危机以后，货币当局和监管当局得到一个重要启示就是，金融机构流动性管理十分重要，危机时期流动性救助也很有必要，央行试图通过流动性救助挽救资产大幅下跌，烙平经济周期，这种思想在巴塞尔协议Ⅲ中也有体现，成为各国央行救助市场的一个承诺。但是，这样做的后果是加剧了市场道德风险，金融体系为追逐超额利润甘冒风险而有恃无恐，资产价格严重高企成为投机资本的盛宴。事实也证明，市场存在房价（或股价）泡沫破裂或者存在破裂危险时，央行紧急出手提供流动性救助大力托市或者救市，很快扭转了资本市场泡沫破灭的狂风骤雨。这种操作方式看似拉平了经济周期，改变了经济规律，却不经意间将宽松货币政策手段消耗殆尽，不得不在负利率和量化宽松的新领域探索，期望能够发挥作用的空间。更为严重的是，由于市场未有足够的时间经历泡沫破灭的洗礼，有毒资产就难以从资本市场消除，实体经济领域资源配置来不及优化，难以达到市场出清，因此经济金融体系风险仍然在加速累积，更进一步加剧了货币政策调节失效的风险。

二、货币政策房价传导机制理论构建

鉴于现有货币政策传导机制理论未考虑日益重要的房价因素，对以房价为载体的货币政策传导机制分析也缺乏系统性和逻辑性，本书在吸取西方货币政策传导机制理论有益成分的基础上，充分考虑房价在货币政策传导过程中呈现出来的财富效应、投资效应等特征，系统性地总结了我国货币政策的房价传导机制。

学术界对货币政策传导机制已有比较成熟的研究，但是具体到房价在货币政策传导机制中作用的研究却相对较少，货币政策的房价传导机制如何系统描述也没有定论。理论研究的不足会使政策实践出现偏差，欧奎（2000）研究认为，正是由于1990年代日本政府没有考虑货币政策对房地产的作用机制，实施政策时对房价关注不够,才导致了日本经济因房地产泡沫而出现问题。泰勒(2008)也指责美联储2002~2004年实行的宽松货币政策造成了美国住房市场的过度繁荣,最终导致了次贷危机的发生。关于货币政策与房价关系的研究在日本1990年代房地产泡沫破裂之后开始兴起,2008年美国次贷危机爆发后这方面研究又掀起了高潮。在实施货币政策过程中以房价为重要载体的传导机理的研究虽然还没有统一认识,但是基本的共识是货币政策既可能是事前房地产膨胀和房价泡沫出现的推动力量,也可能是事后房地产业低迷和房价泡沫破裂的原因,进而对整个宏观增长和物价稳定的调控目标产生影响。货币政策为什么会通过房价影响到宏观经济发展目标,这就需要从货币政策的房价传导机制的探索入手。

(一)以房地产的资产属性划分的传导机制类型

目前已有部分文献涉足于货币政策的房价传导机制的研究,但是这些研究基本上都是把房地产作为一项与股票同类的资产并套用传统的货币政策传导机制理论来展开,缺少对房地产自身属性和异质性房价的认识,在这种情况下即使把房地产部门或者是房价纳入货币政策分析范畴也缺乏科学性和合理性。因此厘清房地产自身属性是首要前提。

从房地产的形态来看,房地产既是实物资产,也是金融资产。因此房地产兼具有实物资产的属性也具有金融资产的属性,这为货币政策的房价传导机制提供了一个重要的分析线索。

1. 房地产作为实物资产属性的货币政策传导机制

作为实物资产属性的房地产来说,当货币政策对房价的产生影响时,房价的变化意味着房地产投资额的变动(通常房价上涨会加大投资商的利润空间,融资渠道也会更加顺畅,房地产投资额就会增加),就会直接引起社会总投资额的变化,在目前房地产投资占社会总资产投资比重日益增加的年代,这种影响效果会越来越明显。这种传导机制可描述为:

货币政策 ⟶ 房价 ⟶ 房地产投资 ⟶ 社会投资需求

另外,作为实物资产的房地产,当货币政策对房价的产生影响时,房价的变化意味着房地产投资额的变动,也会带动部分消费品特别是家庭耐用消费品的消费。这十分吻合中国家庭消费观念,一般来说搬进新房就意味着"万象更新",添置新家具和电器是必然的选择,婚房更是如此。因此这种传导机制从现实角度来分析是行得通的，可描述为：

货币政策 ⟶ 房价 ⟶ 房地产投资 ⟶ 家庭耐用品引致消费 ⟶ 社会消费需求

2. 房地产作为金融资产属性的货币政策传导机制

作为金融资产属性的房地产来说，根据所实现的最终目标的不同，货币政策的房价传导机制也可划分为投资支出机制和消费支出机制。

（1）投资支出机制。是说货币政策通过房价传导并最终影响投资支出的过程，理论基础包括：

托宾的 Q 理论。根据 Q 的定义：$Q=$企业资本的市场价值/企业资本的重置成本。当房地产作为金融资产时，货币政策通过房价的影响作用于实际经济活动，货币供给（M）的增加会使社会流动性增加，资产价格上涨压力显现，房价（hp）上升，托宾 Q 值增加，房地产企业资本的市场价值大于企业资本的重置成本，这会刺激房地产企业的再投资（I），进而引起产出（Y）的增长。传导过程描述为：

宽松货币政策 ⟶ 流动性↑ ⟶ hp↑ ⟶ Q↑ ⟶ I↑ ⟶ Y↑

非对称信息理论（公司的资产负债表效应理论）。货币政策通过影响房价，引起企业资产净值（或者是资产负债表）的变化，从而影响银行贷款过程中企业逆向选择和道德风险发生的可能性，进而改变投资支出的传递过程。该理论与资产负债表效应理论逻辑一致。以扩张性货币政策为例，传导过程为：

宽松货币政策 ⟶ 流动性↑ ⟶ hp↑ ⟶ 企业净资产值↑
↓
Y↑ ⟵ I↑ ⟵ 银行贷款↑ ⟵ 逆向选择和道德风险↓

（2）消费支出机制。是说货币政策通过房价传导并最终影响消费支出的过程，理论基础包括：

财富效应。货币政策通过货币供给的增减影响房价，房地产投资者个人财富发生变动，根据 Modigliani 的生命周期理论，消费水平是由消费者终生的财力决定，而消费者的终生财力的一个组成成分就是拥有的房地产。扩张性的货币政策提高了房价，同时也提高了消费者财富值，增加了消费者终生的财力，家庭的消费支出水平增加。传导过程为：

宽松货币政策 —→ 流动性↑ —→ hp↑ —→ 名义财富↑ —→ 消费支出↑ —→ Y↑

当然，与财富效应相反的是房地产财富的增加抑制了消费支出进而体现为挤出效应，导致挤出效应的原因可能是刚性房产需求暂时性地挤占了一般的消费需求，或者是投资、投机性需求过旺导致两大部类结构性失衡。我国货币政策房价传导机制到底体现为财富效应还是挤出效应？这种效应的强弱性如何？这还需要后文的实证分析来识别。

家庭流动性效应。Mishkin认为，宽松货币政策导致的资产价格上涨从而资产价值上升时，个人发生财务危机的可能性下降，资产流动性增强，当个人需要现金消费时，可以通过卖掉手中的金融资产（房地产）来实现。传导过程为：

宽松货币政策 —→ hp↑ —→ 资产价值↑ —→ 资产流动性↑ —→消费品支出↑ —→ Y↑

（二）以货币政策发挥效果的方式划分的传导机制类型

（1）利率渠道理论，即基于凯恩斯主义的货币政策房价传导机制理论。由于价格刚性的存在，短期名义利率的变动会通过预期引起长期名义利率和真实利率的变化，进而对房地产需求和供给方产生影响。从需求方来看，当前多数消费者通过抵押贷款的方式购买房产，即以所购房产为抵押，向住房公积金管理机构或金融机构申请购房贷款，并按合同的约定还本付息。因此，利率的变化会直接影响消费者的还贷额，预期购房成本会随利率的升降而发生变化，从而影响居民的房产需求。从供给方来看，利率的变化会影响房地产开发商的融资成本，加息会导致该行业融资成本上升，房地产供给减少。利率的调整对房地产价格的影响最终取决于供需双方的力量对比。

（2）货币渠道理论，即基于货币主义观的货币政策房价传导机制理论。该理论认为货币政策不一定通过利率发挥效果，而是直接引起资产（股票、房地产、债券等）的收益调整和相对价格的变化，并通过托宾Q效应和财富效应最终影响总需求，从而引起产出和物价的变化。以房价传导而言，如果货币供给上升，当人们发现货币供给超过其货币需求时，便会减少手持货币而增加支出，这种支出如果在房地产方面，就会导致对房地产需求增加而使房地产价格上升，加之Q效应和财富效应的作用，投资和消费支出增加带动总需求膨胀，进而使产出和物价上升。

（3）信贷渠道理论，是基于金融加速器理论的货币政策房价传导机制。企业的资本资产不仅是生产要素，同时也是外部融资的担保。房地产作为企业最重要的抵押物之一，房价上升意味着抵押物价值上升，这对于银行来说则是降低了违约损失，提高了其净资产和利润水平。在此情况下银行愿意发放更多的贷款，从而鼓励企业从银行贷款进行投资，带动产出增长和物价水平的上涨。相反，如果房价下跌，则以此为担保的信贷便难以维持，信贷萎缩，投资需求下降。这种信贷需求理论也解释了"房价—信贷"正反馈的银行信贷顺周期行为。

（三）货币政策房价传导机制理论的归纳

从上述分析可以看出，无论以何种方式划分货币政策房价传导机制，对货币政策的房价传导渠道的认识都具有共性，即都认为通过将货币政策作用于房价，进而引起投资和消费发生相应变化，最终影响到经济增长和物价稳定等宏观经济目标。可见，房价变化在货币政策传导中发挥重要作用。据此，可以概括出我国货币政策房价传导机制的基本理论框架。

鉴于现有货币政策传导机制理论未考虑当今日益重要的房地产和房价变化的因素，对以房价为载体的货币政策传导机制分析也缺乏系统性和逻辑性，本书在现有西方货币政策传导机制理论基础上，充分考虑房价在货币政策传导过程中呈现出来的财富效应、家庭流动性效应、资产负债表效应以及托宾 Q 效应等，对我国货币政策房价传导机制的基本理论框架概括为："两个中介，两个阶段，两个枢纽，两个目标。"

两个中介是指货币政策的数量型中介目标（以货币供应量和信贷规模为代表）和价格型中介目标（以利率为代表）；两个阶段是指以房价为核心载体的货币政策传导阶段，第一阶段是货币政策变量作用于房价的阶段，第二阶段是房价通过各种效应作用于货币政策最终目标（经济增长和物价稳定）的阶段；两个枢纽是指在货币政策传导机制的第二阶段，即房价通过投资和消费两个枢纽对实体经济产生影响；两个目标是指货币政策作用于房价后能否最终实现经济增长和物价稳定的目标。根据以上描述，我们可以将货币政策房价传导机制的总体式分析框架用图3-6描绘如下：

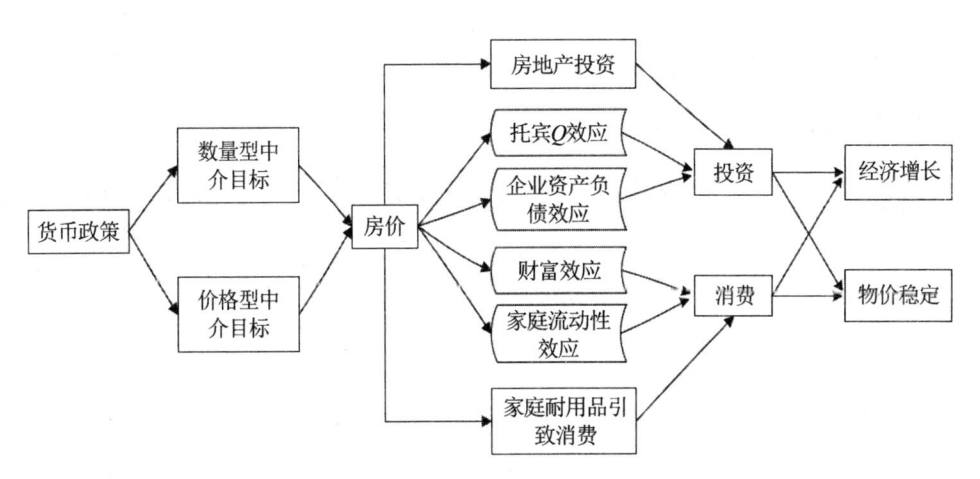

图3-6　货币政策房价传导机制的基本分析框架

由此看出，以房价为载体的货币政策传导机制是一个复杂的运行过程，在这里，为了简化起见，同时又不失合理性，本书实证部分分两阶段验证货币政策传导机制的运行效果，第一阶段为货币政策中介目标对房价的作用效果；第二阶段为房价对最终目标的作用效果，以此进一步验证以房价为载体的货币政策传导机制效果。

第四章 货币政策房价传导机制的实证分析：从货币政策到房价

依照理论分析框架，从货币政策到房价，再从房价到宏观经济，是构成货币政策房价传导机制的两个不可分割的逻辑环节。从货币政策操作类型来看，既存在数量型货币政策，也存在价格型货币政策；从房价类型来看，既存在房价总体水平，也存在异质性房价结构（包括普通住宅价格、高档住宅价格、经济适用房价格以及商业用房价格），因此也需要采用结构化分析框架。不同类型货币政策对异质性房价的影响不尽相同，虽然货币政策最终目标不在于稳定资产价格，但是货币政策实施过程中对房价产生冲击，会间接影响到宏观经济进而存在无意却是客观存在的作用。本章的任务就是实证研究我国货币政策房价传导机制的第一阶段：货币政策对异质性房价的实际传导效果。

第一节 我国货币政策与房价相关性描述

近20年来，我国货币供应量增长明显。1999年12月到2018年12月，我国狭义货币供应量从45837亿元增长到551686亿元，平均增幅超过12倍，广义货币供应量从119898亿元增长到1826744亿元，平均增幅超过15.2倍，据世界前列。以2010年全球经济低迷时期为例，2010年中国是同期世界主要经济大国货币投放最多的国家，新增广义货币供应量为11.6万亿元，增幅达19%，而同期金融危机发源地美国货币供应量年增长3.3%，日本也只有2.5%左右。截至2018年末，中国广义货币供应量余额为1826744亿元，同比增长8.07%，同一时期，美国广义货币供应量为144565亿美元，同比增长3.73%，日本广义货币供应量为1014.23万亿日元，同比增长0.1%，我国广义货币供应量增长率远超过世界主要经济体。当然，单纯货币量的比较意义不大，还需要和一个国家的经济发展水平挂钩。2018 年我国 GDP 约合 919281 亿元人民币，GDP 不变价格同比增速 6.7%，全年 CPI 增速也达到了 2.1%。而美国同时期的 GDP 约为 205802 亿美元（按照 2018 年 12 月 31 日即期汇率 USD/CNY=6.8701 计算，美国 GDP 大约为中国的 1.54 倍），美国 GDP 不变，价格同比增速 2.9%。从 M2 和 GDP 的比值来看，我国的比值约为 1.21 倍，美国的比值为 1.28 倍，二者相差不大，因此中美比较来看，我国的货币供应量增速处于较为合理的水平。然而，货币供应量高出 GDP 增长的部分仍然较多，是推动资产价格包括房价的重要力量。

从新增贷款来看，1999 年末到 2018 年末，我国新增贷款从 93734 亿元增长到 1362967 亿元，平均增幅 14.5 倍，其中以 2009 年最为突出，据央行《2009 年 12 月金融统计数据报告》显示，2009 年全年人民币各项贷款增加 9.59 万亿元，同比多增 4.69 万亿元，多数研究分析认为，我国似乎高估了美国次贷危机的传染效应。2010 年和 2011 年受前期贷款政策的惯性影响，人民币贷款又分别增加了 7.95 万亿元和 7.47 万亿元。

此外，我国连年贸易顺差和吸收的直接投资以及热钱等汇集的外汇占款占据了货币供应的很大比重。在外汇占款中，短期国际资本的变化由于最能冲击资产价格而尤其引人关注。从 2005 年起，汇率制度的改革使人民币预期升值刺激了短期国际资本流入规模的不断上升。2005 年至 2010 年美国次贷危机前后的 6 年间，短期国际资本流入额分别达到 526 亿美元、989 亿美元、393 亿美元、1673 亿美元、691 亿美元与 1956 亿美元（其中 2009 年的降幅主要受发达国家金融危机流动性不足的影响），2005 年至 2010 年累计流入的短期国际资本额为 6230 亿美元，占同期外汇储备增量的 27.8%。尽管时任央行行长周小川表示可以利用"池子"来储蓄资金，从而不造成资产泡沫与通胀压力，但"池子"中的投资品种有限，随着资金流入规模的增加，央行的冲销货币存量会不断上升，人民币外汇占款激发的货币供应量仍然占据较大份量，由此引致的某些年份流动性过剩，可能是推高资产价格与物价高涨的重要原因。

总体来看，2000 年后我国货币流量增幅较大，房价涨幅与货币增长幅度保持了基本同步（表 4-1）。这似乎又佐证了货币学派的代表人物——弗里德曼的名言"无论何时何地，价格都是货币现象"，2018 年来中国房价的上涨也是一种货币现象。

表4-1 1999～2018年货币供应和房价变动情况

年度	房价（元/平方米）	增长率（%）	M2（亿元）	增长率（%）	M1（亿元）	增长率（%）	贷款余额（亿元）	增长率（%）
1999	2 053		119 898	14.74	45 837	17.67	93 734	8.33
2000	2 112	2.87	138 356	15.40	53 147	15.95	99 371	6.01
2001	2 170	2.75	158 302	14.42	59 872	12.65	112 315	13.03
2002	2 250	3.69	185 007	16.87	70 882	18.39	131 294	16.90
2003	2 359	4.84	221 223	19.58	84 119	18.67	158 996	21.10
2004	2 714	15.04	253 208	14.46	95 971	14.09	177 363	11.55
2005	3 168	16.72	298 755	17.99	107 279	11.78	194 690	9.77
2006	3 367	6.29	345 578	15.67	126 028	17.48	225 285	15.71
2007	3 864	14.77	403 401	16.73	152 519	21.02	261 691	16.16
2008	3 800	-1.65	475 167	17.79	166 217	8.98	303 395	15.94
2009	4 681	23.18	610 225	28.42	221 446	33.23	399 685	31.74
2010	5 032	7.50	725 852	18.95	266 622	20.40	479 196	19.89
2011	5 357	6.46	851 591	17.32	289 848	8.71	547 947	14.35
2012	5 791	8.10	974 149	14.39	308 664	6.49	629 910	14.96
2013	6 237	7.70	1 106 525	13.59	337 291	9.27	718 961	14.14
2014	6 324	1.39	1 228 375	11.01	348 056	3.19	816 770	13.60
2015	6 793	7.41	1 392 278	13.34	400 953	15.20	939 540	15.03
2016	7 476	10.06	1 550 067	11.33	486 557	21.35	1 066 040	13.46
2017	7 892	5.56	1 690 235	9.04	543 790	11.76	1 201 321	12.69
2018	8 737	10.71	1 826 744	8.08	551 686	1.45	1 362 967	13.46

注：房价指的是房屋平均销售价格，贷款余额指的是金融机构各项贷款余额

数据来源：WIND数据库

如果说货币供应好比管道的流量，利率调节则如同阀门和回收器，通过利率手段可以用来调节实际的货币供需。从1999～2018年的情况来看，利率和房价变动存在两个走势显著差异的区间：1999～2010年房价与利率同起同落同向变化；2011～2018年房价与利率负向变化，其中，前一阶段央行频繁加息，处于升息周期，但是提高利率并没有抑制住人们对房地产投资的热情，于是出现了中国特有的房价"越调越高"和"报复性上涨"的局面。英国学者古德哈特和德国学者霍夫曼（2007）把这种现象称为"房价之谜"，他们曾对七大工业国（美国、日本、德国、法国、意大利、英国、加拿大）在1972～1998年利率与住宅价格关系的研究中发现，只有日本存在"房价之谜"现象，而此段时期刚好是日本房地产泡沫累积和爆发的年代，"房价之谜"由此被视为房地产泡沫和经济衰退的

第四章 货币政策房价传导机制的实证分析：从货币政策到房价

前奏。中国目前遭遇到和日本当年类似的境况，会不会重蹈日本经济泡沫的覆辙？这是一个值得深思和研究的问题。

常规的货币政策影响房价需要一个时间周期，而房贷政策则会通过直接的调控措施作用于房价，常见的调控手段主要有控制住房抵押贷款利率和贷款首付比例等。

2015年以前，我国的贷款基准利率是由中国人民银行来决定的，期限分别有六个月以内（含六个月）、六个月至一年（含一年）、一至三年（含三年）、三至五年（含五年）、五年以上五个等级，一般来说住房抵押贷款期限较长，因此选用五年期以上期限贷款利率较多。从图4-1走势图来看，1999~2010年，利率和房价基本是同起同落，除了2002年和2008年利率出现短期回落以外，多数年份利率都是上行走势，与此同时，在利率上行时，房价却没有随之下行；在利率下行时，房价也未明显上行，这与一般的资产定价原理相左。而从2011~2018年，我国利率步入下行周期，从走势图来看，房价随着利率的下行而呈现上行走势，这又符合一般的资产定价原理。

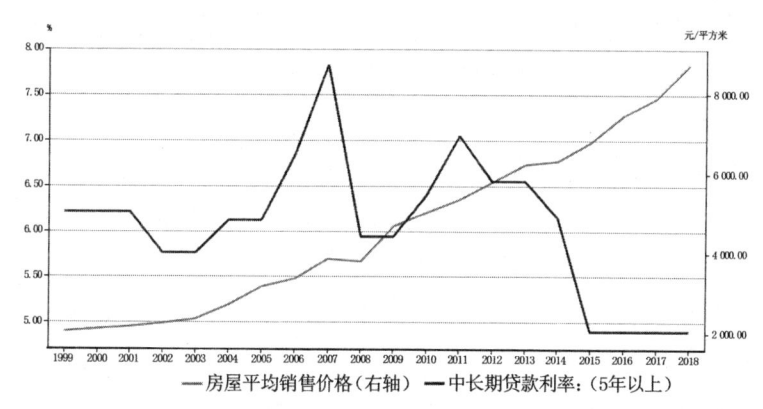

图4-1 利率与房价变化的趋势图

数据来源：WIND数据库

在这里，我们聚焦于前一阶段（1999~2010年）的货币政策，为了抑制投资过快上扬，保持房地产业健康稳定发展，期间针对房地产的金融货币政策如下：

2003年6月5日，中国人民银行发布了《关于进一步加强房地产信贷的通知》（121号文件），该文件规定：商业银行只能对购买主体结构已封顶住房的个人发放个人住房贷款；对借款人申请个人住房贷款购买第一套自住住房的，首付款比例仍执行 20% 的规定；对购买第二套以上（含第二套）住房的，应适当提高首付款比例；充分发挥利率杠杆对个人住房贷款需求的调节作用：对借款人申请个人住房贷款购买房改房或第一套自住住房的（高档商品房、别墅除外），商业银行按照中国人民银行公布的个人住房贷款利率（不得浮动）执行；购买高档商品房、别墅、商业用房或第二套以上（含第二套）住房的，商业银行按照中国人民银行公布的同期同档次贷款利率执行。另外，该文件对房地产企业的土地储备以及建筑施工企业流动资金贷款的管理也提出了严格的要求。121 号文件是我国第一个系统性地针对房地产价格调控的政策文件。不难看出，央行颁布此文件的目的，一是防范银行的信贷风险，保持金融以及房地产业的持续稳定发展；二是通过商业银行信贷手段，抑制部分地区房地产投资的过热倾向。毫无疑问，如果当时该文件得到切实的执行，对我国房地产市场、商业银行房地产信贷业务甚至整个宏观经济带来不可忽视的影响。但由于种种原因，特别是银行利益群体超越文件的规定，从而使类似"121 号文件"一样的货币政策规定并没有起到实质性的作用。

2004~2011 年国务院、央行、建设部等又进一步发布了 30 多项政策来调节房地产市场，其中改变首付款比例以及个人住房公积金贷款、个人购置住房（按揭）贷款成为政府调控房地产业最为重要的政策。与银行信贷利率以及首付比例变化相关的政策主要包括以下几个方面：

（1）中国人民银行决定，从 2004 年 10 月 29 日起央行上调金融机构存贷款基准利率并放宽人民币贷款利率浮动区间，允许人民币存款利率下浮，购房贷款一年期基本利率从 5.31% 提高到 5.58%，该文件表明央行正式使用市场调节杠杆来对房地产市场进行调节。

（2）2005 年 3 月 17 日央行规定，取消抵押贷款优惠利率政策，对于房价上涨过快的地区首付最低比例由 20% 上升为 30%，并进一步提高抵押贷款利率；

（3）2006 年 4 月 28 日央行决定，金融机构一年期以上贷款基准利率均上调 0.27 个百分点，个人住房按揭贷款也按照贷款基准利率的 0.9 倍的比例上调。

（4）2006 年 5 月 29 日央行、国土资源部、发改委等九部委联合发布：自 6 月 1 日起，对购房面积小于 90 平方米的住房仍执行 20% 首付比例的规定，但是大于 90 平方米的住房最低首付比例则不得低于 30%，以此来引导住房市场供给结构的合理化，改善中低收入群体的住房条件。

（5）2007年为抑制股市房市双过热，自3月开始中国人民银行连续5次加息，2008年的加息势头更为迅猛和意外，仅10月就加息3次，这可谓是新中国历史上调息频率最快的一次。此番加息得到了较好的效果，全国股市和房地产价格在2007年12月之后大幅回归，但随着2008年当局过高估计美国次贷危机对我国的影响，货币政策急剧放松，2009年更是出现了历史罕见的9万亿元贷款，各地开始出台各种不同形式的救助房地产市场的政策，2009年1月之后房价又开始了过山车似的新一轮的上涨。

（6）货币当局似乎意识到问题的严重性，分别于2010年10月20日和2010年12月26日密集加息，同时国务院于2011年1月26日颁布《国务院关于坚决遏制部分城市房价过快上涨的通知》(简称"新国八条")，该文件强化了差别化住房信贷政策，规定对贷款购买第二套住房的家庭，首付款比例不低于60%，贷款利率不低于基准利率的1.1倍。该政策并没有很快见效，央行于是在2011年4月6日以及2011年7月7日再次连续升息，但仍然不能抑制住流动性过剩造成的房价过快上涨势头。直至各省市主要负责人被住建部官员约谈落实"新国八条"中要求的"限购、限贷、限价、限外"的具体政策，房地产价格才有所回落。

（7）2013年2月20日召开的国务院常务会议重申了房地产紧缩调控政策（简称"新国五条"），重申了房地产紧缩调控政策。主要包括五方面内容，其中货币政策手段主要放在二套以上房贷政策上。截至目前，各地方的调控细则还未出台，但是一个普遍的认识是，二套以上房贷会更加收紧，并且继续实施加大首付款比重、上浮房贷利率等差别化房贷政策。

从我国货币政策与房价的相关性描述来看，数量型的货币政策与房价几乎同向变化，但是价格型货币政策在某些年份与房价变化趋势却相反，专门针对房地产的房贷政策也只有在限购等强制力量干预下才能发挥效果。作为货币政策房价传导的第一个阶段，货币政策对异质性房价的影响效果是什么，影响程度有多大？价格型货币政策对房价的作用出现异常现象的原因是什么？这些都是本章实证部分需要解决的问题。

第二节 实证模型的选用——FAVAR模型

一、FAVAR模型优势

通过文献综述部分对研究方法的比较和总结我们发现，现有对货币政策的研究方法主要包含向量自回归（VAR）和动态随机一般均衡（DSGE）两大类。DSGE模型能够严格遵守微观经济理论并按照最优化的处理方法对随机外生冲击进行模拟，但由于本书对货币政策传导机制的研究具有程序化的特点，使该方法的运用受限。对于本书的研究内容来说，VAR模型则体现了相对的灵活性。但目前运用较普遍并不受约束的VAR以及结构VAR模型存在明显不足，VAR模型的创始人西姆斯（1992）早年就已指出，VAR模型所处理的经济变量过少是该模型的主要缺陷。伯南克等（2005）针对VAR等模型的滥用也再三强调，政策制定者考虑的经济因素很多，影响房价的潜在经济因素也数以百计，目前运用的VAR、VEC、SVAR以及DSGE模型最多可以处理12个变量，有限的经济变量不能真实反映货币政策对经济体的确切作用，信息有限的问题在这些模型中明显存在，这样对政策效果的分析难免会出现偏差。

为了克服这些不足，伯南克等（2005）在前人研究的基础上，对VAR模型进行了改进，开创性地提出了FAVAR（Factor Augmented Vector Auto Regressive Model，因素扩展的向量自回归模型）模型。该模型后来得到Boivin和Giannoni（2008）等在理论上的进一步发展；柴本（2007）等先后利用FAVAR模型对日本、美国及南非等国家货币政策对房地产价格变化的作用进行了实证研究，发现FAVAR模型的实证分析效果优越于小规模的VAR、BVAR等模型。国内应用方面，通过CNKI检索发现，目前用该方法的文章仅十余篇，王胜和陈继勇（2010）最早对该方法做了介绍，此后李善燊和沈悦（2012）、范从来等（2012）、丁志国等（2012）、尹力博和韩立岩（2012）以及李沂等（2012）利用该方法对宏观经济领域特别是货币政策方面做过一些研究，沈悦等（2012）等还专门把1980年Sims提出来的VAR模型在最近30年的拓展形式做了综述，其中把FAVAR模型作为和DSGE-VAR以及TVP-VAR并列的前沿计量模型做了详细介绍。

本书选用该模型的优势在于：一是可以处理多变量、大规模数据，全面捕捉现实中的经济信息，更加真实地反映变量间相互影响的动态关系；二是系统地比较分析货币政策变量(数量型货币政策和价格型货币政策)对房价的传导效果,对各种政策的影响程度作出测量并探索原因,从而为房地产调控政策的科学长远实施提供理论和经验支持。

二、模型结构与估计方法

(一)模型结构

模型中,设定 Y_t 是 $(M\times 1)$ 型可观测变量矩阵,在VAR(或者SVAR)模型估计中我们仅仅使用 Y_t 序列就够了,然而,现实的情况是,一些起作用的其他经济信息不能被 Y_t 完全包含,但仍需要把它们反映在模型中,于是记为不可观测序列变量 F_t($K\times 1$ 型矩阵),该模型描述为:

$$\begin{bmatrix} F_t \\ Y_t \end{bmatrix} = B(L) \begin{bmatrix} F_{t-1} \\ Y_{t-1} \end{bmatrix} + \varepsilon_t \quad (4-1)$$

式中,$B(L)$ 为 d 阶滞后多项式,是均值为零、协方差矩阵为 R 的随机误差项。实际上,方程(4-1)从形式上看仍是标准的VAR模型。但是由于假定是不可观测的,所以方程(4-1)无法通过OLS等技术直接估计,为了达到模型估计效果,伯南克等人假定,经济信息集合 X_t 与 F_t 和 Y_t 有关,假定 X_t 可以由 F_t 和 Y_t 线性表出,于是得到方程:

$$X_t = \Lambda^f F_t + \Lambda^y Y_t + \mu_t \quad (4-2)$$

式中,Λ^f 是 $(N\times K)$ 型因子载荷矩阵,Λ^y 是 $(N\times M)$ 型因子载荷矩阵,X_t 为 $(N\times 1)$ 型向量,N 为变量个数且满足 $N\gg K+M$,μ_t 是均值为零、协方差矩阵为 R 的随机误差项,μ_t 之间可以弱相关。方程(4-2)是典型的正交因子模型。据此方程来估计 F_t 即 $\hat{F}_t$,然后以 $\hat{F}_t$ 代替 F_t 代入方程(4-1),就实现了将因子分析模型和VAR模型的相结合。

(二)模型估计方法

不可观测因子 F_t 的估计即 $\hat{F}_t$ 是整个FAVAR模型估计的关键。目前主要有三种方法可以实现对 $\hat{F}_t$ 的估计:两步主成分法(two-stage approach)、反复迭代法(trial and error)和吉布斯抽样法(Gibbs sampler)。伯南克等(2005)通过比较发现这三种方法估计结果差异不大,而古普塔(2010)等的对比结果则显示吉布斯抽样法的效果稍差。黄英淑(2009)则证明了两步主成分分析法更有效。鉴于此,本书采用两步主成分分析法来估计FAVAR模型。

第一步：首先将序列变量 X_t 划分为"快速变化"和"慢速变化"的两组经济变量。"快速变化"变量是指政策变量和能够对政策做出立即反应的经济变量，比如货币供应量、利率等；"慢速变化"变量是指对政策反应较慢的经济变量，如产出、出口、就业人口、消费及价格等。"快速变化"经济变量被假定为可观测的，在模型中可以直接引用。而对于"慢速变化"的经济变量，要进行主成分分析后得出信息集合 $\hat{F}_t^s$。然后，对于序列变量总体集合 X_t 也做主成分分析，记为 $C_t=(F_t, Y_t)$ 的形式，取前 $K+M$ 个主成分构成一个新的信息集合 $\hat{C}_t$，$\hat{C}_t$ 代表了能够引起 X_t 变化的共同因素。于是得到回归方程：

$$\hat{C}_t = b^f \hat{F}_t^s + b^y Y_t + e_t \tag{4-3}$$

由式 (4-3) 可得到不可观测因子 F_t 的估计值为 $\hat{C}_t - \hat{b}^y Y_t$。

第二步：将被估计出的 $\hat{F}_t$ 和可观测变量 Y_t 代入式 (4-1)，得到一个标准的 VAR 模型即：

$$\Gamma(L)\begin{bmatrix}\hat{F}_t \\ Y_t\end{bmatrix} = v_t \tag{4-4}$$

在这里 $\Gamma(L)$ 是 p 阶滞后多项式，v_t 是均值为零、协方差矩阵为 M 的随机误差项，由式 (4-4) 可以得到 $\hat{F}_t$ 和 Y_t 的脉冲响应函数为：

$$\begin{bmatrix}\hat{F}_t \\ Y_t\end{bmatrix} = \Psi(L) v_t \tag{4-5}$$

这里 $\Psi(L)$ 是 h 阶滞后多项式且满足 $\Psi(L) = \Gamma(L)^{-1}$，结合式（4-2），则脉冲响应函数可表示为：

$$\hat{X}_t' = \begin{bmatrix}\hat{\Lambda}^f & \hat{\Lambda}^y\end{bmatrix}\begin{bmatrix}\hat{F}_t' \\ \hat{Y}_t'\end{bmatrix} = \begin{bmatrix}\hat{\Lambda}^f & \hat{\Lambda}^y\end{bmatrix}\Psi(L) v_t' \tag{4-6}$$

第三节 数量型货币政策影响房价的传导效应分析

一、变量说明及数据处理

借鉴伯南克等（2005）以及古普塔（2010）的研究，结合我国数据的可得性，本书选取了 160 种时间序列变量，时间跨度为 2000 年第一季度至 2018 年第四季度，共计 72 个季度。这些变量大致分为九组。一是货币政策和各项金融活动指标，包括长、短期存贷款基准利率、个人住房担保贷款利率、货币供应量（包括 M_0、M_1、M_2）、各项存、信贷规模等。二是反映房地产市场状况的变量，包括房屋销售价格指数，各类商品房销售价格指数（包括住宅和非住宅，其中住宅又包含经济适用房、普通住宅、高档住宅；非住宅包含办公楼、商业娱乐用房、工业仓储用房。2011 年以前我国经济景气月报有各类商品房销售价格指数，可以直接引用；2011 年以后该统计数据停止，因此用各类商品房销售面积作为权重估算出相应的价格指数）、二手房交易价格指数、房屋租赁价格指数、土地交易价格指数、房屋供需量、土地供应量等。三是反映国民经济发展变量，包括 GDP、工业生产总值、工业增加值、主要工业产品产量、财政收入及支出等。四是反映居民消费情况，包括 CPI 以及构成各项、社会消费品零售额、耐用品消费支出、教育医疗等消费支出。五是反映投资状况的变量，包括固定资产投资、房地产投资额以及投资资金来源等。六是有关就业和收入变量，包括城镇就业人数、平均劳动报酬、农村居民收入、城镇居民收入等。七是有关资本市场发展的变量，包括股票市场总值、股票流通市值、股票成交额、债券规模等。八是有关国际收支的变量，包括汇率变动、经常项目收支各项、FDI、外汇储备、主要产品进出口量等。九是起预期作用的变量（主要指经济景气指数变量），包括国房经济景气指数、消费者信心指数、采购经理指数、各行业经济景气指数及宏观经济景气指数等。

　　数据主要来源于 2000 年以后的《中国经济景气月报》以及各年度《中国统计年鉴》，部分来源于 WIND 数据库、中宏网数据库、国家统计局网站和人民银行网站。在模型分析前数据经过以下步骤处理：第一步，用 X-12 方法进行季节性调整，消除季节性波动的影响；第二步，对于各类价格指数，统一转换为以 2000 年第一季度为基期的定基比指数，然后将各类与价格因素相关的变量，转化为以 2000 年第一季度为基期的不变价格数据，以消除价格因素的影响；第三步，检验数据的平稳性，对于不平稳的数据取自然对数并差分直至平稳；第四步，用 Z-Score 法对各类序列数据标准化，以消除数据量纲的差异。

二、实证过程及结果分析

（一）单位根检验

　　在按照以上步骤处理数据时发现，绝大多数时间序列在显著水平为 1% 的 ADF 检验中都存在单位根，说明原序列不能做到 0 阶平稳。但各变量取对数后的一阶差分在5%的显著水平下都拒绝了单位根假设,从而说明各变量都是1阶差分平稳序列。由于书中涉及的变量较多,时间序列变量对数差分后呈现平稳性也具有一般性,在此就不一一列举,仅以几个关键变量M_0、M_1、M_2以及房价为例来看平稳效果。(见表4-2)在利用两步分析法进行FAVAR模型估计时,选取8个主成分的总方差解释率超过70%,基本认为这8个主成分对总体数据特征具有解释力。

表4-2 货币政策与房价变量的ADF检验结果

变量	ADF值	1%临界值	5%临界值	10%临界值	P值	检验形式	结果
M_0	3.234 3	-3.565 4	-2.546 5	-2.797 8	1.000 0	(1,0,1)	不平稳
$D(M_0)$	-9.797 5	-3.678 7	-2.546 5	-2.897 8	0.000 0	(1,0,0)	平稳
M_1	5.353 5	-3.345 6	-2.685 5	-2.564 8	1.000 0	(1,0,0)	不平稳
$D(M_1)$	-3.657 6	-4.657 5	-3.546 5	-3.787 6	0.022 2	(1,1,0)	平稳
M_2	3.567 7	-4.123 2	-3.878 9	-3.898 0	1.000 0	(1,0,0)	不平稳
$D(M_2)$	-3.768 5	-4.267 8	-3.656 8	-3.675 4	0.043 2	(1,1,0)	平稳
XD	6.675 7	-3.867 6	-2.874 5	-2.786 9	1.000 0	(1,0,0)	不平稳
D(XD)	-3.676 7	-4.235 3	-3.567 5	-3.797 6	0.035 4	(1,0,0)	平稳
ZZ	2.567 6	-3.235 4	-2.876 9	-2.879 7	1.000 0	(1,0,0)	不平稳
D(ZZ)	-4.546 5	-4.676 5	-3.897 6	-3.869 8	0.005 5	(1,1,2)	平稳
SY	-0.894 5	-3.546 5	-2.568 6	-2.908 9	1.000 0	(1,0,0)	不平稳
D(SY)	-4.756 9	-4.657 6	-3.970 8	-3.675 4	0.002 3	(1,1,2)	平稳
PZ	-0.367 2	-3.342 4	-2.678 5	-2.678 8	0.879 3	(1,0,3)	不平稳
D(PZ)	-3.564 7	-3.456 5	-2.658 6	-2.898 5	0.013 5	(1,1,2)	平稳
GD	0.056 5	-3.768 5	-2.645 9	-2.545 6	0.934 2	(1,0,3)	不平稳
D(GD)	-3.546 5	-3.455 6	-2.769 6	-2.657 5	0.014 9	(1,0,3)	平稳
JS	0.215 5	-3.546 5	-2.675 6	-2.675 6	0.983 5	(1,0,2)	不平稳
D(JS)	-8.154 3	-3.798 7	-2.879 7	-2.567 8	0.000 0	(1,0,2)	平稳

注:检验形式(C,T,K)中的C、T、K分别表示单位根检验方程包括常数项、时间趋势和滞后阶数,滞后期由AIC和SC信息准则判别。字母含义为:D:差分;M_0:流通中的现金;M_1:狭义货币供应量;M_2:广义货币供应量;XD:信贷规模;ZZ:住宅;SY:商业用房;PZ:普通住宅;GD:高档住宅;JS:经济适用房。

(二)模型稳定性检验

房价形式的不同决定了模型具体形式的不同,在此以广义货币供应量、普通住宅价格以及8个主成分序列构成的FAVAR模型系统为例,根据AIC和SC信息准则确定模型的最优滞后期为2。在此基础上,模型的稳定性可以通过AR特征多项式逆根的检验结果进行判断,由图4-2能看出,所有特征多项式逆根的模都小于1，位于单位圆内，满足稳定性分析条件，能够保证脉冲响应曲线的收敛性。

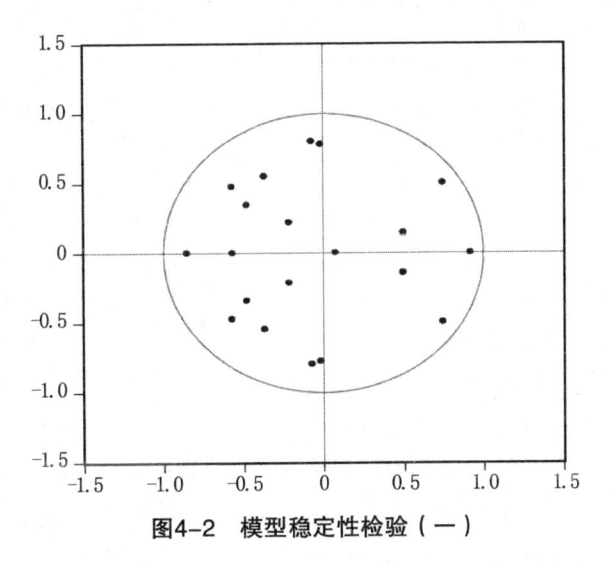

图4-2 模型稳定性检验（一）

（三）格兰杰因果关系检验

由于序列变量一阶差分后才呈现平稳性，为避免伪回归现象，对一阶差分后的变量进行格兰杰因果关系检验。这里的组合关系是：货币供应量（包括M_2、M_1、M_0）可以分别与任一房价（包括住宅、普通住宅、高档住宅、经济适用房[❶]以及商业用房价格）以及8个主成分之间构成FAVAR模型系统；信贷规模也可以分别与任一房价（包括住宅、普通住宅、高档住宅、经济适用房以及商业用房价格）以及8个主成分之间构成FAVAR模型系统。由于含有M_0和M_1的模型系统格兰杰因果关系检验不显著，在这里仅列出广义货币供应量模型系统和信贷规模模型系统的格兰杰因果关系检验结果。最优滞后期根据AIC和SC准则确定。在5%的显著性水平下，表4-3的检验结果显示：广义货币供应量是总体住宅价格、普通住宅价格以及商业用房价格的格兰杰原因，与高档住宅以及经济适用房不存在格兰杰因果关系；表4-4的检验结果与之一致。在这里保障性住房和高档住宅与货币供应不存在因果关系，原因可能在于前者定价不受市场化因素的影响，后者的购买主体特殊，其交易行为不太容易受货币政策的影响。总体来看，货币供应量和信贷规模的扩张是房价上涨的初始动力。

[❶] 保障性住房包括经济适用房、限价房、廉租房和公租房等，鉴于数据的可得性和连续性，本书在做模型分析时用经济适用房价格代表保障性住房价格。

表4-3 广义货币供应量模型系统的格兰杰因果关系检验

原假设	F-检验	概率值	结论
M_2变动不是住宅价格变动的格兰杰原因	3.893 4	0.034 3	拒绝
住宅价格变动不是M_2变动的格兰杰原因	0.875 3	0.423 5	接受
M_2变动不是普通住宅价格变动的格兰杰原因	10.567 2	0.000 2	拒绝
普通住宅价格变动不是M_2变动的格兰杰原因	1.463 4	0.234 9	接受
M_2变动不是高档住宅价格变动的格兰杰原因	1.983 6	0.168 2	接受
高档住宅价格变动不是M_2变动的格兰杰原因	0.724 3	0.534 3	接受
M_2变动不是经济适用房价格变动的格兰杰原因	0.824 3	0.583 2	接受
经济适用房价格变动不是M_2变动的格兰杰原因	0.521 4	0.635 9	接受
M_2变动不是商业用房价格变动的格兰杰原因	3.272 2	0.039 2	拒绝
商业用房价格变动不是M_2变动的格兰杰原因	0.234 6	0.923 2	接受

表4-4 信贷规模模型系统的格兰杰因果关系检验

假设	F-检验	概率值	结论
信贷规模变动不是住宅价格变动的格兰杰原因	6.234 3	0.006 0	拒绝
住宅价格变动不是信贷规模变动的格兰杰原因	2.145 4	0.152 3	接受
信贷规模变动不是普通住宅价格变动的格兰杰原因	6.464 3	0.005 3	拒绝
普通住宅价格变动不是信贷规模变动的格兰杰原因	1.332 4	0.223 4	接受
信贷规模变动不是高档住宅价格变动的格兰杰原因	1.578 3	0.253 4	接受
高档住宅价格变动不是信贷规模变动的格兰杰原因	2.263 2	0.144 3	接受
信贷规模变动不是经济适用房价格变动的格兰杰原因	0.832 4	0.600 2	接受
经济适用房价格变动不是信贷规模变动的格兰杰原因	1.215 5	0.493 3	接受
信贷规模变动不是商业用房价格变动的格兰杰原因	2.732 1	0.050 1	拒绝
商业用房价格变动不是信贷规模变动的格兰杰原因	0.945 4	0.437 7	接受

（四）房价对广义货币供应冲击下的脉冲响应分析

图4-3(a)至图4-3(f)显示了各类房价对广义货币供应量的脉冲响应结果。给定一个单位的货币供应量变动的正向冲击时，商品房价格变动的脉冲响应在初期就达到0.002的高水平，维持两期后缓慢衰减至第5期趋向零。住宅价格变动的脉冲响应则是在第2期达到峰值约0.0033，之后缓慢下行至第5期衰减至零。商业用房价格变动的脉冲响应初期为负值，第2期时转向正值并在第3期达到最大约0.0046，之后迅速衰减至第4期达到零。普通住宅价格变动的脉冲响应初期为正值，第2期达到最大约0.0035，之后衰减至第4期趋向零。经济适用房价格变动的脉冲响应不明显，呈现出微弱的正响应。高档住宅价格变动的脉冲响应则

不稳定，初期为负值，第 2 期达到正值最大，之后出现小幅震荡。总体来看，在广义货币供应量的正向冲击下，商品房价格呈现显著的正向脉冲响应，而且持续期较长，其中普通住宅价格正向脉冲响应最显著，高档住宅价格和商业用房价格在初期呈现较短时间的负响应而后才出现正向脉冲响应效果，经济适用房价格呈现微弱的正向脉冲响应。

（a）商品房价格对M_2的脉冲响应

（b）住宅价格对M_2的脉冲响应

（c）商业用房价格对M_2的脉冲响应

（d）普通住宅价格对M_2的脉冲响应

（e）经济适用房价格对M_2的脉冲响应

（f）高档住宅价格对M_2的脉冲响应

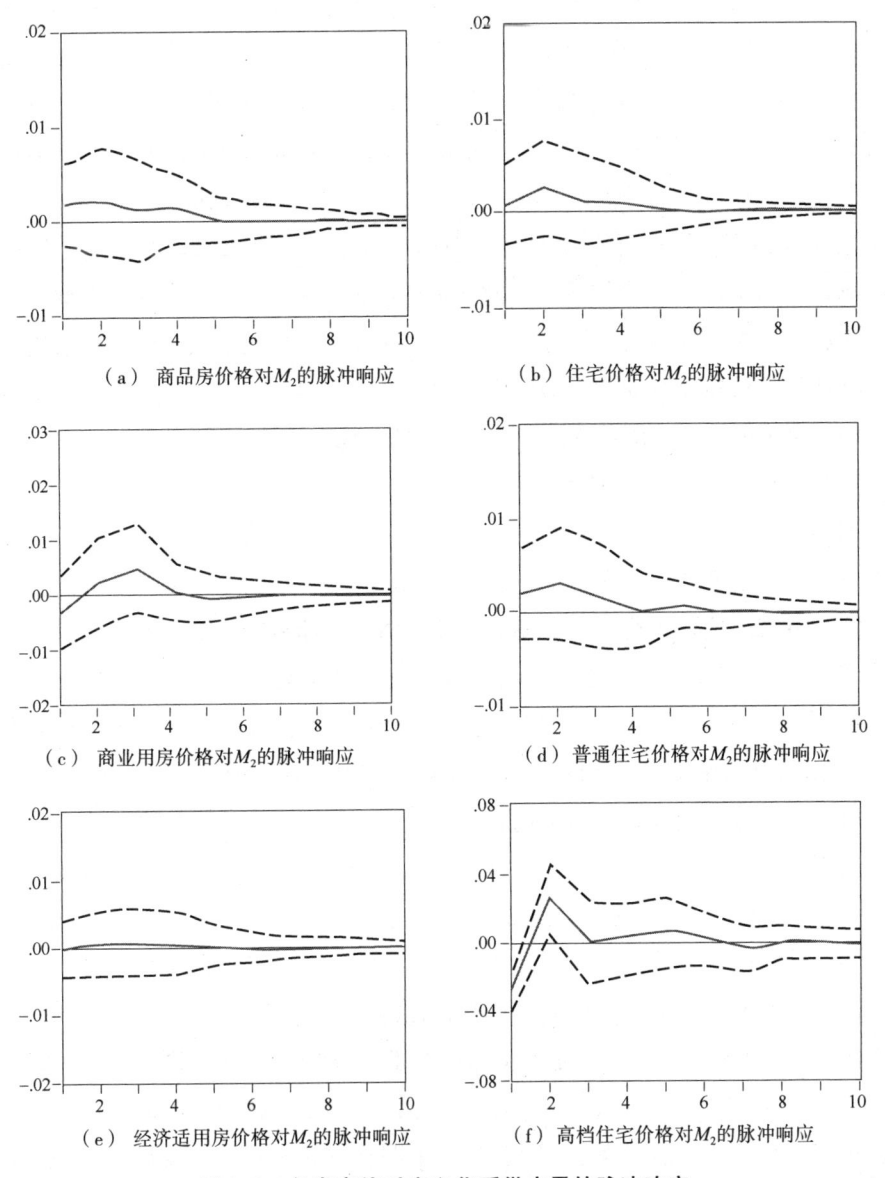

图4-3　各类房价对广义货币供应量的脉冲响应

（五）房价对外源性货币供应冲击的脉冲响应分析

我国外源性的货币供应来自于外汇占款，是导致货币非自主性供给（或者说内生供给）的一个重要原因。外汇占款的不断增长主要缘于三方面：一是我国外贸净出口额，在目前我国的外汇结售制政策下，企业出口所得外汇出售给商业银行以获取人民币，商业银行又不得不将大量外汇出售给央行以换取人民币，导致外汇占款大幅增加；二是我国吸收的外商直接投资（FDI），也通过转化为人民币的形式变为实际投资，从而加大了货币供应；三是国际热钱的流入，近年来随着我国人民币国际化程度日益加深，国际热钱持续流入我国的资本市场（如房市、股市、汇市），为保持汇率稳定，国家必须购买外汇市场上溢出的外汇，最终也在外汇管理局账目上的外汇占款项目上体现出来。考虑到2000～2018年我国外贸顺差比较稳定，而国际资本的流动则具有波动性，对国内资产特别是房地产的影响是值得关注的一个问题，因此在这里我们主要考察在FAVAR模型框架下FDI和热钱作为外源性货币供应对我国异质性房价（在这里主要包含普通住宅价格、高档住宅价格以及商业用房价格，而经济适用房价格由于市场化程度低，很难受国际资本的冲击，因此在这里不纳入模型分析）的冲击效果。

1. 房价对FDI脉冲的响应

图4-4(a)～图4-4(d)是各类房产价格对FDI的脉冲响应。由图4-4(a)可以看出，当给FDI一个单位的正向冲击时，住宅价格初始即出现最大正向脉冲响应值约0.32，之后下行至第3期后突破正值并迅速衰减，第5期后趋向零。这表明FDI流入增加了社会总需求和货币供应，对我国住宅价格具有明显的正向冲击作用。图4-4(b)和图4-4(c)是把住宅细分为普通住宅和高档住宅来看它们对FDI的脉冲响应。给FDI一个单位的正向冲击时，普通住宅价格初期脉冲响应就达到最大值约0.41，第2期后波动迅速变缓；高档住宅价格脉冲响应值虽然在初期为负，但迅速转向正值在第2期达到最大约0.57，第3期后开始衰减。图4-4(d)是商业用房价格对FDI的脉冲响应，给定FDI一个单位的正向冲击时，商业用房价格的脉冲响应效果与图4-4(c)高档住宅价格的脉冲响应效果十分相似，说明了FDI对商业用房价格也具有较强的冲击效果。

图4-4(e)至图4-4(h)是各类地价对FDI的脉冲响应。图4-4(e)中，给定FDI一个单位的正向冲击后，普通居住用地价格初期脉冲响应约为0.12，这种微弱正值持续了四期后出现了一个突出的下凹，如何解释这一现象呢？我们认为

该突变很可能是房地产的波动周期导致。图4-4(f)是普通住宅用地价格对FDI的脉冲响应,其结果与图4-4(e)十分相似。图4-4(g)表明给定FDI一个单位的正向冲击时,高档住宅用地的脉冲响应,其正向响应很明显,第三期达到最大值约0.32,第四期后开始衰减至零。图4-4(h)是商业用地价格对FDI的脉冲响应,虽然响应值不明显,但仍然以正向脉冲响应为主。

(a) 住宅价格对FDI的脉冲响应

(b) 普通住宅价格对FDI的脉冲响应

(c) 高档住宅价格对FDI的脉冲响应

(d) 商业用房价格对FDI的脉冲响应

(e) 居住用地价格对FDI的脉冲响应

(f) 普通住宅用地价格对FDI的脉冲响应

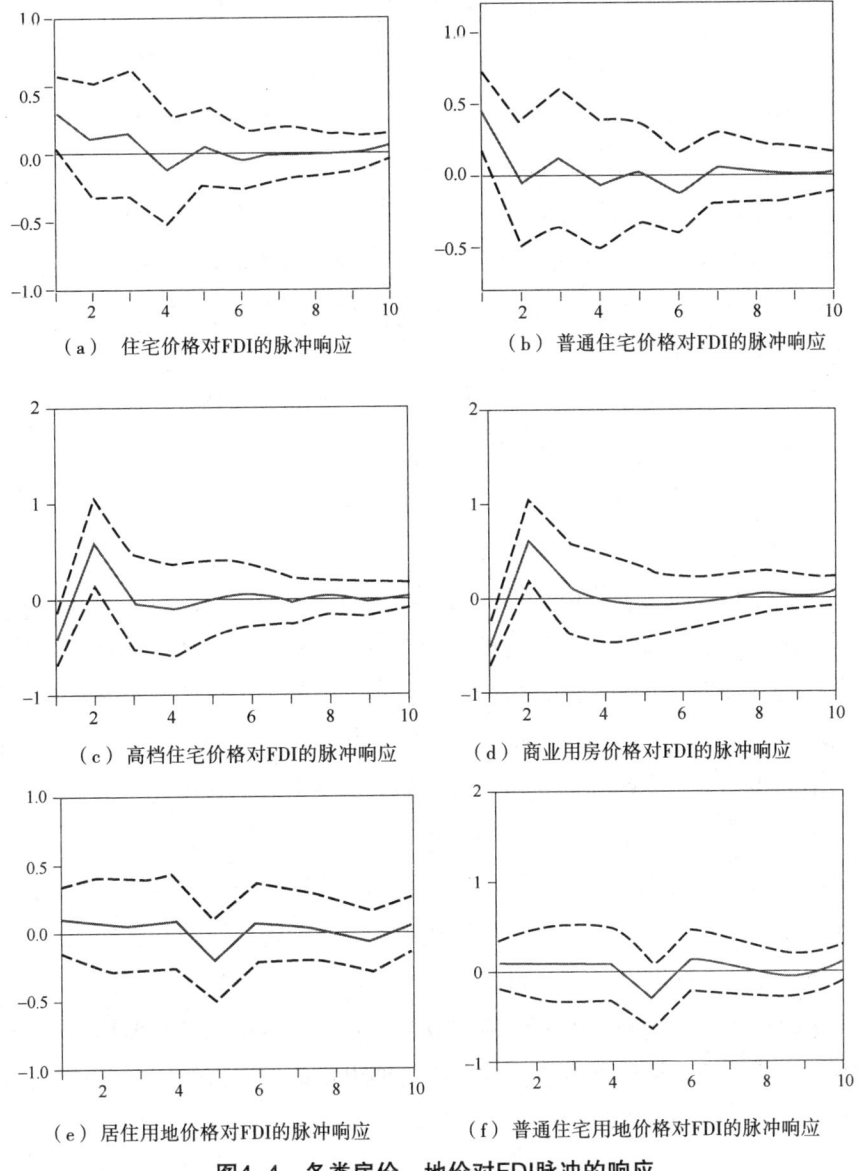

图4-4 各类房价、地价对FDI脉冲的响应

（g）高档住宅用地价格对FDI的脉冲响应　　　　（h）商业用地价格对FDI的脉冲响应

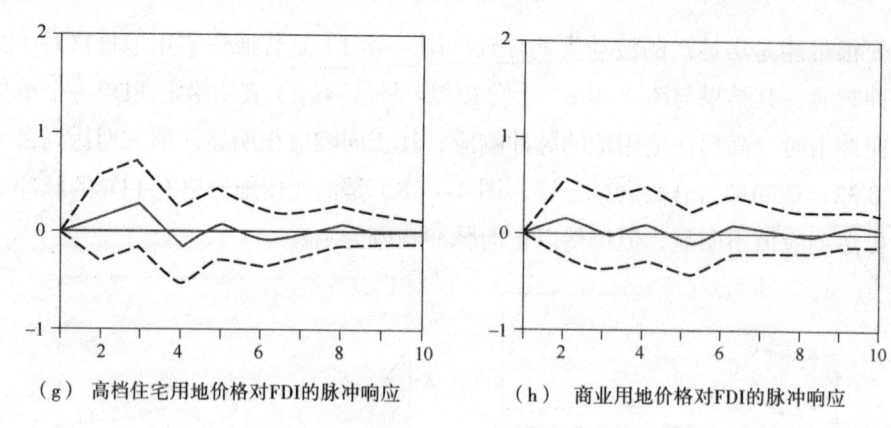

图4-4　各类房价、地价对FDI脉冲的响应

由此看出，各类房价、地价面对 FDI 的冲击呈现正向响应效果。房价方面，高档住宅和商业用房价格的脉冲响应波动正向冲击效果最强，普通住宅价格初期即呈现正向脉冲响应但是持续期不长；地价方面，高档住宅用地价格的正向脉冲响应效果最强，其次是普通住宅用地价格，正向脉冲响应值不大，但是呈现较长时期稳定值，商业用地价格脉冲响应值不稳定，存在波动性。

2.房地产价格对热钱脉冲的响应

在这里热钱的计算采用刘莉亚（2008）改进的计算方法。图 4-5（a）至图 4-5（d）是各类房产价格对热钱冲击的脉冲响应。由图 4-5（a）和图 4-5（b）可以看出，总体住宅价格和普通住宅价格对热钱的脉冲响应效果不明显。图 4-5（c）和图 4-5（d）则不同，给定热钱一个单位的正向冲击时，高档住宅价格的脉冲响应虽然初期为负，存在短时期的滞后性，但迅速运行到正值，第二期达到最大响应值约0.78，第三期后开始逐渐衰减。商业用房价格脉冲响应图与之相似，但是波动的幅度要小一些，第二期达到最大响应值 0.63，第三期后出现微弱负值，到第五期后衰减至零。

图 4-5（e）至图 4-5（h）是各类相应地价对热钱的脉冲响应。由图 4-5（e）至图 4-5（f）看出，居住用地价格和普通住宅用地价格对热钱的脉冲响应效果不明显。图 4-5（g）和图 4-5（h）则不同，给定热钱一个单位的正向冲击时，高档住宅用地价格第二期达到最大响应值约 0.22，正响应持续到第四期后开始衰减至零左右。商业用地价格脉冲响应同样在第二期出现最大正值约 0.12，波动的幅度不大，第三期后衰减至零。

(a) 住宅价格对热钱的脉冲响应　　　　　　(b) 普通住宅价格对热钱的脉冲响应

(c) 高档住宅价格对热钱的脉冲响应　　　　(d) 商业用房价格对热钱的脉冲响应

(e) 居住用地价格对热钱的脉冲响应　　　　(f) 普通住宅用地价格对热钱的脉冲响应

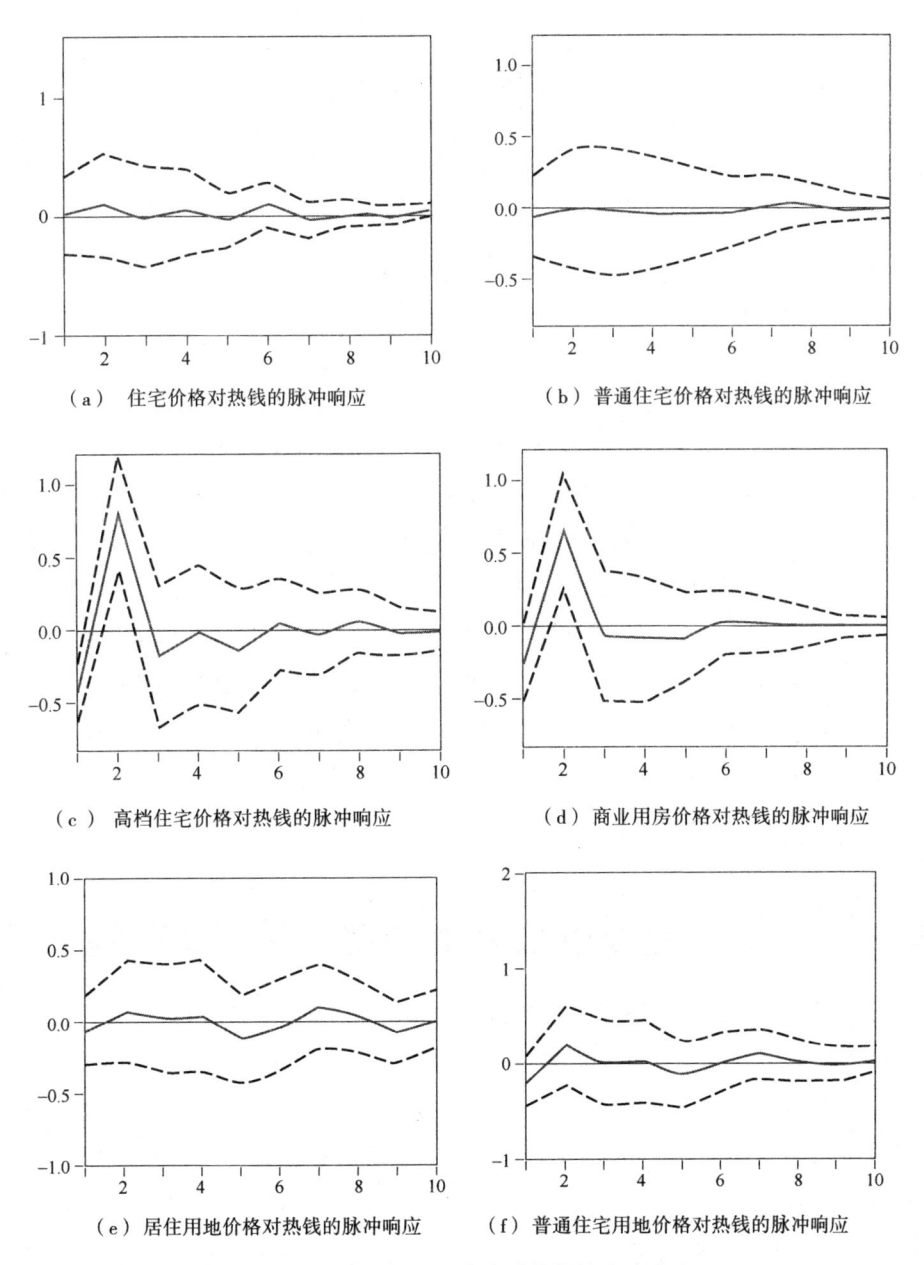

图4-5　各类房价和地价对热钱的脉冲响应

(g) 高档住宅用地价格对热钱的脉冲响应　　(h) 商业用地价格对热钱的脉冲响应

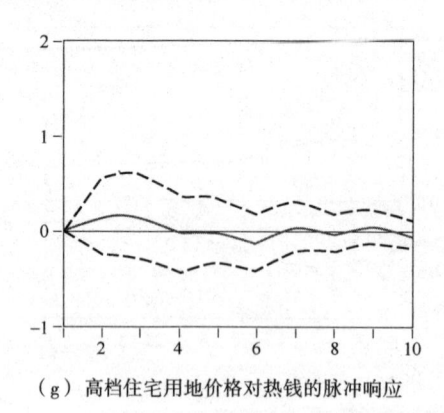

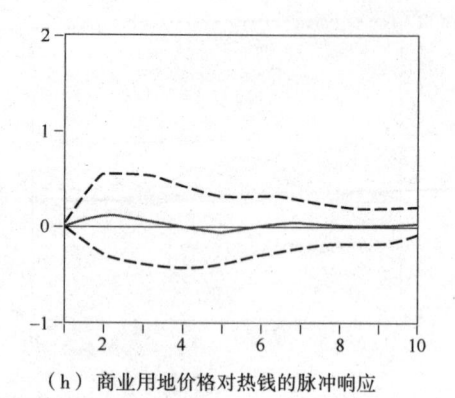

图4-5　各类房价和地价对热钱的脉冲响应

由此看出，各类房价、地价面对热钱的冲击主要呈现正向脉冲响应。房价方面，高档住宅和商业用房价格的正向脉冲响应波动最为显著，受热钱流入的影响最大，普通住宅价格受热钱冲击的脉冲响应很微弱，甚至是极小的负响应；地价方面，高档住宅用地价格的脉冲响应效果比较显著，其次是商业用地价格，呈现一定的正向脉冲响应。普通住宅用地价格脉冲响应不明确，呈现波动性。

总体来看，由国际资本流动产生的外源性的货币供给，不论是来自 FDI 的冲击还是热钱的正向冲击，均对高档住宅价格和商业用房价格的上涨起到推动作用，对普通住宅价格的影响较弱。

第四节　价格型货币政策影响房价的传导效应分析

根据资产估值的一般原理，资产价格与市场利率负相关，也就是说，实施宽松的货币政策引导市场利率下行时，资产价格会上行；实施紧缩的货币政策引导市场利率上行时，资产价格会下行。然而，从第一章分析能看出，1999～2010 年，我国房价与利率基本保持同步同向运行的正相关特异走势，2011 年后二者正常的负相关才有所体现。对于 2011 年以后利率与房价的关系，经验证与多数文献的研究结论一致，利率与房价走势负相关，且利率变动是房价变动的格兰杰原因，在此不再赘述。本节的主要目的，是要验证 1999～2010 年二者呈现正相关的这种"房价之谜"现象。

一、实证过程与结果分析

(一)单位根及模型稳定性检验

对于房价变量的单位根检验前文均已表明在显著水平为 1% 的 ADF 检验中都存在单位根,说明原序列不能做到零阶平稳,但各变量取对数后的一阶差分在 5% 的显著水平下都拒绝了单位根假设,各变量在一阶差分情况下平稳。同样的方法对价格型货币政策变量——利率的单位根检验如下。结果同样显示,原序列变量不平稳,一阶差分后呈现平稳性(表4-5)。

表4-5 利率的单位根检验

变量	ADF值	1%临界值	5%临界值	10%临界值	P值	检验形式	结果
LR	−2.146104	−3.621023	−2.943427	−2.610263	0.2287	(1,0,1)	不平稳
D(LR)	−3.052695	−3.621023	−2.943427	−2.610263	0.0392	(1,0,0)	平稳

注:检验形式 (C,T,K) 中的 C、T、K 分别表示单位根检验方程包括常数项、时间趋势和滞后阶数,滞后期由 AIC 和 SC 信息准则判别。字母含义为:D:差分;LR:长期利率

根据 AIC 和 SC 信息准则确定模型的最优滞后期为 2。在此基础上,同样以一阶差分后的长期利率、普通住宅价格以及 8 个主成分序列构成的 FAVAR 模型系统为例,通过 AR 特征多项式逆根的检验结果进行判断模型的稳定性,由图 4-6 能看出,所有特征多项式逆根的模都小于 1,位于单位圆内,满足稳定性分析条件,能够保证脉冲响应曲线的收敛性。

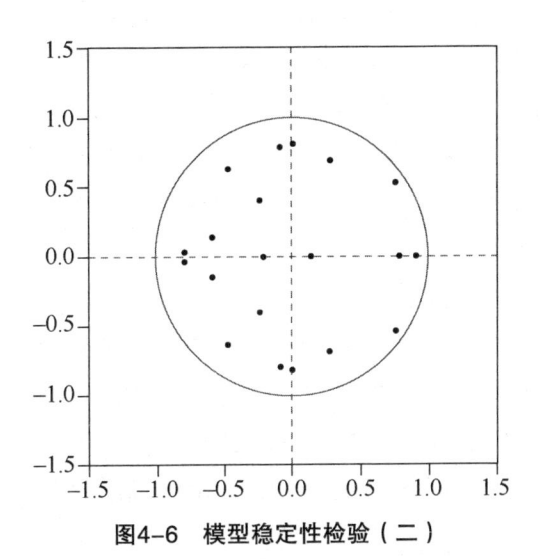

图4-6 模型稳定性检验(二)

（二）格兰杰因果关系检验

为避免伪回归现象，对一阶差分后的平稳数据变量进行格兰杰因果关系检验。在 5% 的显著性水平下，表 4-6 的检验结果显示：利率和总体住宅价格变动之间互为格兰杰因果关系，除此以外，利率和高档住宅价格变动之间、利率和商业用房价格变动之间也互相存在格兰杰因果关系。利率是普通住宅价格变动的格兰杰原因，也是经济适用房价格变动的格兰杰原因，这也验证了实践中房价调控"越调越涨"的事实。

表4-6 利率与房价之间的格兰杰因果关系检验

原假设	F-检验	概率值	结论
住宅价格变动不是利率变动的格兰杰原因	5.45467	0.0092	拒绝
利率变动不是住宅价格变动的格兰杰原因	3.78217	0.0335	拒绝
普通住宅价格变动不是利率变动的格兰杰原因	1.60350	0.2169	接受
利率变动不是普通住宅价格变动的格兰杰原因	3.81870	0.0326	拒绝
高档住宅价格变动不是利率变动的格兰杰原因	3.03523	0.0450	拒绝
利率变动不是高档住宅价格变动的格兰杰原因	6.71432	0.0014	拒绝
经济适用房价格变动不是利率变动的格兰杰原因	2.04136	0.1300	接受
利率变动不是经济适用房价格变动的格兰杰原因	2.98932	0.0472	拒绝
商业用房价格变动不是利率变动的格兰杰原因	2.94763	0.0493	拒绝
利率变动不是商业用房价格变动的格兰杰原因	4.95599	0.0067	拒绝

（三）脉冲响应分析

图 4-7(a) 至图 4-7(f) 表明：在面对单位利率的正向冲击时，商品房价格变动初期即达到约 0.004 的正向脉冲响应值，第二期达到最大约 0.005，之后开始缓慢衰减，至第六期开始转向微弱负值，总体来看呈现显著的正向脉冲响应。住宅价格变动的正向脉冲响应也很显著，初期脉冲响应就达到正向最大值约 0.5 个单位，然后强度逐渐降低直至第四季度后出现略微负值并衰减至零，体现了利率和住宅价格强正相关关系，利率起不到抑制房价的作用，"房价之谜"现象存在。商业用房价格变动的脉冲响应波动较大，前两期为正向波动，接着两期负向波动，第六期后趋向零值。普通住宅价格变动的脉冲响应初期即达到 0.006 的正向最大值，之后缓慢衰减至第三期后出现负值，但是响应值很小，第五期后衰减至零。经济适用房价格变动的脉冲响应初期也表现为正值，但在两期后迅速趋于零值。高档住宅价格变动的脉冲响应波动比较剧烈，初期表现为较大的正向响应，第三期后是较大的负向响应，在震荡中多期后才衰减至零。总体来看，房价面对利率冲击后的正向脉冲响应效果明显。

第四章 货币政策房价传导机制的实证分析：从货币政策到房价

由此可知，以信贷规模和货币供应量为代表的数量型货币政策对房价作用效果明显，流动性的增强会促使房价上扬，但是利率正向冲击下的住宅价格呈现显著的正向脉冲响应表明，利率变动下的"房价之谜"存在。

（a）商品房价格对利率变动的脉冲响应

（b）住宅价格对利率变动的脉冲响应

（c）商业用房价格对利率变动的脉冲响应

（d）普通住宅价格对利率变动的脉冲响应

（e）经济适用房价格对利率变动的脉冲响应

（f）高档住宅价格对利率变动的脉冲响应

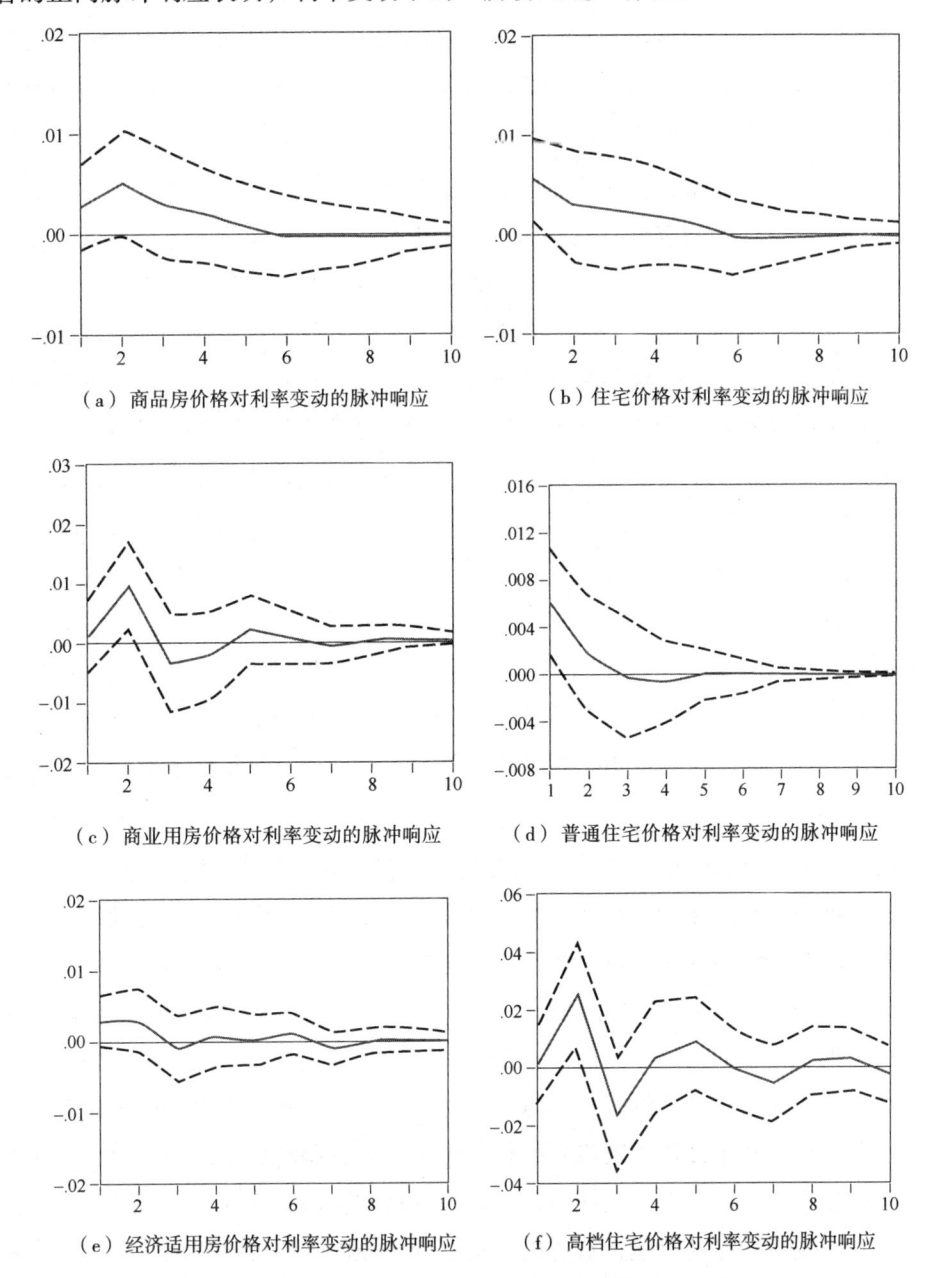

图4-7 利率变动冲击下各类房价变动的脉冲响应

— 111 —

二、价格型货币政策调节下的"房价之谜"原因分析

对于这种"房价之谜"现象,有的人认为是货币政策的时滞效应导致,但是存在的疑问是,如果真是政策的时滞效应,那么在正向利率脉冲之后即使有房价的上升惯性,之后也应该出现房价显著下降的现象,但是图4-8的脉冲响应反映的结果并非如此,利率调高后房价长时间呈现正向脉冲响应,这足以推翻用时滞效应否认"房价之谜"的观点。对于导致"房价之谜"的原因,证实有以下几点。

(一)升息成本远远低于适应性预期下的房地产投资预期利润

假设有限理性的投资者以前期房价变动作为利润的参考,通过房产的买卖取得资本利得收入,在这种适应性预期下投资者的利润率就可以用前期房价变动率来衡量。如图4-8(a)所示,在适应性预期下,给定住宅投资的预期利润率一个单位正向冲击后,住宅价格初始脉冲响应值就达到0.11,之后下行至第五期衰减至零。说明在2000年后住宅价格长期快速上涨的态势下,投资投机者会以适应性预期为指向预测住宅价格走势,住宅投资利润远超过贷款利息支出,投资投机行为推动了对住宅资产的需求,致使住宅资产价格在一致预期下被人为推高。

由此来看,常年的住宅价格上涨固化了人们"住宅价格不会下跌"的信念,除非住宅价格一路上扬的态势被打破,否则这种适应性预期就会一直持续。这种预期下的住宅投资利润率远超过利率,足以克服利息支出的投资成本,对推高房价起到重要作用(根据本文的数据推算,2000年至2010年11年内总体住宅价格上涨了约3.5倍,投资者扣除利息和税收成本支出后,每年住宅投资净利润率约为22%)。

(二)升息对非房地产业投资存在挤出效应,投资结构发生变化

图4-8(b)和图4-8(c)分别考察了房地产投资和非房地产固定投资对我国利率政策的脉冲响应结果,可以看出,给定利率一个标准差单位的正向冲击,全国房地产投资完成额在初始时期即达到0.02的最大正向脉冲响应值,逐渐衰减直到第三期趋于零;与之不同的是,城镇非房地产固定投资完成额在受到利率的正向冲击后迅速表现为负的脉冲响应值,达到-0.02左右,第二期后开始衰减至零。由此得出,利率冲击下对投资结构产生了影响,调高利率紧缩了银根,使得非房地产投资额迅速下滑,实体经济增长受到抑制,但是房地产投资完成额却在增加,不受利率的制约反倒逆势上扬,这是什么原因呢?考察我国的房贷政策发

现，2007年以前我国基本实行的是最低首付30%，利率享受8.5折的优惠住宅信贷政策，2008年至2009年底为应对金融危机，我国又实行最低首付20%，利率享受7折优惠的住宅信贷政策，一般工商业贷款利率却无此优惠，因此与工商业贷款利率比较，优惠的房贷利率作为一种"受保护的利率"明显具有"比较优势"，市场利率的提高会产生投资的"挤出效应"，使得原本流向非房地产业的资金加速流入房市，从而加剧了房价的上扬。

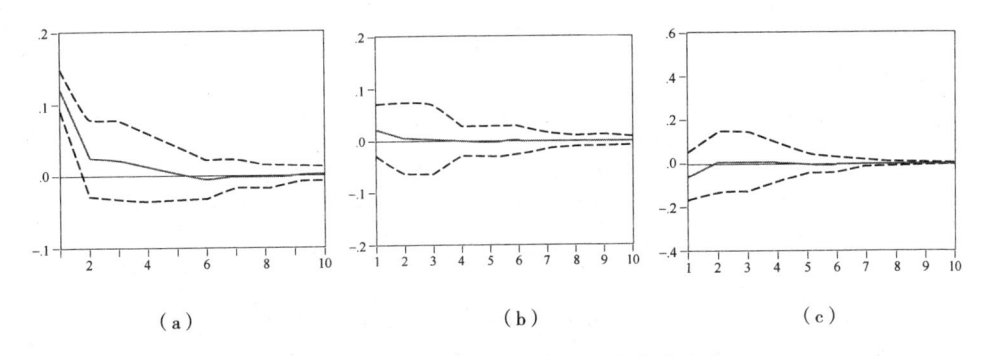

图4-8 利润率冲击和利率冲击下的脉冲响应

注：图4-8(a)至图4-8(c)分别为住宅价格对住宅投资预期利润率的脉冲响应；全国房地产投资完成额对利率的脉冲响应；城镇非房地产固定投资完成额对利率的脉冲响应

（三）收入差距的扩大是推动房价上涨的长期动力

图4-9展示了住宅价格分别对收入差距、平均收入和住宅建设成本的脉冲响应。可以看出：①在收入差距变动率的单位正向冲击下，住宅价格脉冲响应正向变化，至第二季度达到最大约0.65个单位，之后下行至第五季度趋向平稳；②单位人均收入增长率正向冲击下，住宅价格脉冲响应也呈现正向变化，但是响应值最大约0.2，且正向脉冲持续时期也只有四个季度；③单位住宅建设成本正向冲击下，住宅价格脉冲响应初始值就达到0.2单位，持续到第三季度后下降，至第四季度后趋向平稳。

可以看出，收入差距、人均收入、住宅建设成本均会影响住宅价格，但是比较来看，收入差距的扩大比人均收入和住宅建设成本更能影响房价，这意味着我国住宅价格快速上涨不是一般的"收入拉动"或者"成本推动"，而是具有强烈的"收入差距拉动"效果，该结论在况伟大（2010）、陈健和高波（2012）的研究基础上更进了一步。这是一个十分值得关注的问题，收入差距的扩大相当于低收入者向高收入者转移并积累资金，在房地产投资不受限制的情况下，短期内社会住宅购买力得到增强，投资投机性需求被超前集中释放，推动了住宅价格快速上涨。但是从长期来看，由于潜在需求遭到破坏，未来总体需求不足，在收入分配体制难以较快完善和房地产投资投机需求难以有效抑制的情况下，要谨防未来发生房价泡沫破裂同时伴随需求骤减的危机。

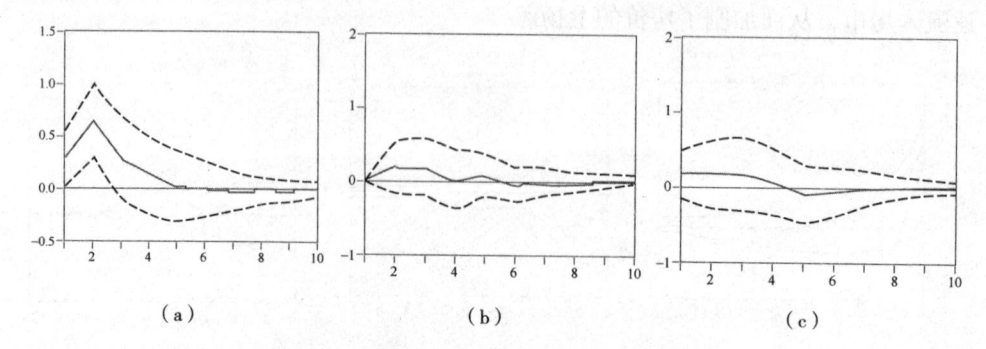

图4-9　住宅价格对其影响因素的脉冲响应

注：图4-9(a)~图4-9(c)分别为住宅价格变动对收入差距变化率、人均收入增长率以及住宅建设成本增长率变动的脉冲响应。这里收入差距取东、西部代表性省份单位农村居民财产性收入对比值；人均收入取城镇居民家庭人均可支配收入与农村居民家庭人均现金收入之和；住宅建设成本取居住用地交易价格指数

总体来看，对价格型货币政策下"房价之谜"的原因进行研究，得出以下几点结论：

（1）长期的住宅价格上涨趋势强化了投资者的适应性预期，房价只涨不跌的观念占据主流，这种适应性预期下的住宅投资利润率远超过市场利率，住房投资的成本极小。除非住宅价格一路上扬的态势被打破，否则这种适应性预期就会一直持续并加大住房投资需求。

（2）与工商业贷款利率比较，优惠的房贷利率作为一种"受保护的利率"具有明显的"比较优势"，在提高利率的政策背景下工商业投资受到抑制，房贷受到鼓励，房地产投资挤出了工商业投资，存在投资的"挤出效应"。资本从工商业领域流入房地产市场，加剧了房价上涨。

（3）收入差距的扩大比平均收入和房屋建设成本更能影响房价，这意味着中国房价变化具有强烈的收入差距拉动效果。收入差距的扩大产生资金积累的马太效应，投资投机性需求被超前集中释放，推动了房价快速上涨。

对房地产市场的调控是中央政府规范市场秩序、保障民生福祉的一项重要工程。"房价之谜"的现象说明了我国房地产市场存在市场失灵，单纯的价格型货币政策难以有效抑制房价的过度上涨。为及时控制房地产价格泡沫，中央政府先后颁布了"国八条""国六条""新国八条"等房地产调控政策，升息、限贷限购等政策组合拳初见成效。但是我们也要认识到，房地产调控的行政手段只是非常之举，培育健全的投融资市场，遵循市场机制才是发挥调控效果的关键。对于这方面的工作，首先，是要进一步推进利率市场化改革。利率作为资产价格的重要参考因素，应该在市场有效配置资源过程中起基础性调节作用，实现资金流向和配置的不断优化。其次，是要确保国家宏观政策的连续性和稳定性。树立政府房地产调控的"声誉"，引导公众理性的投资预期，避免货币政策的"时间不一致"问题。同时又要根据经济形势的变化，适时适度做好政策的微调，科学把握差别化政策的运用。再次，要有效利用房贷政策调节房地产需求结构。相对于高档住宅、经济适用房以及商业用房而言，普通住宅是房地产的需求的主体，也是房地产调控的主要对象。最后，要把缩小居民收入差距作为施政的长期举措。收入差距的缩小能够从源头上抑制过度的住宅投资与投机性需求，消除资产价格过度膨胀而使利率信号扭曲的"房价之谜"现象。在目前阶段，需要落实好保障性住房的建设和公正分配工作，把促进发展、保障民生和房地产市场调控统一起来，避免房地产资源的过度投机和不合理分配造就新的不平等和财产占有的悬殊。

第五节 开放经济条件下货币政策对房价的影响

美国货币政策走势牵引着世界经济发展脉搏，货币政策基调的转换与投机性资本大规模流动、资产价格剧烈波动乃至世界经济金融危机高度关联。历史经验表明（图4-10），美国宽松货币政策实施初期，低利率迫使资本流出美国，新兴市场国家通常会遭遇资本流入激增、汇率升值以及资产价格膨胀的压力，而后随着美国宽松货币政策的退出，新兴市场国家又面临资本流出、汇率贬值和资产价格缩水甚至泡沫破灭的危险。

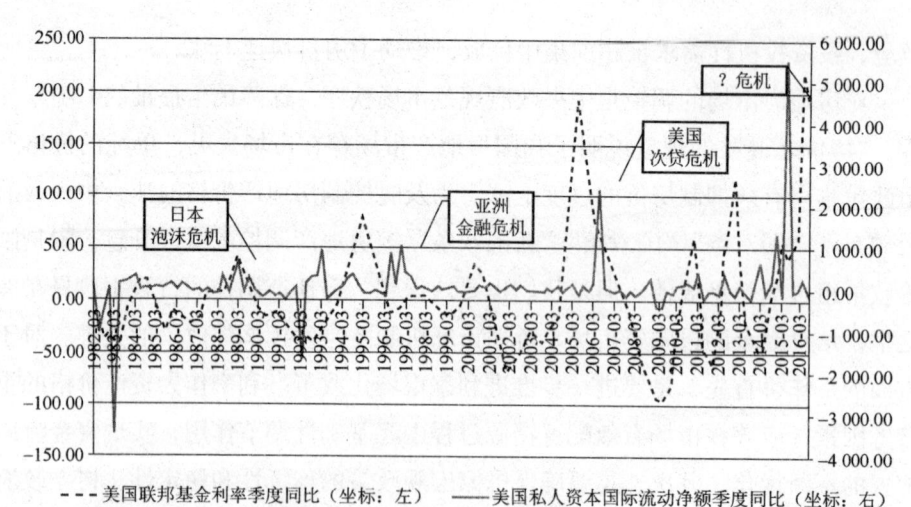

图4-10 美国利率走势、资本流动以及以资产价格异常波动为主要特征的金融危机的关系

以美国量化宽松货币政策为典型代表,自2008年11月美联储开始实施第一轮大规模资产购买计划(LSAP1)以来,美国非常规货币政策经历了多次调整和演化,直到2014年10月美联储宣布结束资产购买计划,量化宽松货币政策才随着美国经济逐步走向正轨而接近尾声。然而,正如学术界和研究机构所指出的那样,美国量化宽松货币政策所提供的大量流动性并未止于美国经济,投机性资本流动应运而生,摩根(2011)的分析估计,QE1(第一轮量化宽松)期间约有40%的基础货币以私人资本外流的形式流出,极有可能产生货币政策溢出效应,对国际金融市场产生重大影响。

在美国非常规货币政策溢出效应环境下,对于投机性资本流动和资产价格波动有几个重要问题需要回答:一是投机性资本流动的初始动因,是否完全来自美国非常规货币政策的实施?二是投机性资本是否对我国货币政策的实施产生影响,进而对我国股价和房价是否存在冲击?冲击效果有多大?弄清这些问题,将有助于我们在人民币纳入SDR(特别提款权)货币篮子和人民币国际化的新阶段,准确把握世界经济金融运行规律,在开放经济条件下从容应对大国货币政策溢出效应,及时、有效地防范投机性资本流动对金融市场的负面冲击。同时,对完善我国金融宏观审慎管理框架具有重要的理论价值和现实意义。

一、非常规货币政策跨境影响的研究现状

2008年美国非常规货币政策实施伊始,关于非常规货币政策背景下跨境资

本流动对资产价格影响的研究就受到了学者的广泛关注。目前的研究主要包括两个方面：一是从理论或实证方面，证实大国非常规货币政策对他国资产价格的溢出效应是否存在；二是证实大国货币政策对他国资产价格溢出的传导机制、投机性资本流动的渠道是否存在。

（一）货币政策对资产价格的溢出效应

2008年金融危机前，主流观点认为，在浮动汇率制度下，如果各国央行都采取以长期价格稳定为目标规则导向的货币政策，那么货币政策是不存在溢出效应的，央行间的政策协调也没有必要。这类观点主要建立在哈曼达（1976）理论研究基础上，以乌迪、萨克斯(1981)、泰勒(1985,1993)、奥伯斯菲尔德和格罗夫(2002)等研究成果为代表。然而2008年之后，对于货币政策溢出效应的关注达到空前的热度，非常规货币政策是否会产生溢出效应，目前的结论还存在争议。

一种观点坚持认为货币政策不存在溢出效应。2013年G7央行行长和财长会议公开声明，货币政策过去一直并且仍将通过国内政策工具实现国内目标，言外之意是货币政策溢出效应微不足道而不予考虑。泰勒（2013）研究认为，只要汇率和资产价格是线性和平稳调整的，货币政策就只对国内产出和物价有影响。索特等（2013）也认为，在一般情况下，货币政策导致的汇率过度波动是单纯的外在现象，对福利没有明确的影响。布兰查德（2013）、普拉萨德（2014）等认为，新兴市场经济体波动的根源并不是美联储货币政策引起的，而是源于自身基本面恶化和金融市场脆弱性，因此新兴市场经济体应专注治理自身经济金融体系问题。IMF(国际货币基本组织，2015)也认为，美国货币政策溢出效应的不利影响与接收国的经济状况有关，接收国经济基本面越好、市场流动性更强，则有助于抑制美国货币政策冲击的影响，因此新兴市场经济体应该尽可能地改善基本面。欧央行执委会委员伯努瓦·科尔（2016）认为，没有证据表明在美国非常规货币政策后，新兴市场的资本流动像人们宣称的那样过度波动，包括欧央行推出的PSPP(公共部门债券购买计划)，同样也没有证据表明欧央行的量化宽松货币政策导致从欧元区到新兴市场经济体的投资组合再平衡的加剧。

另一种观点则认为非常规货币政策存在溢出效应，应关注该政策对新兴经济体的冲击。麦考雅克（2007）研究美国联邦基金利率、货币存量、实际产出和物价水平对菲律宾、韩国、马来西亚、中国香港等新兴经济体的影响，发现美国货币政策变化能够迅速引起这些国家（地区）汇率水平和短期利率的变化，最后影响这些国家（地区）物价水平和实际产出，对某些国家而言，这一外溢效应的影响甚至超过了美国货币政策对于本国的影响。内里和诺比利（2010）则考察了美国联邦基金利率的变动对欧元区的影响，发现美国的货币政策通过汇率、国际大宗商品价格、短期利率和贸易余额来影响欧元区的宏观经济，其中国际大宗商品价格发挥着很大的传导作用。艾肯格林（2013）认为，从长远看，发达经济体的非常规货币政策对新兴市场经济体的负面影响大于正面拉动效应。拉甘（2014）、布伊特（2014）等也认为，QE 降低了美国长期国债收益率和 VIX 指数，导致大量资本从美国流向新兴市场经济体，从而给新兴市场经济体央行的货币政策带来巨大的溢出效应，美联储需要承认其政策对其他经济体的溢出效应，为避免资本流动造成金融动荡，应当与主要新兴市场经济体保持政策协商。甚至有学者从货币政策溢出效应推演出金融周期，认为货币政策溢出是世界金融周期出现的起点，进而也可能是诱发系统性风险的源头。玄松中与克劳迪奥·博里奥（2014）指出，当前国际货币体系的致命弱点在于，它放大了各国国内货币金融体制"过度金融弹性"（Excessive Financial Elasticity）的一面，即无法阻止不可持续的信贷和资产繁荣形成的金融失衡，信贷和资产价格繁荣会过度拉伸资产负债表，从而导致严重的银行业系统性危机和宏观经济失调。陈嘉骞（2015）研究认为，美联储的货币政策对世界其他地区的经济和金融市场会产生溢出效应。非常规货币政策引起债券购买和流动性增加，对不同国家影响各异，美国在退出 QE 时应侧重于最大限度地减少对长期债券收益率的冲击，而新兴市场经济体应该尽可能地改善基本面，以减少全球溢出效应的负面冲击。马理、余慧娟（2016）使用面板向量自回归（PVAR）的统计技术，研究表明美国的宽松货币政策对其他发达国家存在溢出效应，同样对其他发达国家贸易差额、资本市场、汇率、货币供应量等经济变量产生了一系列的冲击。

（二）投机性资本流动的传导渠道

国外学者通过对发达国家历次金融危机的研究探索，发现大国货币政策基调转换、投机性资本流动、资产价格泡沫以及经济金融周期之间存在紧密的互动关系。伊兰·戈德法恩和罗德里戈·瓦尔德斯（1997）提出资本流动的共生危机模型，发现存在这样一种常见的资本流动循环：不断增加资本流入→发生危机→资本崩溃式外逃。创造流动性的银行中介将经济体内部或外部的冲击放大并传递到经济体其他部分，引发银行危机与货币危机，二者交织在一起，相互促进和强化，形成恶性循环。银行中介有助于形成大规模的资本流入，同时也增加了资本大量外逃的风险。当发生银行危机时，对银行中介的挤兑产生了对国际储备的大量需求，导致汇率贬值，而货币贬值预期将改变投资收益，增加存款人提前取款动力，反过来进一步恶化银行危机。卢西奥萨诺和泰勒（1999）曾指出，东南亚金融危机是由于资产泡沫引发的，巨量的国际资本流动对资产泡沫形成正反馈效应，短期投机资本的攻击最终引发危机。金德伯格和阿利伯（2014）考察了1720~2008年世界范围内上百次的经济金融危机，指出资产泡沫和经济过热驱动了跨境资本的流入，持续的流入又进一步推动资产价格膨胀和过度投资。这种循环延续到明斯基时刻，此后经济下行前景和资产价格下跌预期开始驱动资本流出，加剧本币贬值和信用收缩，引发投资和资产价格循环式下跌。

当前，我国经济正处在高速增长向中高速增长换挡时期，供需结构性矛盾突出，资产价格波动加剧，投机性资本流动规模及其流动方向逆转引发的金融动荡引起学者高度关注。赵文胜（2009）研究发现，人民币升值引起热钱流入和股价上涨。周虎群、李富有（2011）研究发现，资产价格变动预期是诱发短期国际资本流动冲击的一个重要因素，严重时会引发系统性金融风险。沈悦、李善燊（2012）通过研究2000~2010年国际资本对我国异质性房地产价格的冲击效果发现，经济过热、人民币预期升值和资产价格膨胀为国际资本多重套利创造了条件，因此房地产调控要注意防范外源资本的结构性冲击影响。张明、谭小芬（2013）利用非限制性VAR模型，分析了中国面临短期资本流动的主要驱动因素，发现与房地产价格相比，中国股市价格指数是更重要的驱动因素。余永定（2013）认为，全球金融周期主要是由资产价格、资本流动和杠杆率发生同样、同向的变化造成的，而这种同向的变化根源和起点往往是美联储的政策。卜林（2015）等采用有向无环图技术（DAG）和基于DAG的预测误差方差分解方法，探讨我国短期国际资本流动、人民币汇率和资产价格之间的动态关系，发现存在人民币汇率、股价到短期国际资本流动的单向因果关系，以及股价、短期国际资本流动到房地产价格的单向因果关系。管涛（2016）认为，2015年我国股票市场大幅震荡和人民币汇率改革引发的贬值预期，使中国经济与全球金融市场形成了双向风险传染和互溢的格局。

投机性流动资本对一国资产价格的负面冲击也日益引起了货币当局的高度关注，各国逐步推出了针对跨境资本流动的宏观审慎管理措施。科恩（2008）、英格兰银行（2009）从金融监管实践角度分析，认为当大量资本流入导致金融系统脆弱性加剧时，货币政策与宏观审慎管理并不能彼此替代，而是互为补充。因索（2013）通过开放经济 DSGE 模型（动态随机一般均衡），分析货币政策和宏观审慎政策的相互影响，指出在发生资本流动的金融冲击时，宏观审慎措施能够作为货币政策的有效补充，无论是在固定还是浮动汇率制度下，都可以改善社会福利。梁凤仪（2015）概括了一个"亚洲框架"，指出跨境资本流动控制是维持金融稳定一系列工具的必要组成部分。尼尔斯（2016）认为，如果中国实行资本管制和提高利率，虽然能一定程度上控制资本流出，但是对中国经济有副作用，并且对美国不会有实质性的影响。IMF（2016）研究报告发现，一个金融更为开放的国家在经济上行时会吸引到更多的资本，而当经济出现下行时，相较于浮动汇率国家，汇率制度欠灵活经济体的资本流入下降幅度更大。李波（2016）则认为，新兴市场经济体有必要针对资本流动引入宏观审慎措施，例如对外债实施宏观审慎管理等。

从已有的文献研究来看，在美国非常规货币政策溢出效应背景下，关于投机性资本流动对资本市场冲击的研究课题日益受到重视，这一方面源自历次金融危机的历史经验教训，另一方面更多的是对美国多轮非常规货币政策引发世界流动性泛滥的担忧。相关文献虽然日益丰富，但是仍然存在一些研究不足与空白，主要体现为：一是国际主流更加热衷于研究美国货币政策对新兴市场经济体的溢出效应，关于对中美宏观经济交叉影响的研究不足，更多的指出中国经济发展模式对全球经济结构的负面冲击，而回避美国货币政策变化对中国的负面影响；二是国内学者虽然紧跟研究热点，对非常规货币政策溢出效应以及跨境资本流动有所研究，但是很少以投机性资本流动为研究对象，分析其对中国资产价格的冲击。鉴于此，本书从美国非常规货币政策溢出效应的视角出发，力图在两方面实现创新：一是从马克维茨资产组合理论出发，引入非常规货币政策因素与汇率变动等因素，以投机性资本流动为线索，将封闭型资产组合模型拓展到开放经济条件下的资产组合模型，全方位展示跨境资本流动的全球资产配置动力机制，实现理论创新与拓展；二是借助于 FAVAR 模型能够处理大规模变量的特征，全面捕捉中美经济不可观测变量信息，在货币政策溢出效应研究领域实现方法运用上的创新。

二、货币政策溢出对跨境资产价格冲击的机理分析

为从理论上探讨货币政策溢出→投机性资本流动→资产价格这一渠道的作用机理，本节根据货币政策国别差异性环境下资本跨境流动的套利动因，分析得出开放经济条件下货币政策溢出对资产价格冲击的传导机制。

马克维茨资产定价理论表明，对于多种资产的组合，要通过每一种资产的预期收益率来计算资产组合的预期收益率。这里，假设 r_k 是第 k 种资产的预期收益率，这里的 r_k 包含了像债券、房地产、股票等资产，x_k 是第 k 种资产在期初的价值占资产组合价值的比例，n 是资产组合中各项资产的种类。

$$r_f = x_1 r_1 + x_2 r_2 + \cdots + x_n r_n = \sum_{k=1}^{n} x_k r_k \quad (4-7)$$

然而，传统的资产组合理论主要针对国内封闭市场，即使组合资产包含了国外资产，模型也是假定汇率不变。然而，在现实的开放经济环境中，投机性资本不但可以进行全球资产组合，同时还可以在全球范围内利用货币价值"鸿沟"在相互兑换过程中获利。特别是在美国非常规货币政策运用时期，各国货币政策走势出现分化，货币和资产内在价值必然会出现相对变化，原有资产组合模型显然难以反映这一客观事实。

本书创新性地引入汇率变动以及非常规货币政策等因素，将封闭型资产组合模型拓展到开放经济条件下的资产组合模型，全方位展示跨境资本流动的全球资产配置动力机制。模型拓展过程如下：

首先，假设起初外国[1]资产组合的价值是 ω_0，期末的价值是 ω_1，该资产持有期间收益率 r_f 可以表示为：

$$r_f = (\omega_1 - \omega_0) / \omega_0 \quad (4-8)$$

在这里，r_f 包含了投资者在货币市场、股票市场、债券市场以及房地产市场等进行资产组合投资的收益率。由于投资者最终需要把收益汇回本国，因此式（4-8）还不是投资者最终得到的收益率。预期的外国收益率和预期的本国收益率存在的差异，取决于两国货币汇率的变化。假设在直接标价法下[2]的即期汇率是 e_0，把外国得到的收益汇回本国的预期汇率是 e_t，那么投资者预期得到的以本币表示的收益率，也就是预期本国收益率为：

---

[1] 在这里，我们把资本输出国称为本国，把资本接受国称为外国。
[2] 用1单位外国货币兑换的本国货币数量来衡量。

$$R_f = (e_t \omega_1 - e_0 \omega_0) / e_0 \omega_0 \quad (4\text{-}9)$$

公式（4-9）是在公式（4-7）基础上考虑了汇率因素，这表明投资者实际上进行的是多重投资，即对外国的资产组合进行的投资和对外汇的投资。

设预期的外汇收益率是 $r_u = (e_t - e_0)/e_0$，则 $1+R_f = (1+r_f)(1+r_u)$，即

$$R_f = r_f + r_u + r_f r_u \quad (4\text{-}10)$$

也就是说，预期的本国收益率取决于预期外国资产收益率和预期的外汇收益率。

公式(4-10)只是跨境资本的绝对收益。实际上，跨境资本收益率的高低并不是看绝对值而是看相对值，也就是相对于资本滞留国内的收益率，而一国债券、股票、房地产等资产与利率、流动性等货币政策因素有很大关系。这样一来，投机者对持有外国资产的动机，还要考虑两国货币政策立场和走势的差异。货币政策分化直接影响到两国汇率变化，进而形成投机性资本跨境流动的初始动力，改变资本流出国或者流入国市场流动性，并对资本市场价格形成冲击。

在常规货币政策环境下，利用两国利差就可以衡量这种货币政策"鸿沟"，于是，带有利率因变量的投机资本获利表达式为：

$$R_f = r_f(i_g) + r_u + r_f(i_g) r_u \quad (4\text{-}11)$$

式中，i_g 表示两国利差。

实际上，美国在次贷危机以后，由于名义利率已经接近于0，利率的波动幅度逐渐变小，作为非常规货币政策的主要手段，量化宽松货币政策必然会加大货币供应量的规模和力度。同时，中国为应对美国需求的降低也实施了"非常规"信贷刺激政策[1]，货币供应量也随之增加。此时，以非常规货币政策为初始动力的流动性溢出效应极有可能发生，因此模型中还需要考虑两国货币政策的相对宽松程度，因此公式（4-12）变为：

$$R_f = r_f(i_g, m_g) + r_u + r_f(i_g, m_g) r_u \quad (4\text{-}12)$$

其中，m_g 表示两国货币政策相对宽松程度。

资本的跨境流动过程中，面对各国不同的资本项目管理体制，会产生或高或低的资本流动成本，因此，实际收益需要扣除相应的成本项。该项成本一般是在

---

[1] 前中国人民银行行长周小川在博鳌亚洲论坛2014年年会"央行的未来"分论坛上原文表述为："对于中国来说，我们的货币政策一直是非常规的，从改革开放以来，中国仍然处于一个改革转型期，中国还并没有达到实施传统货币政策所必须具备的所有的经济条件。"

资本流入或者流出的环节产生的,成本大小与汇率波动程度正相关,汇率趋势性波动幅度越大,一致预期越强烈,资本流动速度越快,当局的管控意识就越强,对资本的"控流入"或"控流出"的管控手段就会越多。但是,投机性资本流动一般难以通过资本管制的手段达到完全控制❶,因此在这里暂不考虑跨境资产组合的成本因素。

由于影响跨境资本流动的变量来自国内外,需要考虑两国相关变量的相对变化,同时,这种资本流动通常会存在自我强化作用,即正反馈机制,因此在模型试验中,要求变量都具有内生性特质,自回归模型则能够满足这一要求。

三、实证分析

本部分将资产价格限定于股价与房价,分别考察美国货币政策实施阶段和退出阶段,国币政策国别差异条件下投机性资本流动对资产价格的冲击效应。

(一)变量说明及数据处理

本书选取了约 100 个时间序列变量,研究时间跨度从 2008 年 11 月至 2016 年 8 月,分两个时间段实证分析:①美国非常规货币政策实施阶段。为避免预期因素对回归结果的影响,时间跨度上,起始日期在美国第一轮非常规货币政策开始时期(2008 年 11 月)向后推两个月,结束日期在美国非常规货币政策退出时期(2014 年 10 月)向前推两个月,即 2009 年 1 月至 2014 年 8 月,共计 68 个月。这些变量大致包括:一是美国非常规货币政策指标,包括储备银行持有证券、储备银行信贷、储备银行资产、基础货币、M_1、M_2、联邦储备利率等约 30 种金融变量;二是反映中国货币政策的指标,包括 M_0、M_1、M_2、基础货币、新增信贷、存款利率等 20 余种变量;其他包括中美利差、人民币实际有效汇率、投机性资本、中国上证综指、房屋价格指数。②美国非常规货币政策退出阶段:2014 年 11 月至 2016 年 8 月。由于考察期偏短,这里只提取一个主成分进行分析。对

---

❶ 根据中国社会科学院世界经济与政治研究所报告(2008),热钱流动渠道主要包括:①以贸易项目为掩盖办理结售汇,如通过虚假贸易方式开立信用证、托收或者汇付,跨国公司转移定价,通过地下钱庄两地结算,利用离岸金融市场转移资本等。②混入非贸易项下办理结售汇的进入方式,如通过汇入个人外汇(往往以"侨汇""赡家费""捐赠外汇"等名义)或外汇投资套汇,以外国驻华机构的名义办理结汇,利用非居民收汇或结汇。③利用资本项目管理中的漏洞实现人民币兑换,如FDI项目下的虚假投资、提前注资或增资、境外投资的撤资、利润汇回、QFII的非证券投资安排、外商投资企业的短贷长用以及借款。

于投机性资本，本文限定为短期跨境资本，目前计算短期资本流动的主要有直接法和间接法两种。直接法是通过国际收支平衡表中的相关项目相加总得到，康德（1996）将短期资本流动直接法计算公式扩展为：短期资本流入=误差与遗漏项+其他部门其他短期资本项目流入+债券投资流入+股权投资流入，而世界银行提出的间接法，则是由外汇储备增量减去国际收支平衡表中的几个项目得到，一般常用公式是：$kjzb = \Delta Rev - NE - FDI$，即：短期资本流动=外汇储备变动－净出口－外商直接投资。该方法简单而不失科学性，本书投机性跨境资本流动即采用这一方法计算得出。

根据伯南克等（2005）的 FAVAR 模型估计方法，我们将宏观经济变量分为"快速变量"和"慢速变量"两类，以此将可观测的经济冲击与不可观测的经济变量信息集进行区分。由于货币供应量、非常规货币政策等政策变量传导到经济实体的过程比较慢，而利率、汇率等价格变量经济体的传导时间更快，因此这里将中美货币供应量等数量指标作为"慢速变量"，将中美利差、汇率、投机性资本流动作为快速变量引入模型。对美国非常规货币政策变量未用单一指标表示而是采用主成分分析，这主要考虑到单一的货币供应量、利率等政策指标在该时期已经不具有代表性，美联储在联邦基金利率难以再下调情况下，通过直接购买国债以及金融机构长期有价证券的方式向市场注入流动性，已经超越了传统货币政策的做法。因此，将美联储购买证券规模等一系列变量合成主成分，以反映非常规货币政策的真实含义。对中国货币政策变量没有直接采用 M_2 而是做主成分分析，原因在于，当前阶段用单一的货币供应量指标难以确切反映中国政策规模和力度。近年来，我国货币政策调控方式不断创新，MLF、SLF、SLO、PSL 等新型工具的运用，以及社会融资规模等统计变量的出现，货币政策的内涵更加丰富。鉴于此，一系列货币政策变量合成主成分用以充分反映货币政策信息。运用主成分分析法将上述大量宏观经济变量中所包含的信息提取到相应的主成分之中，令这些主成分能够反映经济表象背后的不可观测因素。

数据主要来源于 WIND 数据库，部分来源于国家统计局网站和中国人民银行网站。在模型分析前，数据经过以下步骤处理：第一步，对数据进行季节性调整，消除季节性波动的影响；第二步，将各类与价格因素相关的变量，转化为以2008年11月为基期的不变价格数据，以消除价格因素的影响；第三步，对各类序列数据标准化，以消除数据量纲的差异；第四步，对变量数据取自然对数，并检验数据的平稳性，根据研究需要取 n 阶差分。

（二）实证分析：美国非常规货币政策实施阶段

首先，对美国非常规货币政策指标和中国数量型货币政策工具变量分别进行主成分分析。对于主成分个数的确定，通过主成分累积贡献度（一般选取该值大于 85% 时确定的主成分个数）和碎石图（通常选择碎石图斜率变化较大的拐点确定的主成分个数）来判断，结果发现两类指标各自合成一个主成分就可以满足条件。然后，分别取两组主成分序列变量的同比增长率，用同比增长率之差反映货币政策宽松度的相对值，这里记美国非常规货币政策同比增长率相对值为 gm_。股价（用上证综指表示）、房价（用 70 个大中城市新建住宅价格指数表示）同比增长率分别记为 szzzm、hpm，中美利差（中国一年期定期存款基准利率减去美国一年期储蓄存款平均利率）记为 gr，人民币实际有效汇率记为 rex，投机性资本流动记为 kjzb。由此形成的 FAVAR 模型包含的变量是：gm_，gr，rex，kjzb，szzzm，hpm。

1. 变量平稳性检验

通过 ADF 单位根检验判定变量平稳性，结果表明标准化并取对数后的 lngm_、lnkjzb、lnszzzm 为平稳序列，而 gr、lnrex、lnhpm 均为一阶单整。在未做进一步检验前，不能直接采用普通最小二乘法估计。

2. 协整关系检验

首先，在滞后阶数检验中，似然比检验（LR）、向前一期预测的均方误差（FPE）、赤池信息准侧（AIC）、汉南信息准则（HQ）四项指标均表明最优滞后期确定为 2。在此基础上，采用约翰森方法检验变量间的协整关系，在 5% 显著性水平下，迹检验和最大特征根检验均表明，序列变量之间至少存在一个协整关系，说明可以在不考虑数据平稳性前提下，用原数据的对数值（零阶差分）即可进行向量自回归分析。

3. 模型平稳性检验

进行 FAVAR 模型脉冲响应分析的前提是模型系统平稳，经检验，由残差为白噪声的变量构成的模型系统特征根均小于 1，在单位圆内，为平稳过程（见图 4-11）。

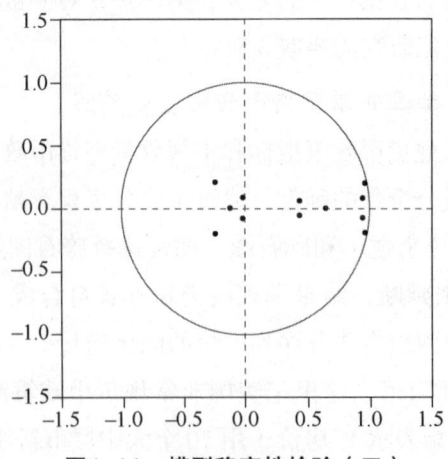

图4-11　模型稳定性检验（三）

4. 脉冲响应

为克服模型变量次序设置的局限，本书利用广义脉冲响应函数考察变量的作用效果。图4-12为投机性资本流动、股价和房价的脉冲响应图。其中，第一行为投机性资本流动的脉冲响应。结果表明，分别给美国相对非常规货币政策、中美利差和人民币汇率一个单位的正向冲击，投机性资本流动分别呈正响应、正响应和负响应，冲击效果均由强变弱，时效约3个月。也就是说，美国相对量化宽松货币政策增强、中美利差加大、美元贬值会促使投机性资本流向中国，反之则方向相反。从脉冲响应强度来看，投机性资本对汇率冲击的响应值（绝对值）最大（初期约为 –0.14），其次是对利差冲击的响应（初期约为0.08）和对美国相对量化宽松货币政策冲击的响应（初期约为0.02）。

第二行为中国股价的脉冲响应。给美国相对量化宽松货币政策一个单位正向冲击后，股价呈现负响应，说明美国相对量化宽松货币政策并未直接推高中国股市。给中美利差一个单位正向冲击后，股价呈现先升后降的复杂变化，说明利差对股价的正向冲击是不可持续的。给汇率一个单位正向冲击后，股价总体呈现负向响应，在第二期达到负向最大约为 –0.03，说明美元升值对中国股价存在负向冲击。给投机性资本流动一个单位正向冲击后，股价在前五期呈正向变化，且在第三期达到最大约0.04，但是在第六期后趋向负值，说明投机性资本流动对股价的正向冲击不具有持续性。

第三行为中国房价的脉冲响应。与股价的脉冲响应比较来看，房价的脉冲响应峰值更加延迟，但响应期较长。给美国相对量化宽松货币政策一个单位正向冲击后，房价在前两期无明显响应，之后呈现由弱及强的正响应，在第八期达到峰值约 0.03。给中美利差一个单位正向冲击后，房价响应比较微弱，后期略微呈现负值，说明利差变动对房价作用不大。给汇率一个单位正向冲击后，房价呈现较为显著的负向响应，在第六期达到负向最大约为 -0.05，说明美元贬值对中国股价存在正向冲击。给投机性资本流动一个单位正向冲击后，房价呈现较为显著的正向响应，在第五期正向响应最大值约为 0.06，直到第十期才下降到 0.03，说明投机性资本流动对房价的正向冲击较大且持续性较长。

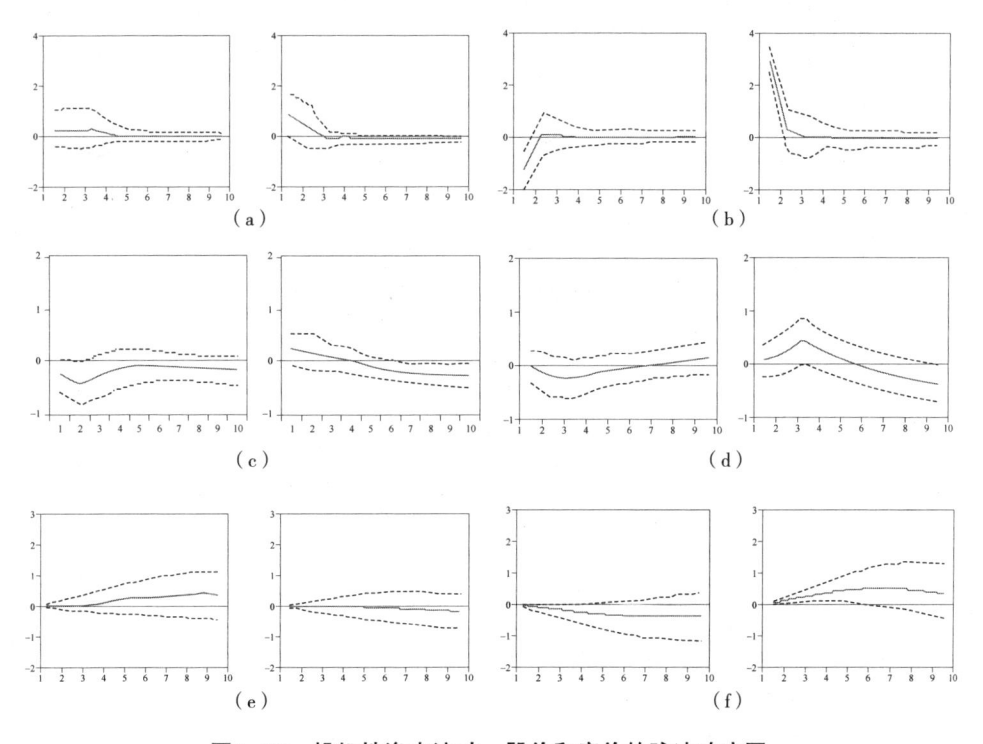

图4-12 投机性资本流动、股价和房价的脉冲响应图

5. 方差分解

方差分解是通过分析每一个结构冲击对内生变量变化的贡献度，给出某一变量产生影响的每个随机扰动的相对重要性。这里我们对中国投机性跨境资本流动、股价、房价分别做方差分解（见表4-7～表4-9）。对中国投机性跨境资本流动的方差分解表明：除变量自身贡献度外，汇率变动对投机性跨境资本流动贡献度最大，贡献率大约在 17%，其次为利差变动贡献率，前十期不断增大但是贡献度最大为 7%，量化宽松货币贡献度较小，不到 2.5%。对股价的方差分解表明：投机性资本流动对股价的贡献度较弱，前七期贡献率都未超过 6%。对房价的方差分解表明：除自身贡献度外，投机性资本流动对房价变动的贡献率最大，第四期开始贡献率维持在 11% 左右。

表4-7 投机性资本流动的方差分解结果

时期	标准差	非常规货币政策相对强度	利差	汇率	投机性资本	股价	房价
1	0.292543	0.76035	4.861415	18.08205	76.29618	0	0
2	0.296135	1.441308	5.372068	17.89078	75.23006	0.006473	0.059309
3	0.298449	2.295536	5.613706	17.82462	74.11058	0.020108	0.135447
4	0.299036	2.395056	5.729023	17.75853	73.82818	0.027914	0.26129
5	0.299681	2.389614	5.967742	17.68702	73.54134	0.029221	0.385059
6	0.300355	2.388789	6.211543	17.60765	73.24693	0.029886	0.515197
7	0.301017	2.399396	6.43544	17.53029	72.9678	0.030211	0.635859
8	0.301638	2.412796	6.649079	17.45826	72.71277	0.030281	0.736814
9	0.302198	2.427175	6.845356	17.39401	72.49094	0.030342	0.812183
10	0.302704	2.443141	7.026909	17.33764	72.30183	0.030466	0.860015

表4-8 股价的方差分解结果

时期	标准差	非常规货币政策相对强度	利差	汇率	投机性资本	股价	房价
1	0.131319	0.000784	3.908422	0.300938	4.661698	91.12816	0
2	0.152559	0.244396	4.940216	3.398311	11.12518	80.01513	0.276768
3	0.168812	4.829217	4.355881	5.986777	11.88202	72.53838	0.407724
4	0.174187	5.766647	4.101356	7.006816	11.81656	70.76617	0.542448
5	0.176459	5.797328	4.360543	7.263185	11.81738	70.20235	0.55922
6	0.178093	5.710791	5.200822	7.288131	11.85442	69.38706	0.558771
7	0.18051	5.980675	6.560239	7.101493	11.93085	67.70267	0.724075
8	0.184328	6.796636	8.144186	6.838642	11.99823	64.96845	1.253862
9	0.189777	8.118994	9.640824	6.603844	12.07514	61.29523	2.265974
10	0.196771	8.757691	10.83415	6.474619	12.08311	58.0159	3.744527

表4-9 房价的方差分解结果

时期	标准差	非常规货币政策相对强度	利差	汇率	投机性资本	股价	房价
1	0.028292	2.940081	2.87731	6.875619	5.085202	1.265628	80.95615
2	0.062769	0.83419	1.17232	9.32285	8.661044	1.206138	78.80346
3	0.102176	0.352629	0.77971	9.799491	10.21075	1.123834	77.73358
4	0.144372	0.561093	0.67324	10.14493	11.22332	1.025686	76.37184
5	0.186797	1.034075	0.69596	10.43232	11.75553	0.927454	75.15466
6	0.227316	1.57614	0.81637	10.70048	11.94747	0.840137	74.11924
7	0.264218	2.099818	1.02816	10.97254	11.89742	0.764442	73.23762
8	0.296222	2.564544	1.34071	11.24859	11.67105	0.700177	72.47493
9	0.322535	2.952154	1.77097	11.52196	11.31873	0.646487	71.78969
10	0.34287	3.256493	2.34488	11.77963	11.08576	0.602581	71.13854

（三）实证分析：美国非常规货币政策退出阶段

2014年10月，美联储宣布结束资产购买计划，退出量化宽松货币政策，2015年12月将联邦基金目标利率上调0.25个百分点至0.5%，这是2008年12月以来目标利率的首次上调，意味着美国量化宽松货币政策的实质性退出。本节主要验证美国量化宽松货币政策退出时期，投机性资本跨境流动对中国股价和房价的影响。考虑到预期因素，数据起点选定在美国非常规货币政策退出前的两个月，即2014年8月，数据末期为2016年8月，为月度数据，主要变量包括投机性资本流动（kjzb）、中国货币供应量（cm2m）、中美利差（gr）、人民币实际有效汇率（rex）、上证综指代表的股价（szzzm）、70个大中城市新建住宅价格指数代表的房价（chpm）等变量。

首先，对该时期货币政策溢出效应是否对投机性资本流动产生影响进行分析。由于该时期量化宽松货币政策已经退出，货币供应量变动幅度不大，首次加息也是意料到的事件，因此已经发生或者预期到的货币政策难以对投机性资本流动产生影响，鉴于此，这里主要考察汇率变动对投机性资本流动的影响。格兰杰因果关系检验表明，汇率变动是投机性资本流动的原因，这与前文非常规货币政策实施阶段得到的检验结果保持一致。

在FAVAR模型框架下，依次进行数据平稳性检验和协整检验，发现模型存在协整关系，模型稳定性检验也通过，这里省略检验过程，直接进行脉冲响应和方差分解。

1. 脉冲响应

为保证模型回归可识别，这里尽量减少单个模型变量个数，对投机性资本流动、股价和主成分，以及投机性资本流动、房价和主成分分别组成 FAVAR 模型进行分析。脉冲响应结果（图4-13）显示，给投机性资本流动一个单位的正向冲击后，股价呈现显著的正响应，且在第二期达到最大约 0.2，在第十期后响应值才趋向于零。与美国非常规货币政策实施阶段比较来看，美国非常规货币政策退出阶段，投机性资本流动对股市的影响更大（非常规货币政策实施阶段该最大值只有 0.04）。但是房价却呈现负响应，初期即达到最大负响应值约 -0.5，这与非常规货币政策实施阶段的情况截然相反。

（a）股价对投机性资本流动的脉冲响应　　（b）房价对投机性资本流动的脉冲响应

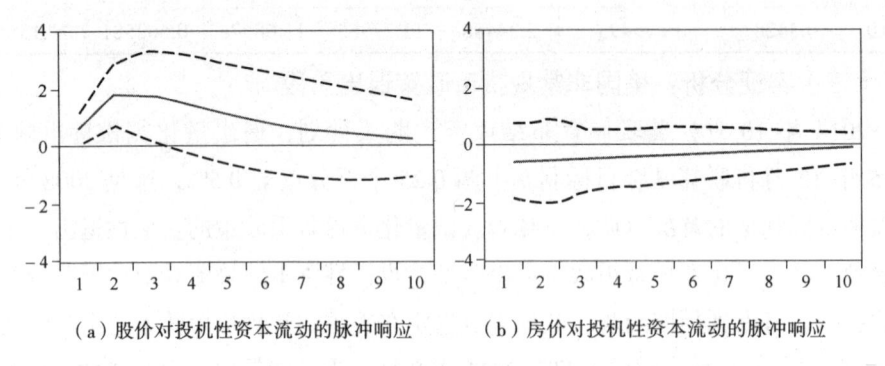

图4-13　脉冲响应结果

2. 方差分解

对股价和房价的方差分解（表4-10）表明，投机性资本流动对股价波动的贡献度较大，从第二期开始贡献度达到 25% 左右，但是，投机性资本流动对房价波动的贡献度不高，前四期贡献度不足 10%，从第五期开始开贡献度才达到 10% 左右。因此，与非常规货币政策实施阶段相比，美国非常规货币政策退出阶段投机性资本流动对股市的影响更大，但是房价却呈现负响应。

表4-10　方差分解

时期	对股价的方差分解 投机性资本的贡献度	对房价的方差分解 投机性资本的贡献度
1	17.50675	3.354797
2	23.92767	6.083605
3	24.73661	8.321076
4	25.81574	9.716838

续表

时期	对股价的方差分解 投机性资本的贡献度	对房价的方差分解 投机性资本的贡献度
5	26.12104	10.51034
6	26.22552	10.93281
7	26.26476	11.16461
8	26.28667	11.28377
9	26.29596	11.34631
10	26.30066	11.37911

(四)实证小结

对美国非常规货币政策实施阶段和退出阶段的实证分析表明：①汇率变动对投机性资本流动的影响效果最大，是投机性资本跨境流动的决定因素；②在美国非常规货币政策的不同阶段，投机性资本流动对我国股价和房价的冲击效果和贡献度存在差异，具体结果见表4-11。

表4-11 美国非常规货币政策实施阶段和退出阶段投机性资本对股价和房价的冲击效果

投机性资本的 冲击效果		美国非常规货币政策 实施阶段	美国非常规货币政策 退出阶段	对比结果
股价	脉冲响应	股价在前五期呈正向变化，且在第三期达到最大约0.04，但是在第六期后趋向负值，说明投机性资本流动对股价的正向冲击不具有持续性	股价呈现显著的正响应，且在第二期达到最大约0.2，在第十期后响应值才趋向于零	非常规货币政策实施阶段，投机性资本流动对股价影响不大；非常规货币政策退出阶段，投机性资本流动影响较大，资本流出对股价下跌的冲击力度较强
	方差分解	投机性资本流动对股价的贡献度较弱，前七期贡献率都未超过6%	投机性资本流动对股价的贡献度较大，从第二期开始贡献度达到25%左右	
房价	脉冲响应	呈现正向响应，在第五期正向响应最大值约为0.06，直到第十期才下降到0.03，说明投机性资本流动对房价存在正向冲击且持续性较长	呈现负响应，响应值期初达到负向最大约-0.5	非常规货币政策实施阶段，投机性资本流动对房价有一定的正向作用；但是非常规货币政策退出阶段，投机性资本流出与房价负相关
	方差分解	投机性资本流动对房价变动的贡献率较大，第四期开始贡献率维持在11%左右	投机性资本流动对房价的贡献度不高，前四期贡献度不足10%	

四、主要结论与政策建议

本节基于美国货币政策溢出效应的视角,在构建投机性资本流动对资产价格冲击传导的理论模型的基础上,利用 FAVAR 模型,分别对美国非常规货币政策实施阶段和退出阶段,和投机性资本流动对我国股价和房价波动的冲击效果进行分析。主要结论是:①汇率变动是投机性资本流动的重要影响原因,而美国非常规货币政策和中美利差变动并非主因。在美国非常规货币政策实施阶段,汇率变动对我国投机性资本流动的贡献度约 17%,远远大于非常规货币政策与利差的贡献度(分别为 2% 和 6% 左右)。表明人民币汇率升值幅度越大,投机性资本流入越多,反之则投机性资本流出越多。②投机性资本流动对我国资产价格存在冲击,但是不同阶段这种冲击存在非对称性。在美国非常规货币政策实施阶段,投机性资本主要对我国房价形成正向冲击,长期贡献度约为 11%;在美国非常规货币政策退出阶段,投机性资本主要对我国股价形成正向冲击,长期贡献度高达 26%。总体来看,投机性资本对我国股价或房价存在一定程度上的正向冲击,是资产价格正反馈效应形成的重要影响因素。

当前,我国经济金融体系正处于改革、开放、发展的关键时期。本书的研究,有助于我们更好地认识开放经济条件下大国货币政策的溢出效应,及时、有效地防范投机性资本流动对我国金融市场的负面冲击,进一步完善跨境资本流动宏观审慎管理政策框架。为此,本书提出如下政策建议:

第一,密切关注美国货币政策动向,注重与美国货币政策立场的沟通与协调,提高防范美国货币政策负面溢出效应的意识,加强信息沟通交换,增进中美之间货币政策和资本流动管理的理解互信和协同合作。搭建危机管理合作平台,针对投机性资本流动、资产价格异常波动等突发性严重事件,双方及时进行政策协调和善意配合,抑制投机性资本冲击下的系统性风险跨国蔓延与传染。

第二,将投机性资本流动纳入跨境资本流动的宏观审慎管理政策框架,建立投机性资本流动与国内资本市场间的风险隔离与缓冲机制。根据经济金融周期各阶段特点,对投机性资本流动进行逆周期管理,在投机性资本流动异常时期,及时运用融资杠杆率、风险集中度、流动性和期限匹配、资金成本等手段,对投机性资本流动进行及时有力的审慎管理。加强合格境内外机构投资者和人民币合格境外机构投资者证券交易行为管理,充分考虑跨境市场之间的风险关联,采取多种措施避免资产价格波动与跨境投机性资本集中性、恐慌性流动的叠加强化与正反馈效应。

第三，运用大数据技术，加强对跨境资本流动的风险评估和预警，创新监测技术分析手段，高度重视投机性资本跨境流动的统计监测工作，不断提高统计数据质量与分析精准度。加强对投机性资本在证券和房地产领域的监测分析和预警评估，构建投机性跨境资本流动预警指标体系，确定风险监测指标阈值，预测投机性资本引发金融风险发生的概率。加强跨境资本流动真实性与合规性审查，为打击地下钱庄等各类违法活动提供数据支撑。

第四，建立应对跨境资本异常波动的流动性调节机制，确保内外市场均衡。在当前大国货币政策分化与全球流动性结构不平衡时期，货币政策需要关注资产价格异常波动情况，并将资产价格因素纳入宏观审慎管理框架中。尽管传统的货币经济学理论认为，资产价格不是货币政策的中介目标变量。但是，当资产价格异常波动影响到金融稳定时，货币政策则应通过流动性对冲操作进行有效干预，确保内外市场均衡和流动性合理充裕。既要发挥货币政策在事后的流动性救助功能，避免发生系统性性金融风险，更要做好货币政策在事前的流动性调节作用，防范资产价格泡沫。

第六节　本章小结

货币政策对房价的传导是货币政策房价传导机制的第一阶段。本章首先从我国货币政策与房价之间的相关性描述出发，发现数量型货币政策和价格型货币政策与房价之间的变动趋势。然后，在 FAVAR 计量模型的分析框架下，重点利用格兰杰因果关系检验和脉冲响应方法，分析了数量型货币政策和价格型货币政策对异质性房价（普通住宅、高档住宅、经济适用房以及商业用房等价格）的不同冲击效果。对价格型货币政策的房价传导过程中出现的"房价之谜"特有现象做了深入剖析，发现这种异常现象下的深层次原因。

研究发现，数量型货币政策对房价的影响效果总体显著。在广义货币供应量的正向冲击下，商品房价格呈现显著的正向脉冲响应，而且持续期较长，其中普通住宅价格正向脉冲响应最显著；高档住宅价格和商业用房价格在初期呈现较短时间负的脉冲响应后才出现正向脉冲响应效果；经济适用房价格的正向脉冲响应微弱。但是，在单独考虑由国际资本流动产生的外源性的货币供给冲击时，各类房价的脉冲响应却呈现不同效果。不论是来自 FDI 的冲击还是热钱的冲击，研究发现均对高档住宅价格和商业用房价格的上涨起到显著推动作用，对普通住宅价格的影响却不明显。

价格型货币政策对房价的作用出现异常。在长期利率的正向冲击下，普通住宅价格、高档住宅价格、经济适用房价格以及商业用房价格均呈现较长时期的正向响应效果，升息难以有效抑制房价，"房价之谜"存在。究其原因发现：①长期的住宅价格上涨趋势强化了投资者的适应性预期，房价只涨不跌的观念占据主流，这种适应性预期下的住宅投资利润率远超过市场利率，升息对购房的边际成本极小。除非住宅价格一路上扬的态势被打破，否则这种适应性预期就会一直持续。②与工商业贷款利率比较，优惠的房贷利率作为一种"受保护的利率"具有明显的"比较优势"，在提高利率的政策背景下工商业投资受到抑制，房贷受到鼓励，房地产投资挤出了工商业投资，存在投资的"挤出效应"。资本从工商业领域流入房地产市场，加剧了房价上涨。③收入差距的扩大比平均收入和房屋建设成本更能影响房价，这意味着中国房价变化具有强烈的收入差距拉动效果。收入差距的扩大相当于低收入者向高收入者转移并积累资金，在房地产投资不受限制的情况下，短期内社会房地产购买力得到增强，投资投机性需求被超前集中释放。因此完善价格型货币政策的房价传导机制，需要引导居民的理性预期、科学的房贷政策以及有利于需求平稳释放的收入分配政策。

第五章 货币政策房价传导机制的实证分析：从房价到货币政策目标

本章是货币政策房价传导机制的第二环节。依照理论分析框架，从货币政策到房价，再从房价到宏观经济，是构成货币政策房价传导机制的两个不可分割的逻辑环节。研究房价对宏观经济的传导效应，既是货币政策房价传导机制的必要步骤，也是货币政策房价传导机制的落脚点。本章的任务就是在货币政策的房价传导机制理论框架指导下实证研究房价变动对宏观经济总量（经济增长状况与物价水平）及其经济结构（本书限定在投资结构、消费结构以及物价结构）的传导效果。

第一节 房价影响经济增长的传导效应分析

一、房价与GDP的相关性描述

近年来，房地产业作为国民经济体系的重要构成部分，在推动我国经济发展方面发挥了重要作用。2003年国务院颁布的"国18号文"首次明确指出："房地产业关联度高，带动力强，已经成为国民经济的支柱产业。"2008年中央经济工作会议发言稿中也坚持"发挥房地产业支柱产业作用"的论调。长期以来，我国将房地产业作为支柱产业发展，房地产业异军突起，对宏观经济的影响日益增强。房地产市场的发展特别是房价的波动与宏观经济的走向紧密相联。如图5-1所示，2000～2003年，房价变动率和GDP变动率都比较平稳，从2004年起，房价开始有较快增长，GDP也随之较快增长，2007～2008年，房价出现异常上涨，2008年末开始迅速回落，GDP增长率也随之下滑，直至2009年一季度房价开始回涨，GDP增长率才随之上行。由此可见，不但房地产投资直接拉动GDP，房价变动也与 GDP 有很大联系,房价上涨产生的再投资效应、财富效应、资产负债表效应等可能是 GDP 进一步上升的动力。

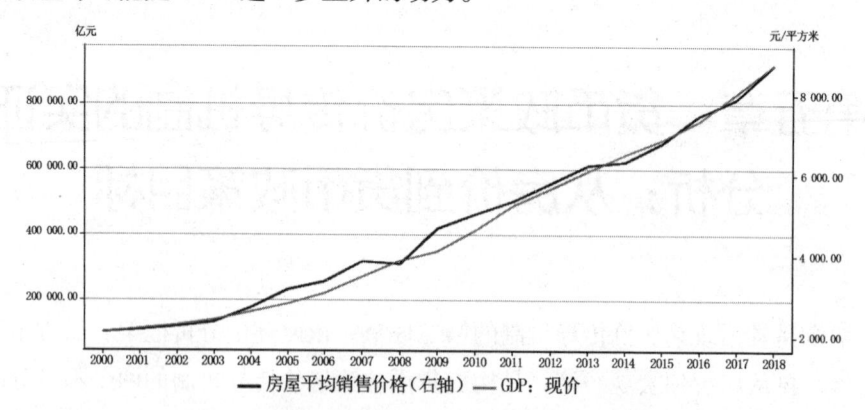

图5-1　全国房屋销售价格变动与GDP变动走势

数据来源:WIND 数据库

但是观察到房价与 GDP 同起同落的趋势还不足以反映二者的内在关系,到底是房价变动促进了 GDP 的增长,还是 GDP 的增长促使了房价上涨?二者的因果关系才是反映其本质的关系。为此,在 FAVAR 模型框架下对房价与 GDP 之间进行格兰杰因果关系检验。在一阶差分平稳情况下,因果关系检验结果如表 5-1 所示。

表5-1　房价与GDP的格兰杰因果关系检验

原假设	F-检验	概率值	结论
房价变动不是 GDP 变动的格兰杰原因	8.3432	0.0014	拒绝
GDP 变动不是房价变动的格兰杰原因	0.5654	0.5235	接受

注:最优滞后期根据 AIC 和 SC 准则确定

检验结果表明,我国房价变动是 GDP 变动的格兰杰原因,房价上涨推动了经济增长,而 GDP 变动不是房价变动的格兰杰原因,经济增长不是房价上涨的初始动力。当然不能因为这种因果关系就认为可以利用高房价来促进 GDP 的增长。实际上,房价的快速上涨特别是存在泡沫危险时往往是经济走向萧条的前兆。2008～2009 年我国房价的变化对此略有体现,典型的实例是 20 世纪 80 年代日本的房地产泡沫和 2007 年美国的次贷危机，房价的疯狂上涨既将经济拉向了繁荣的顶点，也将经济推向了危险边缘。

二、房价对GDP的影响

图 5-2(a) 至图 5-2(f) 是 GDP 对各类房房价的脉冲响应。由图 5-2(a) 可以看出，当给商品房价格一个单位的正向冲击时，GDP 当期不会有大变化，之后较快反应，并在第二期达到峰值约 0.012，而后响应呈较慢下降趋势，到第五期衰减于零。图 5-2(b) 表示给住宅价格一个单位的正向冲击时，GDP 当期未呈现大的变化，之后较快反应，并在第二期达到峰值约 0.031，而后响应呈迅速下降趋势，到第三期后波动较小，直至衰减于零。图 5-2(c) 至图 5-2(f) 是 GDP 对不同类型房价的脉冲响应。图 5-2(c) 表示给商业用房价格一个单位的正向冲击时，GDP 当期即呈现 0.0053 左右的正响应，但是维持时间不长，到第二期后基本就衰减至零，此后的波动微弱。图 5-2(d) 表示给普通住宅价格一个单位的正向冲击时，GDP 当期即呈现较大正向脉冲响应，响应值约为 0.012，持续到第二期后缓慢衰减，直到第五期衰减至零。图 5-2(e) 表示给高档住宅价格一个单位的正向冲击时，GDP 的脉冲响应极不稳定，波动较大，直到第八期后才衰减至零。图 5-2(f) 表示给经济适用房价格一个单位的正向冲击时，GDP 的脉冲响应在当期存在较小正值，但是第二期至第四期呈现较小负值，之后逐渐衰减至零。总体来看，GDP 对房价存在正向脉冲响应，其中对普通住宅的正向脉冲响应持续期最长，效果最为显著。

(a) GDP对商品房价格的脉冲响应　　(b) GDP对住宅价格的脉冲响应

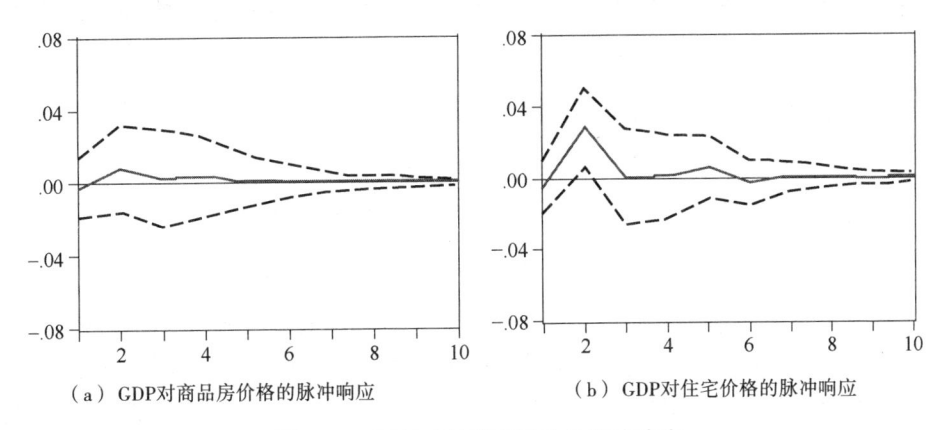

图5-2　GDP对各类房房价的脉冲响应

（c）GDP对商业用房价格的脉冲响应　　（d）GDP对普通住宅价格的脉冲响应

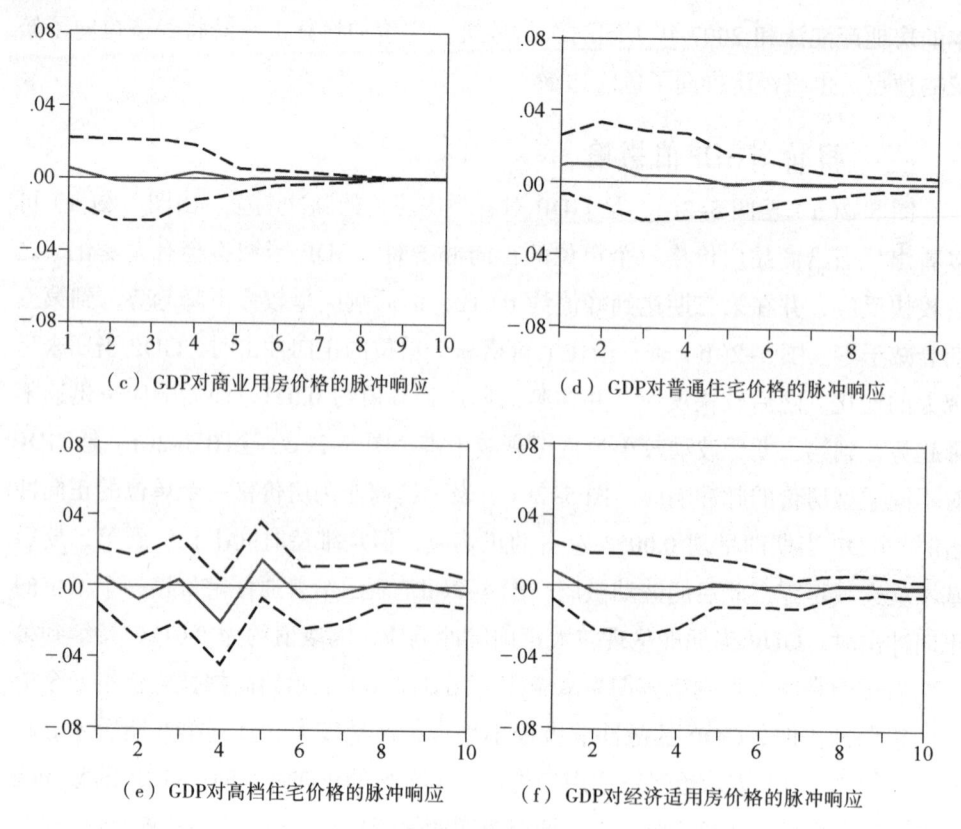

（e）GDP对高档住宅价格的脉冲响应　　（f）GDP对经济适用房价格的脉冲响应

图5-2　GDP对各类房房价的脉冲响应

第二节　房价影响经济增长结构的传导效应分析

一、房价对投资需求的影响

（一）房价与投资之间的相关性描述

如图5-3所示，从商品房价格与固定资产投资额的关系来看，其变化趋势可以分为四个阶段：1999～2006年，商品房价格与城镇固定资产投资均平稳增长，其中商品房价格增长速度快于城镇固定资产投资增长速度；2007～2009年，固定资产投资增长速度加快，这4年是我国历史上投资增长迅猛的时期，期间房价受美国次贷危机影响2008年急剧下滑，但在2009年又迅速回升；2010～2015年，房价与固定资产投资双双显著上行；2016～2018年，固定资产投资增速有

第五章　货币政策房价传导机制的实证分析：从房价到货币政策目标

所回落，但是房价上行趋势强劲。

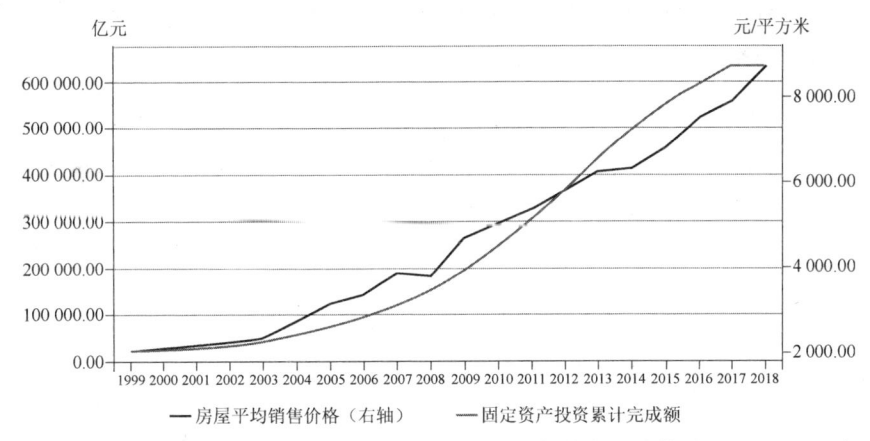

图5-3　我国商品房价格和固定资产投资累计完成额的变化趋势（1999~2018）

数据来源：WIND 数据库

从年度房地产开发投资完成额占当年 GDP 的比重来看，房地产投资对 GDP 的贡献度总体呈上行趋势。1999 年房地产开发投资对 GDP 的贡献度大约在 4%，到 2013 年这种贡献度达到峰值 15%，15 年间增长了 3.75 倍，2015 后有所回落，截至 2018 年末，该比例仍然维持在 13% 的较高水平（图 5-4）。

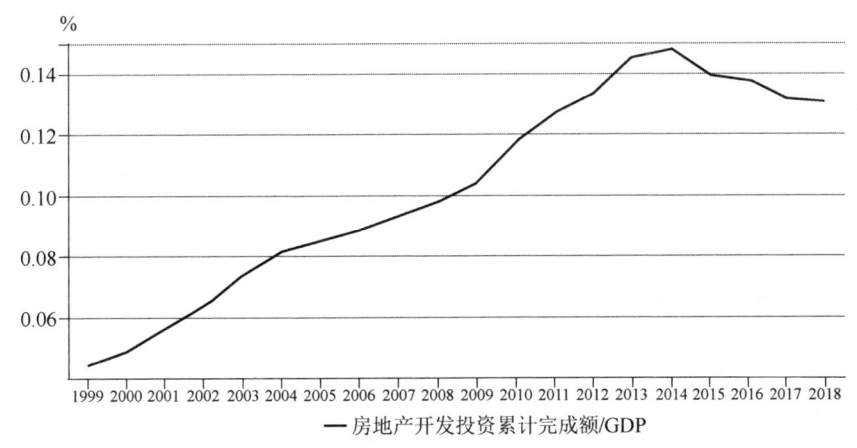

图5-4　我国房地产投资累计完成额占GDP的比重历年走势（1999~2018）

数据来源：WIND 数据库

从房价与投资的交叉相关系数来看，不论是从超前还是滞后期限来看，至少存在三期的正相关性。图 5-5(a) 显示，当期房价和房地产投资相关性达到

— 139 —

0.9226，第一列表示房价与前期房地产投资的相关性，从期限来看，存在三期的正相关性，在第三期达到 0.1568；第二列表示房价与未来各期房地产投资的相关性，从期限来看，存在四期的正相关性，在第四期达到 0.2307。综合来看，二者至少在三期内存在正相关性，说明房价与房地产投资存在正反馈的互动关系，但是相较而言，房价与滞后期房地产投资的相关性要强于房价与前期房地产投资的相关性，说明房价变动对未来房地产投资的影响更显著，房价的变化对房地产投资具有较强正向传导带动效果。图 5-5(b) 同样反映了房价变化对城镇固定资产投资的正向拉动效果。

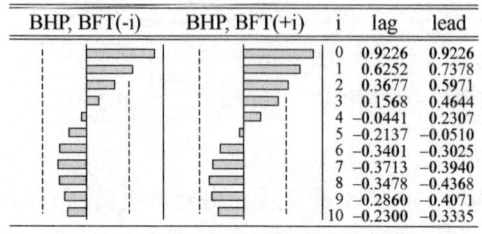

BHP, BFT(-i)	BHP, BFT(+i)	i	lag	lead
		0	0.9226	0.9226
		1	0.6252	0.7378
		2	0.3677	0.5971
		3	0.1568	0.4644
		4	−0.0441	0.2307
		5	−0.2137	−0.0510
		6	−0.3401	−0.3025
		7	−0.3713	−0.3940
		8	−0.3478	−0.4368
		9	−0.2860	−0.4071
		10	−0.2300	−0.3335

（a）房价与房地产开发投资的交叉相关系数

BHP, BGT(-i)	BHP, BGT(+i)	i	lag	lead
		0	0.9251	0.9251
		1	0.6413	0.7527
		2	0.3798	0.6237
		3	0.1316	0.4838
		4	−0.0723	0.2300
		5	−0.2280	−0.0642
		6	−0.3499	−0.3114
		7	−0.3882	−0.4010
		8	−0.3489	−0.4464
		9	−0.2750	−0.4172
		10	−0.2172	−0.3272

（b）房价与城镇固定资产投资的交叉相关系数

图 5-5　房价与房地产开发投资、房价与城镇固定资产投资的交叉相关系数

注：B 表示标准化处理，HP 表示房价，FT 表示房地产投资，GT 表示城镇固定资产投资

（二）基于 FAVAR 模型的投资对房价的脉冲响应分析

FAVAR 的基本原理在上一章已经做了详细说明，这里仅基于该模型的脉冲响应结果来看房价对投资的传导效果（注：为保持季度数据的平稳性，数据均经过季节调整、对数化、一阶差分并标准化处理）。

图 5-6(a) 反映了城镇固定资产投资额变动对商品房房价变动的脉冲响应。给定房价变动一个单位的标准差冲击后，城镇固定资产投资变化初始呈现 0.0055 左右的正向脉冲响应，持续缓慢增长一期达到最大约 0.0063 后开始减弱，到第四期后趋向于稳态。从商品房的两种基本构成——住宅和商业用房来看，它们的价格变动对城镇固定资产投资的变动初始作用方向基本一致，只是作用效果稍有不同。图 5-6(b) 反映了城镇固定资产投资额变动对住宅价格变动的脉冲响应。给定住宅价格变动一个单位的标准差冲击后，城镇固定资产投资变化初始呈现 0.0074 左右的正向脉冲响应，持续一期后开始减弱，到第五期后趋向于稳态。

图 5-5(c)反映了城镇固定资产投资额变动对商业用房价格变动的脉冲响应。给定商业用房价格变动一个单位的标准差冲击后,城镇固定资产投资变化初始呈现 0.0023 左右的正向脉冲响应,但持续作用不强,小幅波动到第五期后趋向于稳态。

总体来看,房价变动对城镇固定资产投资变动存在显著的正向冲击效果,其中住宅价格变化的冲击效果要强于商业用房价格变化的冲击效果。

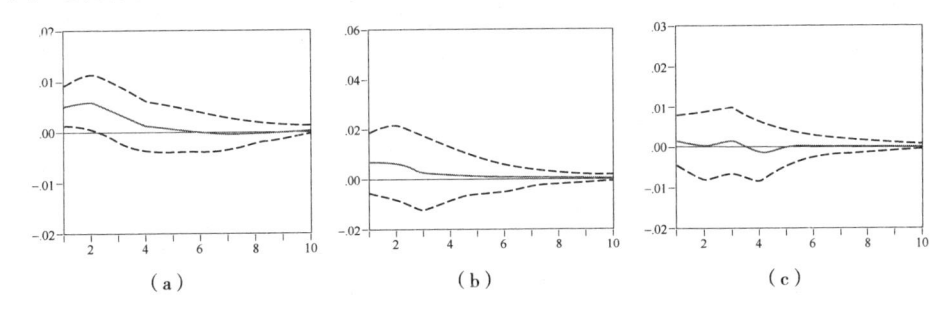

图5-6 城镇固定资产投资额分别对商品房价格、住宅价格和商业用房价格的脉冲响应

注:图 5-6(a)表示城镇固定资产投资额变动对商品房价格变动的脉冲响应;图 5-6(b)表示城镇固定资产投资额变动对住宅价格变动的的脉冲响应;图 5-6(c)表示城镇固定资产投资额变动对商业用房价格变动的脉冲响应

二、房价对消费需求的影响

(一)房价与消费之间的相关性描述

如图 5-7 所示,商品房价格与社会消费品零售总额变化经历了三个阶段:第一阶段是从 2000 ~ 2003 年,房地产发展处于起步阶段,房价变化比较平稳,呈稳步增长趋势,与此同时社会消费品零售总额也是平稳增长;第二阶段是从 2004 ~ 2007 年,房地产处于蓬勃发展阶段,房价快速增长,与此同时,社会消费品零售总额也开始迅速提升;第三阶段是从 2008 ~ 2014 年,房价在 2008 年和 2014 年两端均出现快速下跌但是迅速回升的过程,与此同时社会消费品零售总额未呈现与房价同步下行并回升的波动特征,总体呈现稳步上行趋势;第四阶段是 2015 ~ 2018 年,房价经历新一轮的快速上行,社会消费品零售总额增速却未显著增长,其中 2017 年起社会消费品零售总额增速出现罕见的下降。总体来看,虽然房价和社会消费品零售总额随着经济发展步伐呈现上升趋势,但是在房价出现大的变化时,社会消费品零售总额的变动率并未表现为同步。

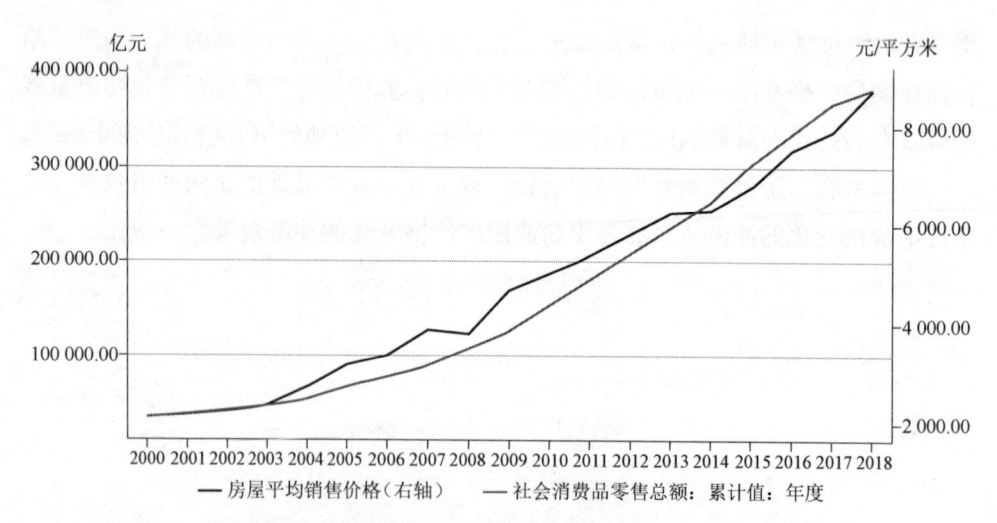

图5-7　商品房价格与社会消费品零售总额变化趋势（2000~2018年）

数据来源：WIND 数据库

（二）基于 FAVAR 模型的房价对消费的脉冲响应分析

图 5-8（a）反映了消费品零售额变动对商品房房价变动的脉冲响应。给定房价变动一个单位的标准差冲击后，消费品零售额变化初始呈现 -0.0156 左右的负向脉冲响应，以拱形状态持续到第四期达到负向极值约 -0.033，之后向稳态移动，至第七期时衰减至零。从商品房的两种构成——住宅和商业用房来看，它们的价格变动对消费品零售额变动的脉冲响应结果明显不同。图 5-8（b）反映了消费品零售额变动对住宅价格变动的脉冲响应，给定住宅价格变动一个单位的标准差冲击后，消费品零售额变化初始负向变化，在第二期达到负向极值 -0.0558，之后负值呈现缩小趋势，到第五期后衰减至零。图 5-8（c）反映了消费品零售额变动对商业用房价格变动的脉冲响应，给定商业用房价格变动一个单位的标准差冲击后，消费品零售额变化初始呈现负值，但是迅速正向移动并在第二期达到极大约，之后开始衰减至第五期达到最小约 -0.016，最终到第七期衰减至零。出现图 5-8（b）和图 5-8（c）结果有所不同的一个解释在于：一般居民对住宅的投资支出已经占用了家庭大部分积蓄，因此消费支出有所节约，而对于商业用房持有者而言，商业用房流动性更强，价格上升意味着租金或者房屋转让金的上涨，也就意味着财富和收入的增加，因此并不会显著地抑制他们的消费。相较而言，消费品零售额变动对住宅价格变动的负向脉冲响应效果要强于消费品零售额变动对商业用房价

格变动的正向脉冲响应。因此从总体来看，消费品零售额变动对房价变动的脉冲呈现负响应。

结合房价对投资和消费的传导效果来看，房价变动的投资拉动效果明显，房价上涨会拉动固定资产投资的迅速增长，但是房价变动对消费的财富效应基本不存在，房价上涨并没有增加而是降低了居民的消费额，对消费存在"挤出效应"，因此说房价上涨拉动了投资需求但同时抑制了消费需求。

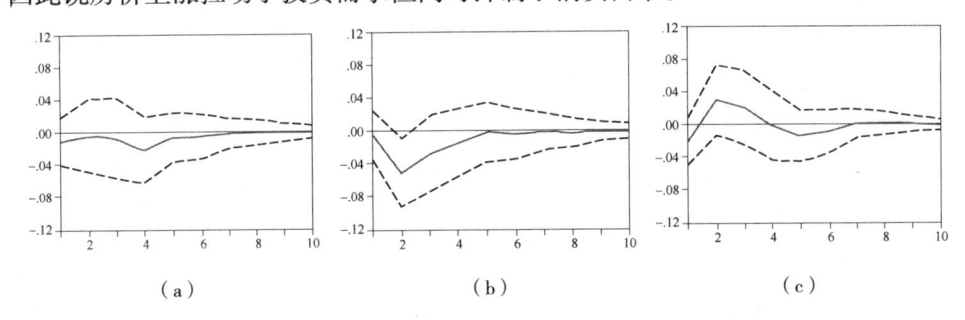

图5-8 消费品零售额变动对商品房价格、住宅价格以及商业用房价格变动的脉冲响应

注：图5-8(a)表示消费品零售额变动对房价变动冲击后的脉冲响应；图5-8(b)表示消费品零售额变动对住宅价格变动冲击后的脉冲响应；图5-8(c)表示消费品零售额变动对商业用房价格变动冲击后的脉冲响应

三、房价对投资结构和消费结构的影响

(一)房价变动对投资结构的影响

图5-9(a)反映了城镇固定资产投资额变动对房价变动的脉冲响应。给定房价变动一个单位的标准差正向冲击后，城镇固定资产投资变化初始呈现0.0053左右的正向脉冲响应，持续缓慢增长一期达到最大约0.0064后开始减弱，到第四期后衰减至零。从城镇固定资产投资的两种基本构成——城镇房地产投资开发额和非房地产固定资产投资额来看，它们对房价变动的脉冲响应结果明显不同。图5-9(b)反映了城镇房地产投资开发额对房价变动的脉冲响应，给定房价变动一个单位的标准差正向冲击后，城镇房地产投资开发额变动额初始呈现0.0026单位的响应，持续到第二期后缓慢下行，至第四期逐渐衰减至零。图5-9(c)反映了非房地产固定资产投资额变动对房价变动的脉冲响应，给定房价变动一个单位的标准差正向冲击后，非房地产固定资产投资额变动由微弱正值缓慢下滑，至第三期开始呈现显著负响应，第四期达到极值约-0.0023，

并在第五期后衰减至零。

总体来看，城镇固定资产投资额变动对房价变动呈现显著的正向脉冲响应，房价上涨对投资的拉动效果明显，但是从投资结构分析来看，城镇房地产投资与非房地产固定资产投资对房价变动的脉冲响应存在差异，前者的正向影响效果明显，后者存在一定的负向影响效果。这说明虽然房价上涨对整体投资的拉动效果明显，但是内部具有投资方向的转移效应，房地产投资抑制了非房地产投资，或者存在非房地产投资领域的资金向房地产投资领域转移的情况，我国投资结构存在明显的房地产化。

为进一步验证房价变动对投资结构的影响，这里研究几种典型的与建筑业紧密相关的工业中间产品对房价变动的脉冲响应。图 5-9(d) ~ 图 5-9(g) 分别表示工业品粗钢销量变动、十种有色金属销量变动、水泥销量变动和烧碱销量变动对房价变化的脉冲响应，给定房价变动一个单位的标准差正向冲击后，四大类工业品在初期基本呈现显著的正向响应。

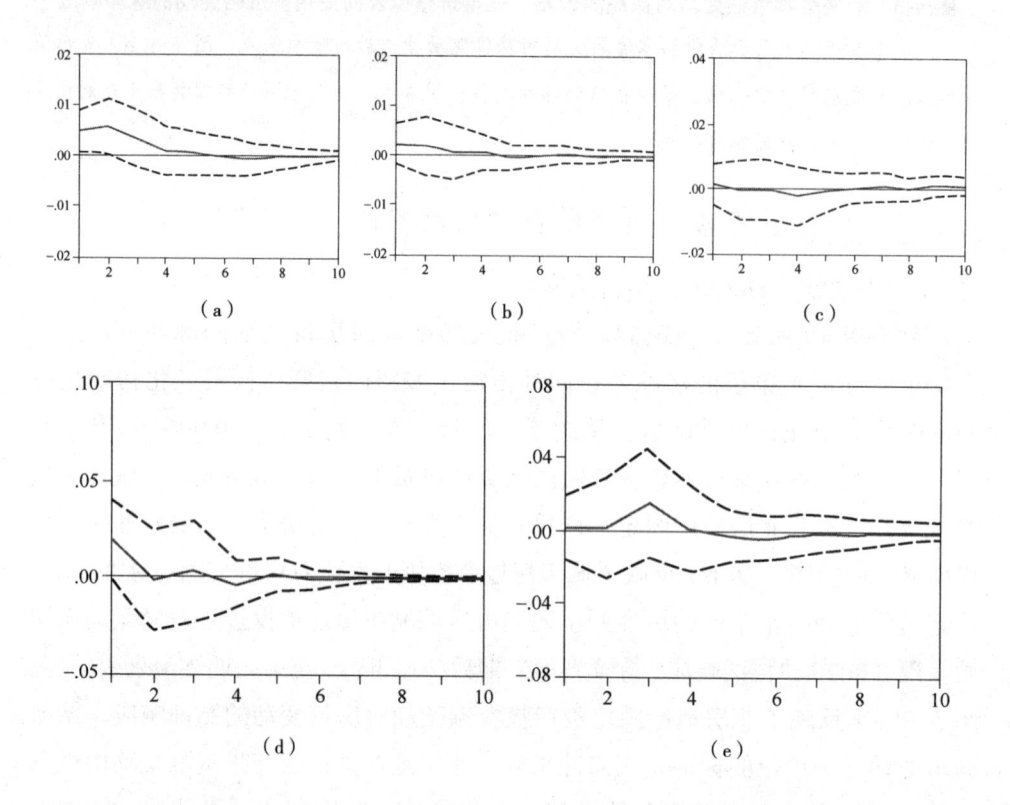

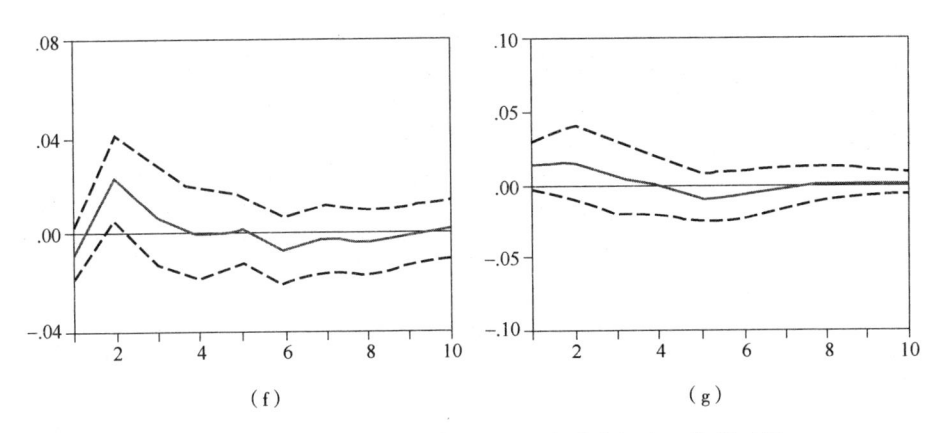

第五章 货币政策房价传导机制的实证分析：从房价到货币政策目标

图5-9 城镇固定资产投资额、城镇房地产投资开发额以及城镇非房地产固定资产投资额分别对房价的脉冲响应

注：图5-9(a)表示城镇固定资产投资额变动对房价变动冲击后的脉冲响应；图5-9(b)表示城镇房地产投资开发额对房价变动冲击后的脉冲响应；图5-9(c)表示非房地产固定资产投资额变动对房价变动冲击；图5-9(d)~图5-9(g)分别表示粗钢销量变化、十种有色金属销量变化、水泥销量变化和烧碱销量变化对房价变化的脉冲响应结果

（二）房价变动对产品消费结构的影响

图5-10(a)和5-10(b)分别表示城镇家庭食品消费支出、衣着消费支出以及交通与通信消费支出对房价变动的脉冲响应。给定房价变动一个单位的标准差正向冲击后，食品消费额初始呈现负响应约-0.012，之后上行，到第三期达到正向最大值约0.016，到第四期后衰减至零；衣着消费额在第一期呈现正响应，但随后负向移动，到第三期达到负向极值约0.016，之后上行，到第四期衰减至零；交通与通信初期为负响应值约-0.0175，之后上行达到0.012，然后震动到第四期后衰减至零。图5-10(c)至图5-10(f)分别表示家庭设备与服务消费支出、医疗保健消费支出以及娱乐教育文化消费支出对房价变化的脉冲响应，给定房价变动一个单位的标准差正向冲击后，这三类消费支出额基本呈现负向响应。

由此看出，房价上涨对食品和衣着这类具有刚性消费特征的产品消费额不存在显著的负向影响，但是对家庭设备与服务、医疗保健以及娱乐教育文化的消费额存在负面影响，特别是后两项更高层次的消费需求抑制作用明显。因此从消费的内部结构来看，房价上涨存在的负向财富效应，更多地体现在对耐用消费品和精神层面消费的抑制作用上，或者说高房价不利于需求结构的升级，改善性和服务性的消费需求被"挤出"。

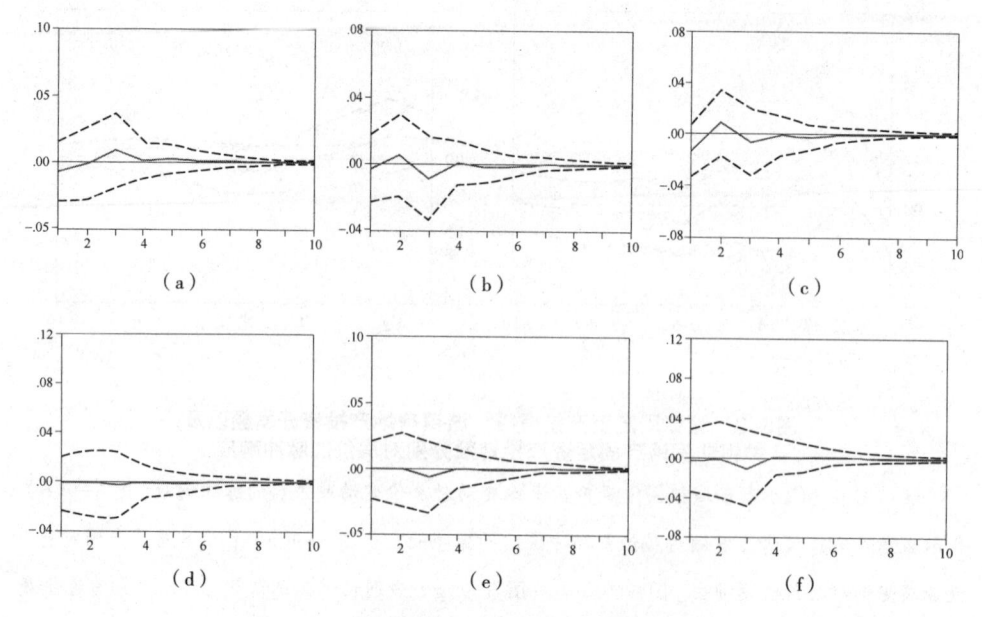

图5-10　各项消费支出对房价变化的脉冲响应

注：图 5-10（a）~ 图 5-10（b）分别表示城镇家庭各项消费支出（食品、衣着、交通与通信、家庭设备与服务、医疗保健以及娱乐教育文化）对房价变化的脉冲响应结果

（三）房价变动影响投资与消费结构的机理

当把商品房投资完成额看成是房地产的供给，把商品房销售面积看成是房地产的需求，那么按照传统的西方经济学供需定理，房价上涨会刺激商品房投资并抑制其销售量，从而使房价达到均衡。但是值得怀疑的是，房价上涨真能抑制其销售量吗？考察我国 1999 年第一季度至 2018 年第四季度情况，如图 5-11 所示，1999 ~ 2018 年间，除开 2018 年度外，商品房价格与商品房销售面积（以此代表房地产的需求状况）基本同步变化，其中以 2005 年后的变化趋势最为明显。房价上涨并没有抑制房地产的需求，相反，房价上涨提高了投资者对房价再次上涨的预期，刺激了投资者对房地产的需求，呈现出与股市类似的"追涨杀跌"的非理性投资行为。直到 2018 年开始，房价的显著拉升并未引起商品房销售面积的显著增长，这是否意味着房地产投资长期非理性繁荣的趋势将会发生逆转，进而房价有调整的内在需求？这是未来值得研究的一个问题。

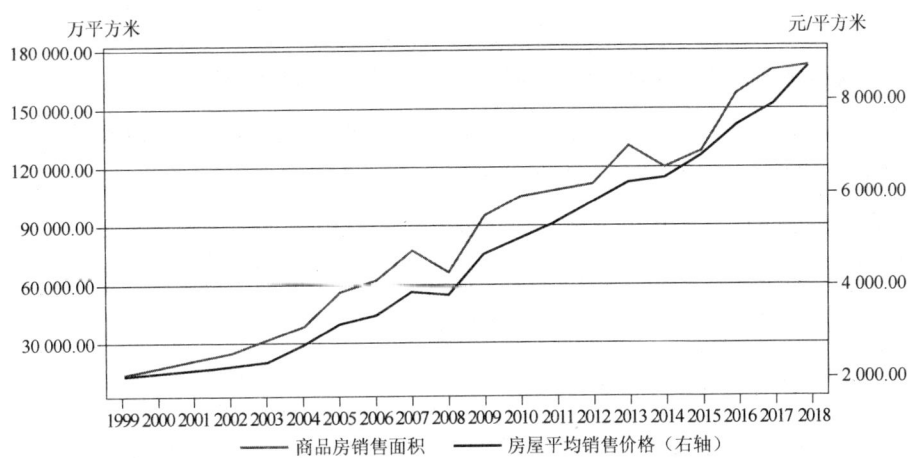

第五章　货币政策房价传导机制的实证分析：从房价到货币政策目标

图5-11　商品房价格与商品房销售面积变动图（1999~2018年）

数据来源：WIND数据库

结合图5-11以及房价变动对投资结构和产品消费结构的脉冲响应结果，对房价变动影响投资与消费结构变动的作用机理分阶段分析如下：

（1）房价上涨使得房地产投资需求增加，销售额加大。这一步是分析的起点，也是理解的关键，需要从房地产特有的投资属性、目前我国住房民生的实际情况以及政策环境去理解。首先，从投资属性来看，房地产特别是住房既可以像一般商品一样自用（首套房的个人自住），也可以作为一项资产进行投资，通过持有期资产溢价获得收益，并以此为抵押进行再融资，实现资产证券化，这就使得以房地产作为投资载体的方式成为现实。其次，从我国目前的住房民生实际情况来看，房地产几乎属于生活必需品，受文化传统和习俗的影响，"人人有房产"的理念远远强于"人人居有所"，年轻人婚房的压力更催生了住房的现实需求，但是从目前我国人均住房拥有率来看，这一比值又非常低，人口老龄化导致的房产剩余还远未临近，因此未来房产的需求量仍然十分巨大，随着人们收入的逐步提高，房地产需求会源源不断地得到释放，投资者就是看到了这块大蛋糕，乐此不彼地投资购买房地产。最后，从政策环境来看，1998年住房市场化改革以来，房地产的逐步发展和我国近年来宽松的财政、货币政策有紧密的联系，住房抵押贷款本身所具备的预售制、利率打折优惠等措施使得房地产业有优先发展机会，在宽松货币政策释放的超额流动性支持下，房地产作为重要的投资渠道成为现实。房价上涨既反映了流动性进一步充足的信号，也意味着未来房地产需求的加速折现，因此更刺激了房地产投资需求的增加和销售额的加大。

（2）资源向房地产相关领域转移，投资结构变动，实体投资需求不足。房价持续上涨带来的高利润兴起房地产投资热，一般制造业利润相对薄弱，资源向房地产相关领域转移，主要带动水泥、钢铁、有色金属等高碳产业，以及与房贷有关的投融资部门，但结果会出现两种不平衡，一方面是部门资源配给的不平衡，其结果是会加大收入分配的差距，马太效应凸显，财富开始集中，实际上又增加了房地产的购买需求；另一方面是投资渠道的不平衡，实体经济投资不足，投资结构变动。经济增长对房地产业的依赖逐步增强。

（3）两大部类失衡，正常消费需求不足，内生发展循环动力不足。以房地产制造业带动的工业品生产部门过于旺盛，储蓄和资源主要用于扩大生产再投资，延迟了消费需求，消费品生产部门供给相对过剩，消费结构变动，消费需求相对不足，与实体投资需求不足同时存在，经济内生发展循环动力不足。

（4）非理性繁荣和结构性失衡。完全依赖房地产业发展的经济增长方式是一种粗放、高碳、非和谐的经济增长方式，通常的结果是走向狂热的非理性繁荣。一旦当局发现房地产泡沫隐患并刺破，这种经济增长链条就会断裂，增长动力就会衰竭。同时，非理性繁荣往往会伴随另一现象——经济结构失衡，狂热的资产投机热潮颠覆了实体资源配置体系，经济繁荣过后的萧条来临，投资需求和消费需求双双下降，经济内生发展循环动力也出现不足，经济发展速度开始回落。这种非理性繁荣的破灭和内生发展循环动力的衰竭将是经济危机长期存在的根源。其运行原理如图5-12所示：

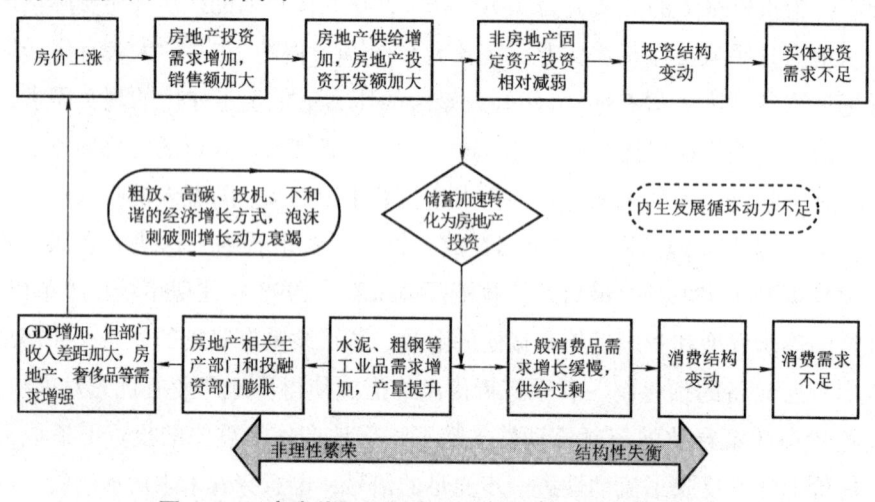

图5-12 高房价促使投资结构与消费结构失衡的机理

第三节 房价影响物价的传导效应分析

一、房价与物价的相关性分析

以股票价格为代表的资产价格与物价之间关系的研究成果已很丰富，而研究房价与物价之间关系的文章近年来才开始涉足，二者之间的关系十分复杂，不同学者的研究结果差异较大。汪小亚和代鹏（2005）较早研究了我国资产价格与 CPI 的关系，认为资产价格变化对于物价水平的影响与作用机制是相当迂回和间接的。张建波（2011）构建了包括真实货币供应量、真实短期利率、真实有效汇率、真实股票价格和真实房地产价格在内的金融条件指数（FCI）来检验其对通货膨胀率（CPI）的预测效果，发现且房价的影响大于股价的影响。张健华和常黎（2011）利用中国人民银行城镇储户问卷调查数据，采用时变参数法估算了 1999～2011 年我国居民的预期通货膨胀率，发现真实通胀水平和产出缺口对通胀预期影响最大，而近年来，伴随着房地产价格的快速上涨，房价对通胀预期的影响日益显著。邓瑛（2012）从货币及资产价格的视角对国外相关研究进行了梳理，通过比较研究发现"资产型通货膨胀"已经成为后危机时代一个亟需研究的问题，传统的通货膨胀理论和现有的货币政策范式亟待改进。刘华伟和杨娟（2012）通过建立向量误差修正模型（VECM），研究了商品市场和资产市场的价格传导机制，结果表明物价、房价、股价等变量之间存在显著的协整关系。谭政勋（2013）对房价、CPI 与货币政策传导机制的中美比较研究中发现，中国的房价和 CPI 之间的相互作用远大于美国，CPI 是推动中国房价上涨的主要因素之一。王康等（2016）利用面板门限模型实证研究发现房价波动对物价波动表现出非线性正向影响。冉珍梅、钟坚（2018）研究发现房价变动对物价具有正向作用，地价能通过房价的传导机制影响物价。

如前文所述，对于房价与物价之间因果关系的说法莫衷一是，主要原因在于考察的时间段的不同，但是不管怎样基本都认为房价与物价之间存在相互影响。由于房价包含的内容较多，为能正确反映房价与物价之间的关系，这里以房屋平均销售价格代表房价，以 CPI 定基价格指数（1978 年为基期 100）代表物价，研究二者之间的关系。

如图 5-13 所示，房价和物价总体呈现一致性向上趋势，异常年份主要出现在 2008 年，由于次贷危机等因素的影响房价出现短暂时期较大幅度回落，物价并未同期显著下行，而是存在一年左右的滞后期，2009 年份物价才有所回落，但是随着房价迅速恢复并继续上涨，物价也随之调整继续上行。从房价与物价的交叉相关系数（图 5-14）来看二者相关性较高，在滞后和超前两期的情况下相关性都达到了 80%。

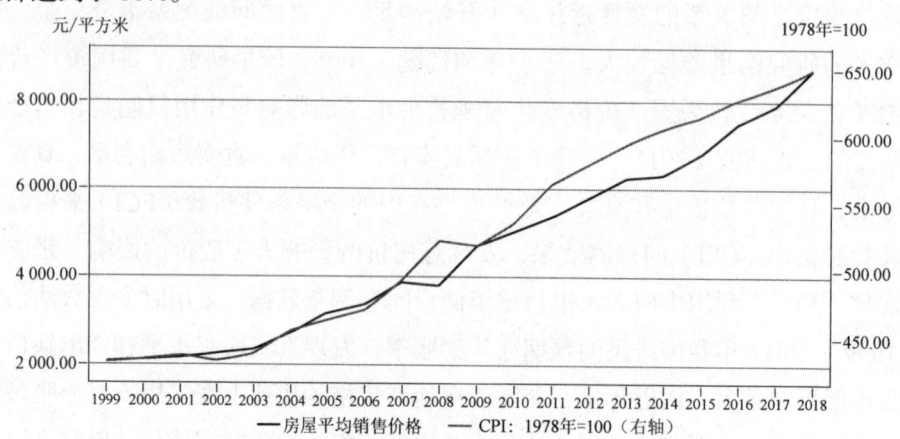

图5-13　房价与物价走势（1999~2018年）

数据来源：WIND 数据库

SP,CPI(-i)	SP,CPI(+i)	i	lag	lead
		0	0.9062	0.9062
		1	0.8532	0.8552
		2	0.8047	0.8030
		3	0.7531	0.7423
		4	0.6957	0.6847
		5	0.6491	0.6315
		6	0.6036	0.5893
		7	0.5605	0.5435
		8	0.5059	0.4895
		9	0.4519	0.4363
		10	0.3925	0.3713
		11	0.3268	0.2965
		12	0.2488	0.2162
		13	0.1862	0.1475
		14	0.1251	0.0749
		15	0.0712	0.0019
		16	0.0103	-0.0684
		17	-0.0357	-0.1296
		18	-0.0727	-0.1957
		19	-0.1058	-0.2695
		20	-0.1475	-0.2953

图5-14　房价与物价的交叉相关系数

为探明房价与物价之间的内在因果关系，在此利用格兰杰因果检验法来进行验证。检验结果表明，我国房价变动是 CPI 变动的格兰杰原因，房价上扬助涨了物价，而 CPI 变动不是房价变动的格兰杰原因，物价上涨不是房价上涨的初始动力（表 5-2）。

第五章 货币政策房价传导机制的实证分析：从房价到货币政策目标

表5-2 房价与CPI的格兰杰因果关系检验

原假设	F-检验	概率值	结论
房价变动不是CPI变动的格兰杰原因	3.4365	0.0552	拒绝
CPI变动不是房价变动的格兰杰原因	0.3923	0.6264	接受

注：最优滞后期根据AIC和SC准则确定，原始数据来源于WIND数据库

二、房价对物价的影响

图 5-15 是基于 FAVAR 模型的物价对各类房价的脉冲响应结果。图 5-15(a) 反映了物价变动对房价变动的脉冲响应，给定房价变动一个单位标准差的正向冲击后，物价在第二期开始出现正向响应，第三期达到最大约 0.0012，第四期开始回落，并在第五期衰减至零。从商品房的两种基本构成——住宅和商业营业用房来看，物价对它们各自价格变动的脉冲响应结果明显不同。图 5-15(b) 反映了物价变动对住宅价格变动的脉冲响应，给定住宅变动一个单位标准差的正向冲击后，物价在初始就呈现正响应，并在第二期达到最大约 0.0019，之后开始快速衰减，在第三期后震荡至微弱负值，第六期后衰减至零。图 5-15(c) 反映了物价变动对商业营业用房价格变动的脉冲响应，给定商业营业用房价格变动一个单位标准差的正向冲击后，物价初始呈现负值，第二期后收敛但是有微弱震荡。图 5-15(d) 至图 5-15(f) 是对住宅类型分解后，物价分别对普通住宅价格、高档住宅价格以及经济适用房价格的脉冲响应结果。可以看出物价对普通住宅价格变动的正向脉冲响应结果最为显著，对高档住宅价格呈现一定程度的负响应，对经济适用房价格的正向脉冲响应比较微弱。

总体来看，物价变动对总体房价变动呈现正向脉冲响应，其中对普通住宅价格变动的正向脉冲响应最为显著，对商业营业用房价格以及高档住宅价格呈现一定的负响应，说明普通住宅价格上扬对推动物价上涨的作用最明显。

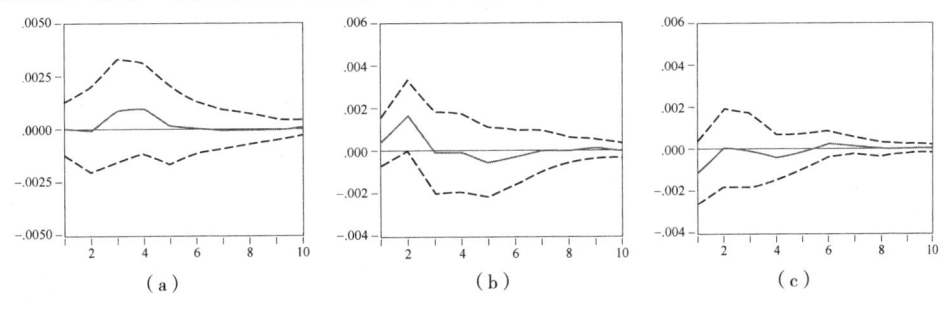

图5-15 物价对各类房价的脉冲响应

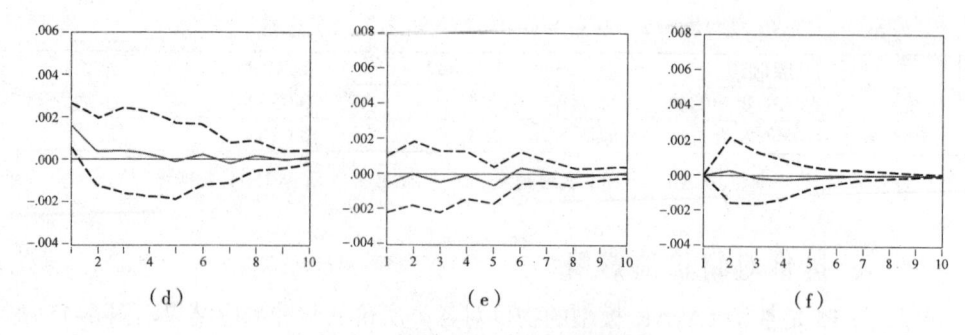

图5-15　物价对各类房价的脉冲响应

注：图 5-15（a）～图 5-15（f）分别表示物价变动对商品房价格变动的脉冲响应，物价变动对住宅价格变动的脉冲响应，物价变动对商业用房价格变动的脉冲响应，物价变动对普通住宅价格变动的脉冲响应，物价变动对高档住宅价格变动的脉冲响应，物价变动对经济适用房价格变动的脉冲响应

第四节　房价影响物价结构的传导效应分析

一、CPI各项对房价的脉冲响应分析

图 5-16 反映了 CPI 包含的八项分类指数变化对房价变化的脉冲响应结果。给定房价变动一个单位标准差的正向冲击，发现食品价格、烟酒及用品价格、衣着价格、家庭设备用品与服务价格、交通和通讯价格以及居住价格的变动基本呈现正向脉冲响应，说明房价的上涨对食品、烟酒、衣着、家庭设备、交通通讯以及房屋装修与房租等价格的上扬具有推动作用。相反的是，给定房价变动一个单位标准差的正向冲击，发现医疗保健和个人用品价格、娱乐教育文化用品与服务价格两项的变动基本呈现负向脉冲响应，但不能由此得出结论说房价的上涨对医疗保健用品价格和娱乐教育文化用品价格有抑制作用，实际上，自 2000 年以来，我国医疗和教育改革力度较大。医疗保险覆盖率逐步提高，医疗保健和个人用品价格虽有所上扬但是不及房价上涨速度；教育方面，1999 年的大学扩招收费政策使得学费涨幅一步到位，2006 年开始，我国又全部免除西部地区农村义务教育阶段学生学杂费，2007 年扩大到中部和东部地区，这些政策都使得教育文化用品价格涨幅有限，因此才呈现出医疗保健和个人用品价格、娱乐教育文化用品与服务价格两项变动面对房价变动的冲击呈现出负向脉冲响应的结果。这也侧面

反映了近年来我国居民面临的生活支出"三座大山"（住房、医疗和教育）中负担最重的是住房支出。

（a）食品价格对房价的脉冲响应

（b）烟酒及用品价格对房价的脉冲响应

（c）衣着价格对房价的脉冲响应

（d）家庭设备用品价格对房价的脉冲响应

（e）医疗保健对房价的脉冲响应

（f）交通和通讯价格对房价的脉冲响应

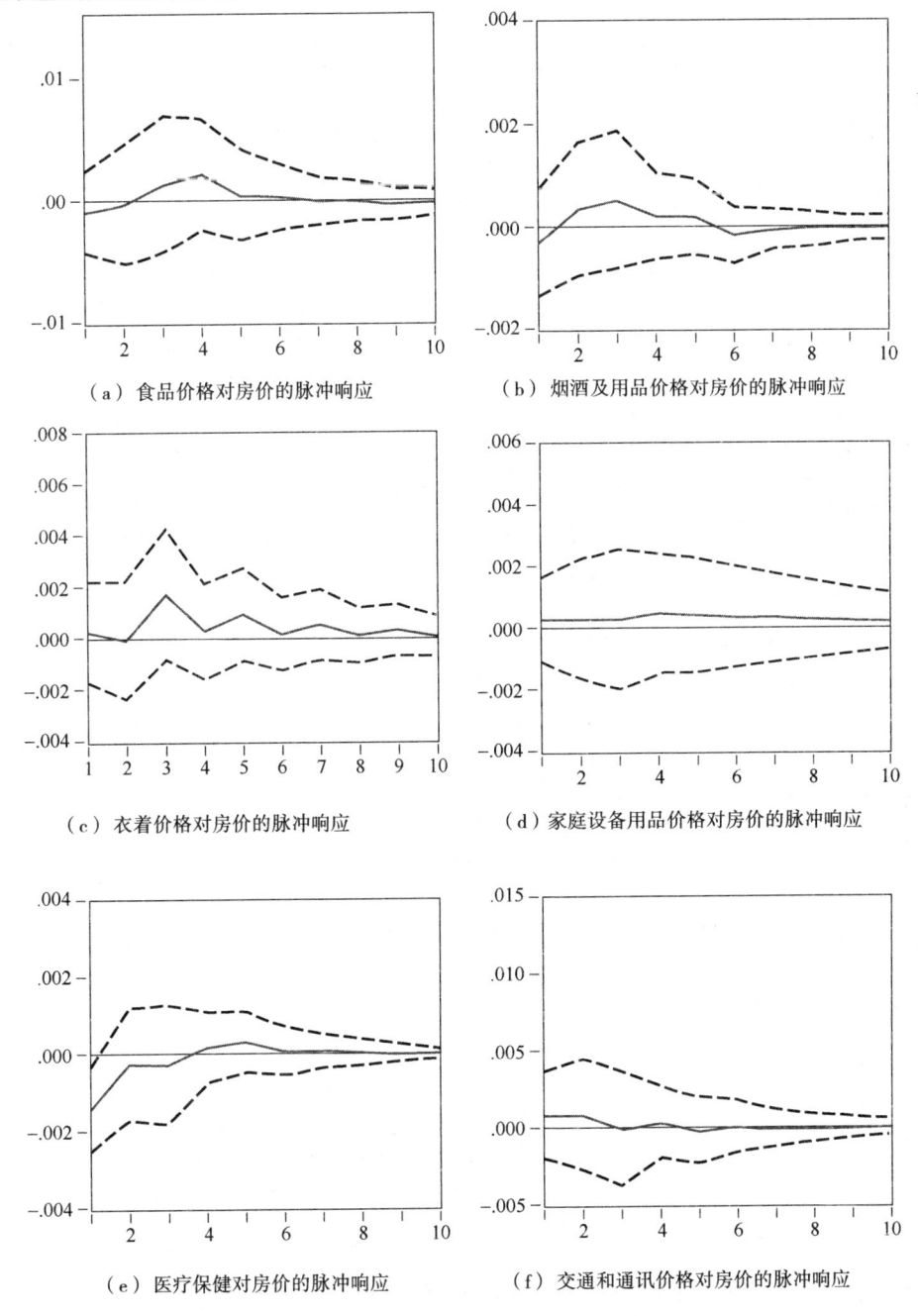

图5-16　CPI分类价格指数对房价的脉冲响应

（g）娱乐教育文化价格对房价的脉冲响应　　（h）居住价格对房价的脉冲响应

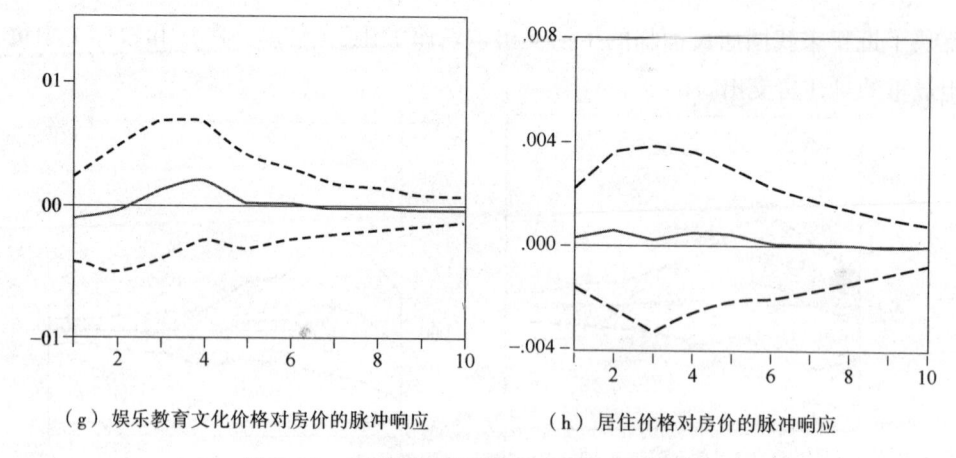

图5-16　CPI分类价格指数对房价的脉冲响应

二、房价影响物价的机理分析

由格兰杰因果检验得知，近年来我国房价变动是物价变动的格兰杰原因，房价上涨引起物价上扬。房价引起物价变化的内在机理是什么呢，结合前文分析得知，至少有三个效应在发挥着作用。

首先是房价和物价的联动效应越来越强。在各国物价指数的统计中，房地产买卖虽然作为一项投资交易而不把房价统计在物价指数在内，但是房价确实反映了初级产品的价格水平。房价的上涨一般伴随着钢材、水泥、劳工等价格水平的上升，一般来说这些初级产品价格的上涨很容易传导到消费品的价格。而且，在我国CPI八项统计当中，其中一项为"居住"项目，主要包括建房及装修材料费用、房租、房屋维修费、物业费等，虽然不直接反映房价，但与房价的实际构成有交叉点。因此说，房价与物价的联系越来越紧密，房价变化能够传导到物价变化。

其次是房价上涨带来的负的财富效应。与股票等资本品体现的特征相反，房价上涨带来负的财富效应，居民对房地产的大额投入已耗费了绝大多数的财富，可支配现金和储蓄存款不足，消费增速反而下降，短期来看消费需求的下降会对物价产生一个负向冲击，但是由于房价持续上扬导致的流动性过剩，以及房地产领域高价格水平产品与其他领域相对较低价格水平产品的交换，最终会逐渐充斥到农产品初级材料价格、房租水平、化工原料等领域，从而对物价水平起到拉动作用。

最后是房价上涨的预期效应。房价上涨很大程度受宽松货币政策的预期，同时自身也对通胀水平形成预期，根据行为金融学"预期的自我强化效应"原理，房价上涨促使物价上涨的因素更快实现，最终推动物价水平上涨成为现实。

第五节　本章小结

　　房价对宏观经济的传导效果分析是货币政策房价传导机制的第二环节。本章首先从我国房价与宏观经济（经济增长和物价水平）之间的相关性描述出发，发现二者的变动趋势。然后，在FAVAR计量模型的分析框架下，重点利用格兰杰因果关系检验和脉冲响应方法，研究了房价对宏观经济（经济增长水平和物价水平）的传导效果，以及房价对经济结构变动（本书界定在投资结构、消费结构以及物价结构）的影响。

　　研究发现，房价变动对宏观经济发展的主要目标，也就是对经济增长水平与物价水平方面，存在显著的影响效果。经济增长方面：房价变动是GDP变动的格兰杰原因，房价上涨会引起GDP的增加。比较各类房价（普通住宅价格、高档住宅价格、经济适用房价格以及商业用房价格）的作用来看，普通住宅价格变动对GDP的影响效果最强。物价方面：房价变动是CPI变动的格兰杰原因，房价上涨会促使物价上扬。比较各类房价的作用来看，也是普通住宅价格对物价的作用效果最为显著。

　　房价变动对我国投资结构、消费结构以及物价结构的变动存在显著的冲击效应。表现为：①房价上涨特别是普通住宅价格的上涨刺激了城镇房地产投资的增速，但同时抑制了非房地产固定投资增速。高房价加剧了我国投资的房地产化；②房价上涨对食品和衣着这类具有刚性消费特征的产品消费额不存在显著的负向影响，但是对家庭设备与服务、医疗保健以及娱乐教育文化的消费额存在负面影响，特别是后两项更高层次的消费需求抑制作用明显。因此从消费的内部结构来看，房价上涨存在的负向财富效应，更多地体现在对耐用消费品和精神层面消费的抑制作用上，或者说高房价不利于需求结构的升级，改善性和服务性的消费需求被"挤出"。③房价变动对物价变动存在正向冲击效应，其中普通住宅价格上涨对推高物价的作用最强。从物价的结构分解来看，房价的上涨对医疗保健和个人用品价格、娱乐教育文化用品与服务两项价格的变动不存在正向推动作用，但是对食品、烟酒、衣着、家庭设备、交通通讯以及房屋装修与房租等价格的上扬具有显著正向推动作用。

第六章 发达国家货币政策房价传导机制的实践：日、美案例

纵观历史上出现的经济周期，不难发现一个极其相似的运行过程：资金流动性充裕，经济繁荣，股市或者楼市猛涨，政策紧缩，资产价值缩水，经济衰退。在经济周期中，房地产作为既具有实体经济特征又具有资产的性质，导致了房价在一定的经济环境下特别是经济膨胀时期具有不稳定性，货币政策通过房价为载体对宏观经济产生显著影响，日本的房地产泡沫和美国次贷危机是这一货币政策传导机制的真实写照。

第一节 日本房地产泡沫时期货币政策房价传导机制

一、货币政策视角下日本房地产泡沫的形成与发展

日本的房地产泡沫起源于20世纪80年代中后期，一般认为1987～1997年是日本泡沫经济形成、发展和崩溃的时期，称之为"失去的十年"。日本的房地产泡沫从形成到破灭，与当局的货币政策有很大的关系。

货币政策视角下日本房地产泡沫发展过程如下：

（一）宽松的货币政策推动了房地产泡沫的形成

第二次世界大战结束后，美国为培养日本成为东亚的利益共同体以约束社会主义阵营，从资本和技术上向日本提供援助，加之日本坚韧和勇于创新的企业精神，促使日本经济在20世纪60年代开始迅速增长，从战后到70年代初期，日本实现了每年10%以上的经济增长奇迹，到80年代一跃成为世界上第二大经济体。日本的经济主要依靠出口拉动，在1982年、1983年和1984年外需最强劲的

第六章 发达国家货币政策房价传导机制的实践：日、美案例

3年，日本经常项目盈余分别达到66.3亿美元、194.1亿美元、323.6亿美元。与之对应的是美国收支逆差，迫于压力日本在1985年与美国签署了闻名的"广场协议"，该协议规定，日本政府要在两年半时间内将日元兑美元的汇率从237：1升值到120：1。日本政府预测到日元升值会对出口产生不利影响，于是迅速采取了扩张性财政与货币政策刺激内需，包括增加公共事业投资、减税、扩大放贷和降息等措施，目的是将经济结构从出口型转向国际协调型，这实际上是在广场协议背景下的政策协调路线。日本央行的数据显示（表6-1），1986年1月至1987年2月间，日本银行（央行）连续5次降息，将贴现率从5%降至2.5%，在当时为日本历史上最低。

表6-1 20世纪80年代后期以后日本中央银行再贴现率的变动趋势

变动日期	1986.1.30	3.1	4.21	11.1	1987.2.23	1989.5.31	10.11	12.25
水平（%）	4.50	4.00	3.50	3.00	2.50	3.25	3.75	4.25
变动日期	1990.3.20	8.30	1991.7.1	11.14	12.30	1992.4.1	7.27	
水平（%）	5.25	6.00	5.50	5.00	4.50	3.75	3.25	

在美国认为纠正美元汇率过高的目标实现后，1987年2月，七国集团（G7）又缔结了旨在稳定七国间美元汇率的《卢浮宫协议》，这使得日元升值的压力更大，日元升值预期极大地刺激了境外资金大规模地流入，日本央行不得不干预外汇市场，向市场抛售日元并买入美元试图降低日元升值速度，其结果是加速了"流动性过剩"。如表6-2所示，1987~1990年期间，日本的广义货币供应量（M_2+CD）增长率超过了10%，而这一时期经济平均增速只有4%左右，货币供应量明显超出了实际GDP的增长速度。

表6-2 泡沫时期日本金融经济情况

年份	M_2（万亿日元）	M_2增速（%）	GDP（万亿日元）	GDP增速（%）	实际GDP增速（%）	M_2/GDP	土地资产总值（万亿日元）
1986	321	8.7	335	4.6	3.1	0.956	280
1987	354	10.4	350	4.7	4.9	1.012	449
1988	394	11.2	374	6.5	3.8	1.053	529
1989	433	9.9	400	6.9	4.5	1.082	521
1990	483	11.7	430	7.7	5.1	1.123	517
1991	501	3.6	458	5.3	2.9	1.092	504
1992	504	0.6	471	1.8	0.4	1.069	428

数据来源：《世界经济统计年鉴》

与此同时，日本的优势产业诸如家电、半导体、汽车等在20世纪80年代已达到或超越欧美水平，许多生产基地开始转移到国外，产能已经存在过剩，实体经济投资对资金的吸纳有限，货币供给的增加就被吸引至房地产、股票等资产市场，为资产价格的膨胀奠定了基础。持续多年的低利率和充足的货币供给刺激了经济投机活动，日本资产价格持续5年上涨，泡沫明显。如表6-3所示，1986年日本土地资产总额只有280万亿元，到1988年2年时间就上升到峰值529万亿日元，增长了近一倍。据统计截至1990年日本土地总价值比同期美国土地资产总值还要多4倍，仅东京的地价就相当于全美土地价格，从房价收入比来看，1990年东京都市圈的住宅价格与居民年收入之比已经超过了10倍，在核心地区更高达20倍，远远超过了国际公认的3~6倍正常水平。

表6-3　日本地价与租金的变动趋势（1980~1990年）

年份	商业用地价格 东京	大阪	租金 东京	大阪	GDP —
1980	100.0	100.0	100.0	100.0	100.0
1981	109.3	108.5	105.5	101.4	105.9
1982	116.2	116.2	111.7	106.0	111.1
1983	122.6	121.0	116.3	114.3	115.9
1984	134.0	125.7	124.9	120.2	123.6
1985	150.6	132.0	128.1	123.3	131.1
1986	184.2	141.2	141.4	132.9	136.5
1987	324.5	159.8	180.4	142.3	143.2
1988	417.6	219.3	208.6	143.3	151.9
1989	413.9	297.4	231.0	152.0	161.7
1990	421.7	435.1	258.6	186.4	170.2

注：商业用地价格、租金以及GDP均以1980年为100的指数。资料来源：《世界经济统计年鉴》

（二）过度金融自由化为日本房地产泡沫创造了环境

1970年代罗纳德·麦金农(R.J.Mckinnon)和爱德华·肖(E.S.Show)提出"金融自由化"理论受到重视并追捧，许多政府主导型经济体逐步向市场主导型经济体转变，掀起了金融自由化的热潮。1984年日本大藏省公布《金融自由化与日元国际化的现状和发展》报告标志着日本金融自由化的开始，实施了放宽利率限度、开放银行业务、解除资本账户管制等金融自由化和国际化的政策。金融自由化使得日本企业的融资更加方便，直接融资和金融创新盛行，企业把筹措到的大部分资金又回流到高收益的金融资产和土地交易中去。

以房地产为抵押物的金融加速器效应十分明显。利率的自由化后存贷利率差逐渐缩小迫使银行不得不开拓新的市场,日本稀缺的土地资源隐含的升值潜力受到银行的重视,商业银行更加偏好以土地做抵押发放贷款,银行的资金配置于是倾向于房地产相关的领域。贷款"顺周期"效应加速了房地产泡沫的累积,房地产升值越快,抵押品价值越高,银行就越愿意提供贷款。在80年代中期,日本的商业银行对非制造业,特别是向建筑业、不动产业和金融中介业发放的贷款额大幅度增加,如图6-1所示,1986年商业银行向建筑业发放贷款增速接近33%,达到历史顶峰,1987年商业银行向金融保险业的融资也达到了28%的增速。当银行直接向不动产业和建筑业发放贷款受到额度限制时,一些银行也能通过非银行金融机构间接向不动产和建筑业发放贷款,资金通过各种通道平台涌向房地产业。对住房需求者和投资者而言,商业银行提供的住房抵押贷款和流行的住房预售制为其提供了便利的资金支持,按揭贷款规模急剧膨胀,银行为投机者也提供了大量资金。

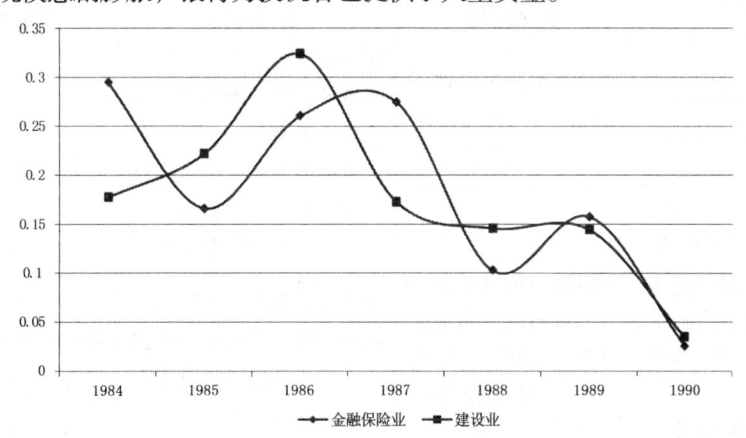

图6-1 日本各商业银行对金融保险业和建筑业发放贷款增速（1984~1990年）
资料来源:《世界经济统计年鉴》

（三）滞后和急剧的货币紧缩政策是日本房地产泡沫破灭的转折点

资产价格的快速上涨引起货币当局的担忧,通货膨胀和资产泡沫的预期越来越强烈,1989年,时任日本银行总裁的三重野警告日本社会说:"日本经济就像是一堆搁在火上的干柴。"为了给日本火热的经济浇一盆冷水,日本央行于1989年5月至1990年8月短短5个季度之内连续5次把央行贴现率由3.5%提高到6.0%。当日本金融当局1989年12月25日第3次提高央行贴现率后,市场就开始急剧反应，4天后（即1989年12月29日），日经指数最后一次创下历史新高38915点后开始急剧崩盘。日本房地产市场的崩盘要比股市的崩盘稍晚些，1989年日本首都圈中心地区的地价开始有所下跌，1990年范围扩展到首都圈外围以及大阪和名古屋等都市圈，1992年包括地方城市在内日本全国的地价开始全线下跌。以商业地价为例（图6-2），该指数从1986年的180涨到1990年的440左右，4年涨幅约2.5倍，到1994年又跌到240，跌幅超过1.8倍，下跌趋势一直持续到1990年代末，造成持续10年的房地产价格熊市。

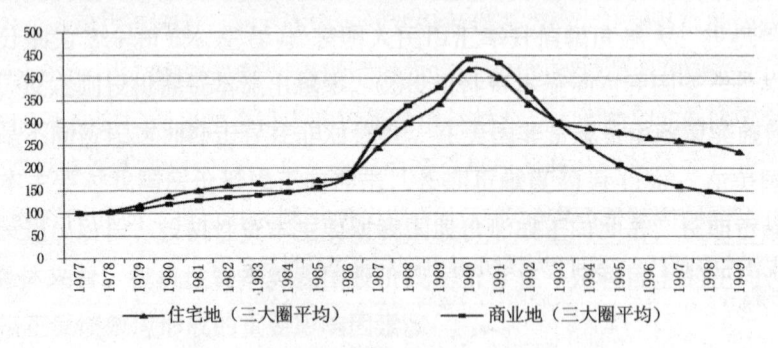

图6-2 日本房地产泡沫形成和崩溃趋势图

注：三大圈是指东京圈、大阪圈和名古屋圈，土地价格指数以1977年为基期100。资料来源：《世界经济统计年鉴》

伴随利率的提高，日本货币供应增速也开始锐减。广义货币供应增速从1990年的11.7%急剧降至1992年的0.6%，流动性的快速减弱造成企业资金链断裂，首当其中的就是对房地产业和商业银行的双重冲击。商业银行对不动产业、建筑业、金融中介机构发放的抵押贷款，因房地产市场的暴跌而变为不良债权的比例高达35.8%。日本大藏省于1992年10月公布的9月决算显示，21家最大的商业银行合计不良债权总额达到了12.3万亿日元，担保中无法保证回收的部分也扩大到约4万亿日元，并且大藏省提示这不是最终数据，危机持续发酵，不良债权与名义GDP之比高达11.9%。银行的"顺周期"信贷行为开始凸显，巨额不良债权及金融机构破产带来的金融恐慌，使得金融机构为求保全大量收紧信贷，大规模的信用收缩在全国蔓延，拖累了实体经济增长。企业倒闭潮拖累了银行，在"失去的十年中"一些支撑不住的商业银行也随之"失去"。据统计1992~2003年日本倒闭的银行总数达180家，其中最引人注目的是1997年日本十大银行之一的北海道拓殖银行和第四大券商山一证券的相继倒闭，是日本金融业在房地产泡沫后遭遇的最为严重的金融危机。

二、日本房地产泡沫的货币政策因素总结

（一）长期宽松的货币政策是房地产泡沫形成的基础

追溯日本房地产泡沫的初始成因来看，当局受外界不利因素的影响试图复苏经济而采取的宽松货币政策并未及时退出，宽松政策的惯性或者路径依赖往往成为泡沫形成的温床。日本政府本意是想通过宽松的金融政策消除"广场协定"后日元升值的不利影响，1986年1月至1987年2月连续5次降息，将央行贴现率从4.5%降至2.5%的历史低点，这种低利率水平保持长达27个月（1987年2月23日至1989年5月31日），同时央行向市场注入大量流动性，货币年增长速度达到10%以上，低利率难以留住银行储蓄，过剩的资本开始投机于地产以求增值。因此说，如果没有长期宽松的货币政策支持，不动产贷款增长不会大规模增长，房地产泡沫的膨胀程度也不会如此猛烈。

（二）货币政策反应不足和反应过度共存

从日本房地产泡沫过程来看，货币政策在前期面对资产价格膨胀的"反应不足"和后期泡沫出现后的"反应过度"是房地产泡沫产生和破裂的政策诱因。关于在泡沫时期货币政策是否应对资产泡沫做出反应，学术界有两派不同观点，一派认为除非它影响到对通货膨胀的预期，货币政策不应对资产价格膨胀有所行动，即无为论；另一派则认为对于资产价格与其基本面的偏离，货币政策应有反应，即有为论。伯南克和格特勒（1999）的研究是无为论派的代表观点，他们认为资产价格变动有总需求效应（即资产价格上升刺激总需求而下降则减少总需求），如果货币政策实行的是通货膨胀目标制，那么该政策将自动地在资产价格上升时提高利率，而在资产价格下降时降低利率，从而为通货膨胀目标制的货币政策提供了一个同时达成货币稳定与金融市场稳定的统一框架。该观点所倡导的通货膨胀目标制实际上是要求货币政策不必对不影响通货膨胀的资产价格变动做出反应。时任美联储主席格林斯潘（2002）十分赞同这一观点，他曾说"没有一项低风险、低成本的紧缩货币政策能可靠地遏止泡沫的发展，但有没有一种政策至少能缩小泡沫的规模和它的附带后果？到目前为止，答案是没有"。这也就决定了当局的政策基调，那就是不干涉资产价格，任由泡沫扩大，这种"反应不足"的政策一直会持续到资产价格膨胀到极点，以致"击鼓传花"的游戏开始疲惫，

市场经济过热充分暴漏，货币当局才意识到问题的严重性于是迅速开始干涉资产价格，通过连续多次降息甚至行政干预等手段来抑制房价，政策出现"反应过度"的操作，市场难以承受"紧缩之重"，恐慌情绪急剧蔓延，流动性出现骤停，房地产公司和金融机构相继倒闭，银行的不良债权猛增，整个社会的信用链条脱节，危机由此爆发。

（三）房贷政策放松加大了银行信用风险并助长了泡沫的形成

日本在1980年代房地产泡沫时期，只要建设项目获得合法的建筑许可，不管是否开工都可以预售。预售时房地产开发商与购房者签订合同，预定总价与交付日期，购房者支付定金（房款10%左右），房屋交付使用时购房者支付余款，此时再决定是否进行银行按揭。银行将房地产作为最佳贷款项目，把按揭贷款的准入门槛降得较低，无节制地扩大信贷规模，从1985年到1989年，日本银行贷款增加128万亿日元，其中有62万亿日元投向了房地产和非银行金融机构，银行信用风险受制于房价。

（四）货币政策周期和房地产周期相互镶嵌

经济周期包括萧条、复苏、繁荣、衰退并周而复始的四个阶段，观察日本房地产泡沫的发展历史来看，货币政策周期和房地产周期相互镶嵌运动。首先，日美房地产价格上扬之前都出现过萧条和衰退期，或者是可能会导致萧条和衰退的事件，例如日本的"广场协定"和美国的"互联网泡沫"；其次，为了摆脱这种不利局面，货币当局都采取了长期宽松的货币政策试图克服不利影响而复苏经济，任由资本市场特别是房地产市场的肆意膨胀；最后，房地产市场的火爆推动了经济的繁荣并达到顶点，紧缩性的货币政策急剧实施，泡沫破裂，危机开始扩散，经济再次陷入衰退和萧条。下一步，货币当局又会采取宽松的货币政策试图扩大投资和消费需求，下一轮经济周期又会启动。

第二节 美国次贷危机前后货币政策房价传导机制

美国次级抵押贷款市场在经历多年繁荣后于2007开始出现危机，此次危机的形成与爆发，与当局实施的货币政策有着极其密切的关系。

第六章 发达国家货币政策房价传导机制的实践：日、美案例

一、美国次贷危机始末

美国次贷危机（subprime crisis）也称次级房贷危机，也译为次债危机。它是指一场发生在美国，因次级抵押贷款机构破产、投资基金被迫关闭、股市剧烈震荡引起的金融风暴。在2007年前美国住房市场高度繁荣时，次级抵押贷款市场迅速发展，甚至一些在通常情况下被认为不具备偿还能力的借款人也获得了购房贷款，这就为后来次级抵押贷款市场危机的形成埋下了隐患。在截至2006年6月的两年时间里，美国联邦储备委员会连续17次提息，将联邦基金利率从1%提升到5.25%。利率大幅攀升加重了购房者的还贷负担。随着住房价格下跌，购房者难以将房屋出售或者通过抵押获得融资。受此影响，很多次级抵押贷款市场的借款人无法按期偿还借款，次级抵押贷款市场危机开始显现并呈愈演愈烈之势。部分欧美投资基金遭重创，伴随着美国次级抵押贷款市场危机的出现，首先受到冲击的是一些从事次级抵押贷款业务的放贷机构。2007年初以来，众多次级抵押贷款公司遭受严重损失，甚至被迫申请破产保护，其中包括美国第二大次级抵押贷款机构——新世纪金融公司。同时，由于放贷机构通常还将次级抵押贷款合约打包成金融投资产品出售给投资基金等，因此随着美国次级抵押贷款市场危机愈演愈烈，一些买入此类投资产品的美国和欧洲投资基金也受到重创。以美国第五大投资银行贝尔斯登公司为例，由于受次级抵押贷款市场危机拖累，该公司旗下两只基金近来倒闭，导致投资人总共损失逾15亿美元。更为严重的是，随着美国次级抵押贷款市场危机扩大至其他金融领域，银行普遍选择提高贷款利率和减少贷款数量，致使全球主要金融市场隐约显出流动性不足危机。

2007年8月开始出现的正是这样一种形势：没人愿意购买除美国国库券之外的任何债券，人人都希望把手中的债券卖掉，以换回现金，市场借款者增加而投资者减少，住房抵押贷款凭证（RMBS）和担保债务凭证（CDO）要么价格暴跌，要么是有价无市。流动性突然出现短缺，导致三月期货币市场利息率与美国国债的息差急剧上升。流动性出现短缺是美国次贷危机的第一个阶段。面对货币市场利息率的急剧上升，欧洲中央银行、日本中央银行和美联储统一行动，在货币市场上注入大量流动性。流动性短缺在2007年8月、12月和2008年3月出现三次高峰。2008年3月，美国第五大投资银行贝尔斯登因流动性短缺而不得不被

JP摩根低价收购。

美联储的几次迅速干预，使每次出现的流动性危机得到暂时缓解，货币市场利息率得以回落。尽管流动性的注入使结构投资载体（SIV）得以继续持有手中的RMBS和CDO，使各种金融机构不必低价卖出这些债券，从而避免了这些债券价格的进一步下跌。然而，次贷危机却又很快从流动性危机发展为信贷紧缩危机，迫使后来美联储不得不推出量化宽松货币政策。

二、引发次贷危机的原因探索

1. 长期宽松的货币政策为美国次贷危机埋下了种子

美国房地产市场自1980年代末的复苏以后经历了长达十来年的温和繁荣，经济发展步伐加快。然而2000年前后美国互联网泡沫的破裂导致股市暴跌，企业投资持续收缩，整体经济呈现持续衰退迹象，美联储马上改变宏观调控方向，宣布将联邦基金利率从6.5%下降为6%，由此拉开了美国降息的序幕。此后美联储连续13次降息，最终在2003年6月将联邦基金利率降至1%的低点，并维持了一年多。在美联储的指引下，美国金融环境十分宽松，各种利率纷纷下调，高风险金融工具开始盛行。在住房贷款市场上，30年固定抵押贷款利率从2000年底的8.1%降至2003年底的5.8%，一年可调息抵押贷款利率从2001年底的7.0%降至2003年底的3.8%。此时房价有所上涨，但是并没有增加购房者的偿债压力。2000~2004年美国中位房价上涨33%，但是购房者按揭贷款中位月供仅从846美元升至876美元，上升幅度不到3.5%，低利率于是成为支撑高房价、高投资的主要因素。与此同时世界各国中央银行普遍实行的低利率政策形成全球性流动性过剩，"石油美元"和"欧洲美元"形成的投机性资金不断回流到美国房地产市场，将美国住宅市场价格抬高到均衡价格以上。美国的企业与家庭开始大量借贷对房地产进行投资，房地产市场开始出现供销两旺，出现了历史上前所未有的大牛市。如图6-3所示，美国联邦住房金融局（Federal Housing Finance Agency, FHFA）房价月度同比指数由2000年开始缓慢攀升，2004年开始同比值达到10%以上，两位数的增长率一直维持到2005年末，房地产市场泡沫得到长时期的积累。

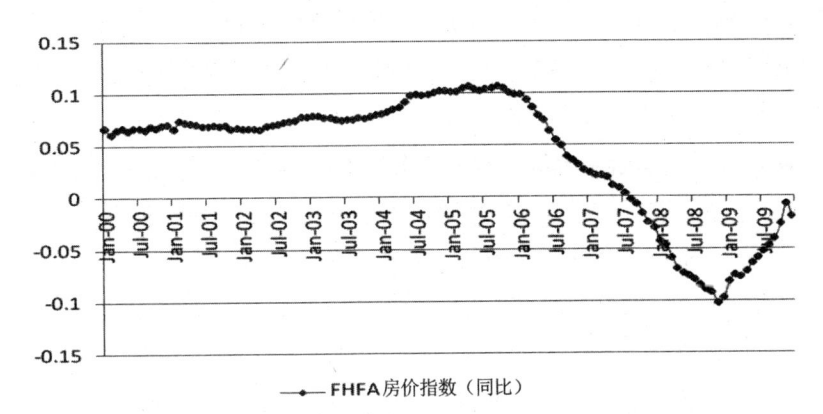

图6-3 美国房价月度同比指数变动趋势（2000~2009年）

数据来源：美国联邦住房金融局

2. 金融创新的泛滥提升了虚拟资本对实体经济的负面影响

美国次贷危机的形成在于美国房价→次贷→次债→相关金融衍生品这一金融创新链条的过度膨胀。首先，美国次级抵押贷款快速扩张，使大量无法获得优级贷款的低收入群体或信用等级不高的购房者可以通过次贷购买住房。其次，强劲的购房需求刺激房价快速上升，房价上涨预期又反过来增强了购房者贷款买房的动机。再次，房价和贷款需求的相互促进创造出大规模的次级贷款，大量的次级贷款又通过证券化过程，派生出次级抵押贷款支持证券(Mortgage Backed Securities，MBS)。最后，在MBS的基础上，经过进一步的证券化，又衍生出大量资产支持证券(Asset Backed Securities，ABS)，其中，包括大量个性化的CDO、信贷违约掉期(Credit Default Swap,CDS)等。金融机构在CDO和CDS等衍生品交易中，还往往运用高杠杆比率进行融资。于是基于1万多亿美元的次级贷款，创造出了超过2万亿美元的MBS，并进一步衍生和创造出超万亿美元的CDO和数十万亿美元的CDS，金融创新的规模呈几何级数膨胀。由此，巨量的CDO、CDS对房价处于极其敏感的临界点上，一旦房价发生波动，就必然产生一系列连锁和放大反应，从而给持有相关金融创新产品的金融机构造成巨大冲击。

2006年美国房价开始下跌，同时，美联储开始加息导致贷款人的还款压力迅速增大，以住房为抵押的次级贷款违约率上升，美国第二大次级抵押贷款公司新世纪金融公司破产，迎来次贷危机第一次风暴。随着次贷损失产生链条式反应，CDO、CDS等衍生证券随后开始快速跌价，次贷危机迎来第二和第三次风暴。虽然我们将贝尔斯登、"两房"、雷曼、美林和美国国际集团（AIG）的破产和被收购等一系列事件仍称为次贷危机，但真正将他们拖下水的已不是次贷损失，而是CDS和CDO等金融衍生品的巨额亏损。因此，严格来讲，这已不是次贷危机，而是金融衍生品危机。后者的危险性要远大于前者。在经过不断的衍生和放大后，CDO和CDS的规模是次贷的数十倍，将整个金融市场暴露在一个前所未有和无法估量的系统性风险之下。对于CDS和CDO等金融衍生工具而言，存在两大制度性风险。一是完全通过场外交易市场(OTC)在各机构间进行交易，没有任何政府监管，没有集中交易的报价和清算系统，流动性非常差。二是普遍具有杠杆经营的特征，实行保证金交易，并实施按市值定价(mark-to-market)的会计方法。一旦CDS和CDO快速跌价，市场价值缩水，在杠杆作用下，追加巨额保证金就成为持有者的巨大负担。因此，在以上两大风险的作用下，雷曼的破产和美林被并购等事件发生得非常突然，此前并没有什么征兆，金融市场和监管当局也未能及早发出预警。当持有CDO和CDS的金融机构暴出巨亏后，其股价会出现重挫，从而引发股票市场投资者的恐慌情绪。金融机构的巨额亏损还会引起金融市场普遍的风险重估，市场投资者纷纷减持高风险资产，增加流动性资产在资产组合中的比重。一旦所有的金融机构都加入抛售高风险资产、追逐流动性的行列，必然造成高风险资产价格的加速下跌和流动性短缺，金融市场的流动性和信用度在瞬间发生惊天逆转。面对愈演愈烈的次贷危机，美联储先后推出一系列救助措施，还联合其他国家央行联手向金融体系注入流动性。美联储的积极反应对缓解金融系统短期流动性不足有着积极的作用，不过，由于次贷危机引发的金融风暴导火索在于美国房地产价格的下跌，在美国房价止跌之前，持续破裂的金融衍生品泡沫仍给美国乃至全世界关联机构带来极大的负面冲击。

3. 货币政策的突然快速逆转成为危机爆发的导火索

从政策效果来看，低利率释放的需求贡献最为突出，低利率在推高房价的同时必然会带来通货膨胀的巨大压力，但是货币当局并没有足够的前瞻性理念采取相应的控制措施。当时流行的理论观点认为，只有当资产价格对通货膨胀和经济增长造成不利影响时，货币当局才应采取控制措施。该理念的直接后果就是对泡沫的警惕性不足，任由泡沫累积，一旦采取紧缩性的货币政策时发现为时已晚，市场流动性骤减，资金链断裂，经济体遭受重创而出现危机。

美联储的利率政策大调整是从 2004 年 6 月开始，宽松的货币政策迅速向紧缩型转变。美联储连续 17 次加息，将联邦基金利率由 1% 提高到 2006 年 6 月的 5.25% 的水平，两年时间内利率提高到 5.25 倍，使得房地产贷款成本显著提升，潜在的购房人望而却步，大量炒房资金也陆续撤出市场，房价开始下跌。

第三节 日、美案例对货币政策的启示

一、避免长期宽松的货币政策成为资产泡沫的温床

从日本房地产泡沫的前期政策来看，当局为推动经济的发展都采用了长期宽松的货币政策，长期的低利率和超额的货币供给成为资产泡沫逐渐累积的温床。宽松的货币政策一方面为经济基本面提供源源不断的流动性，满足并适应应有的投资与消费需求，但另一方面，长期过多的流动性一旦超出了实体经济需要的范围，流动性泛滥并以各种通道溢入资产领域，不可避免地推动资产价格的上扬。长期宽松的货币政策刺激下公众对资产价格上扬形成一致预期，投资者羊群效应凸显，资产价格加速膨胀。

二、货币政策面对资产价格较大波动时要有适当的反应

虽然理论界对于货币政策是否关注并干预资产价格变动还存在争议，但是一个不争的事实是经济史中大幅的股价、房价、汇率变动往往与物价和经济增长状况相伴，货币当局往往是在泡沫形成之前政策反应不足，泡沫形成之后政策又反应过度，"过犹不及、不及犹过"，这种政策实际上放大了泡沫程度。资产价格泡沫扭曲了投资和消费行为，导致产出与通胀极端地上升与下降，因此货币政策不但应对预期的通货膨胀和经济增长进行反应，而且应该对资产价格的变化做出适当的反应，避免资产价格大起大落，降低泡沫形成的概率，烙平投资和消费的过度波动，这样才能取得更好的货币政策调节效果。

三、稳定的房贷政策是调节经济结构的关键阀门

房地产投资的实体经济和虚拟经济双重属性使得房贷政策显得特别重要。房贷政策既关系到房地产市场的行情，也联系到社会其他行业的兴旺发达，更重要的是关系到实体经济与虚拟经济、重工业与轻工业、低碳经济和高碳经济、投资

与消费以及增长与幸福等多重经济结构的问题。过度依赖房地产行业的发展，会导致资产价格膨胀、房地产和金融部门利润虚高、投机盛行、收入差距扩大、经济增长方式粗放等结构性问题，最终会影响实体经济的发展和民生福祉。目前我国正处于经济结构转型的关键时期，要把房地产价格调控作为突破口，把房贷政策作为调节经济结构的关键阀门，通过促进房价的合理回归来理顺产业结构和收入分配结构。

四、要把审慎监管作为防范房贷风险的长期抓手

房地产是我国的支柱产业之一，金融业要服务和支持房地产业的发展，同时房地产也是一个高风险的行业，因此要对房地产相关贷款保持审慎监管的态度。我国的房贷主要分为土地储备贷款、开发商贷款以及个人住房抵押贷款三个方面。其中，土地储备贷款的对象主要是政府，在这个过程中，银行要关注地方政府的信用、储备土地的使用用途以及把握好土地储备的贷款成数等问题，避免政府融资平台的泛滥。对于房地产开发商贷款，银行要十分关注开发商的资质信用，科学评估房地产开发商的抵押品价值，并按规定提示开发商需要拥有一定数量的自有资金而非完全依靠银行贷款，以高度审慎的做法确定开发商贷款成数以控制风险。对于个人住房抵押贷款，银行要遵行国家现行的房地产调控政策，提供的按揭贷款要以个人自住和改善型自住为主，尽职尽守调查客户资信，严格执行国家限购限贷政策，房贷利率按照风险管理需要进行相应浮动，实行利率差别化管理。

五、应从经济周期的大环境中把握货币政策和房价变动的规律

从日本和美国的房地产泡沫发展来看，房地产业在发展过程中，随着时间的变化出现的扩张和收缩交替的运动过程同宏观经济总的发展态势密切相关。这种周期演化的逻辑是：来源于经济体的利空事件的冲击会刺激货币当局采取宽松的货币政策，这种宽松的政策一旦持久实施，市场就会出现流动性过剩，房地产市场和证券市场初期会发挥"蓄水池"的作用，财富效应、资产负债表效应以及投资效应等开始起作用，经济增速加快。但当房地产市场难以承载过多流动性并开始出现泡沫时，系统性金融风险加剧，货币当局为制止泡沫蔓延唯一能做的就是采取紧缩的货币政策，利率上调银根紧缩，滞后的货币政策难以挽回衰退的趋势，

泡沫破裂引起的银行信用危机和房价超跌极大地抑制了实体经济的投资和消费需求，经济陷入萧条，直至新一轮宽松的货币政策和社会振兴计划开始，经济体又开始复苏而步入下一个经济周期。在此周期中，货币政策的房价传导机制也得到了充分的体现。

第七章　货币政策房价传导机制的政治经济学解释与治理方向

当前，对于引入房价变量的货币政策传导机制方面的研究，西方主流经济学家和货币当局通常采用一般均衡分析（譬如引入房地产部门的动态随机一般均衡模型）和计量分析（以向量自回归等系列模型为典型代表），近年来积累了较为丰富的研究成果，但总体来看，这些研究既没有在理论和实证上得出一致可信结论，形成具有广泛认可度的研究范式，也未能在实践中达到良好的经济预测、预警和政策调控效果。近半个世纪以来，一些发达国家房价异常波动引发系统性风险的教训历历在目，危机来临之际，无论是凯恩斯主义的相机抉择政策调节还是新自由主义依靠市场自发调节措施均宣告失效，货币政策传导机制在面临房价冲击时出现紊乱，最终以高房价拖累经济或者房价泡沫破裂为导火索引发经济衰退，经济与社会为此付出沉重代价。

房价冲击下的货币政策之所以运转失败，归根结底在于现有西方经济理论与政策的内在缺陷。西方经济学理论是基于资本主义制度最佳"永恒秩序"前提和自然科学均衡论体系构建起来的，西方主流经济学家试图将其发展成为与一切价值观念没有任何关系的"纯粹的"科学，在这种思维框架内，经济运转依靠的是生产要素的机械化配置和利用，劳动只是作为物化的生产要素而存在，完全漠视了劳动者在生产中的主体地位和劳动价值在经济体系中的基础支撑作用，刻意回避经济研究中必然涉及的生产关系和生产过程问题。其结果是，在面临房价泡沫这个集中了剩余价值分配矛盾的经济变量冲击时，货币政策传导渠道出现梗阻或者偏离，社会扩大再生产的运转体系发生紊乱，随之引发的金融经济危机，更是重创了资本主义经济制度，为此，揭示资本主义经济体制缺陷并重塑经济治理新模式的重任再次落在马克思主义学说上。正如习近平同志指出，"无论时代如何变迁、科学如何进步，马克思主义依然显示出科学思想的伟力，依然占据着真理

第七章 货币政策房价传导机制的政治经济学解释与治理方向

和道义的制高点"。鉴于此,本书依据马克思剩余价值学说相关论点,以利率变动下的剩余价值生产与分配结构变化为分析线索,发现一种资本主义制度环境下房价内生化的货币政策传导机制,并对此进行理论剖析和现实批判,揭示这种货币政策传导机制的矛盾内核和发展必然,进而得出相关启示与建议。本章研究的创新之处在于,立足于马克思主义政治经济学剩余价值论的基本观点,深入探索与创新发展马克思政治经济学关于货币金融相关理论,全面揭示房价内生化条件下的资本主义货币政策危机的矛盾根源,为当前各国普遍存在的内嵌房价矛盾的经济增长方式提供一个马克思主义经济治理新思维。

第一节 相关学术史梳理

房价内生化货币政策属于货币政策传导机制的研究范畴。货币政策传导机制是指货币当局借助一系列的政策调控手段,作用于货币政策中介目标,进而实现货币政策终极目标的过程。根据传导渠道的不同,西方经济学将货币政策传导机制主要划分为利率传导机制、资产价格传导机制和信用传导机制三种情况。

利率传导机制反映了降低实际利率的宽松性货币政策对总需求的影响,在这里,房地产不论是作为耐用消费品还是投资项目,在总需求中都占据着很大的分量,是利率发挥作用的重要受体。约翰·泰勒等认为,有足够证据表明利率水平通过改变实际筹资成本对消费支出和投资支出产生影响,因此他们认为货币政策的利率传导作用较强。然而这个观点并未得到广泛认同,本·伯南克和马克·格特勒等研究发现,货币政策的利率传导机制并没有通过实证检验,因此没有足够证据表明利率水平是通过改变实际筹资成本发挥作用,于是转而关注其他资产价格在货币政策传导中的作用,货币政策的资产价格传导机制理论应运而生。

在货币政策的资产价格传导机制中,传统的研究将债券以外的资产主要界定于外汇与股票,于是分别产生了货币政策的汇率传导渠道、托宾的 Q 理论及财富效应渠道,之后,由于房地产市场的兴起,房价也被视为一种重要的资产价格纳入资产价格传导机制的研究中,迪亚兹和朗格普拉多,亚科维罗和帕万,费尔南德斯—维拉维德和克鲁格等在生命周期理论框架下研究了住房价格变化对私人投资、消费需求和财富分配的影响,多数研究发现扩张性货币政策→房价上涨→投资或消费需求增加→经济增长的渠道是存在的,以房价为载体的扩张型货币政策在各地大行其道，即使是20世纪80年代日本房地产泡沫的前车之鉴也未足以引起各国重视。直到2008年美国次贷危机发生以后，越来越多的研究发现，长期而言，房地产体现的投资拉动和财富效应越来越微弱甚至起到负向作用，金融市场的信息不对称和道德风险，可能会加深金融资源的错配，形成系统性金融风险。于是，从金融摩擦的角度来解释货币政策传导机制，即信用传导机制在住房抵押信贷领域开展了深入研究。

货币政策的信用传导渠道主要包括银行贷款渠道和借款者资产负债表渠道，其中，银行贷款渠道是从贷款者的资产负债表角度考虑信贷供给，资产负债表渠道则是从借款者的资产负债表角度考虑信贷的需求。比杰兰和杰克布森及雅罗辛斯基和斯密茨在信贷抵押约束机制分析基础上，分别构建了VAR模型研究房地产价格在宏观经济波动及货币政策传递中的作用。其中，前者得出的结论是紧缩的货币政策将导致房地产价格下跌，房地产价格下跌将导致产出和通货膨胀的下降，后者则得出房地产需求冲击对房地产投资和房地产价格有显著影响，但房地产价格冲击对经济增长和通货膨胀影响有限的结论。古德哈特通过对发达国家房价与信贷之间的关系研究发现，二者存在显著的顺周期。亚科维洛和内里在伯南克的信贷市场金融加速器模型基础上，加入房地产部门进行动态均衡分析，发现房地产市场对宏观经济存在显著的溢出效应。诺塔皮特罗和西维耶罗运用DSGE模型研究了欧元区房地产价格的金融加速器效应，探讨中央银行不同的政策目标下的最优货币政策问题。近年来，我国在经济发展中也存在房价过快上涨的困扰，货币政策传导机制同样存在一些不顺畅之处，对此方面，我国学者多数遵循西方经济学的研究范式，采用一般均衡分析框架或者计量分析模型，对内嵌房价的货币政策传导机制开展了一些应用型研究，却少有契合中国实践的理论创新。

从相关学术史梳理和文献综述来看，西方经济学对于引入房价变量的货币政策传导机制的研究，其理论本身并不牢靠，对于教科书式的多种货币政策传导机制，现实中到底是哪种或者哪几种传导机制在发挥主导作用，学术界并没有一致结论，对于同一时期的同一研究对象，研究结论也是五花八门。在考虑房价变量后，现有货币政策传导机制在理论上并未有大的改进，在政策实践中也未发挥重要指导作用，西方国家房地产泡沫和货币政策紊乱联动并发的周期性节奏越来越强，不断地动摇着西方国家货币政策理论与政策根基。相较而言，马克思主义政治经济学关于货币金融的相关理论学说，对诠释和指导当代经济发展实践具有重

第七章 货币政策房价传导机制的政治经济学解释与治理方向

要的理论探索价值。

自马克思的《资本论》出版以来，在相当长的时期内，马克思的货币金融理论都处于被忽略的地位，有关房地产金融的研究更是少见。其主要原因如以苛评他人著称的熊彼特所说的马克思对货币理论贡献很少。但是，马克思货币金融思想并未因此被历史埋没，相关研究思潮总是伴随资本主义经济周期悄然兴起。在苏联社会主义建设时代，由列宁、丘奇沃德、霍布森、希法亨、阿里吉等对金融资本展开的研究，是对马克思货币金融理论的初步发展。20世纪70年代之后，西方主流经济学面对当时的资本主义经济危机陷入了理论困境，马克思主义经济学再度崛起，其中，以德布朗霍夫、狄拉德、波林、克罗蒂、哈里斯、巴雷尔、斯威齐等为代表的学者，从货币制度理论、内生货币理论、投资理论和通货膨胀理论等方面进一步发展了马克思的货币金融思想。2008年美国次贷危机以后，列斐伏尔、卡斯特、哈维等早期提出了马克思空间地理和空间正义理论得到重视。与此同时，以戈登、科茨、博耶为代表的马克思主义调节学派对美国次贷危机进行了解读，他们认为美国的经济危机是金融主导型发展模式的危机，无论是凯恩斯干预主义还是新自由主义自发调节都无法阻止危机的屡次爆发，新的研究范式应该把制度作为发展的内生要素，充分发挥国家职能在制度变迁中的决定性作用。

内嵌房价的货币政策是西方货币金融理论与实践的困境所在，却蕴含于马克思剩余价值学说当中。现代西方经济学的货币政策分析框架中，一般是把房价作为外生冲击因素处理，即使在美国次贷危机后学术界兴起的纳入房地产部门的动态一般均衡模型，仍只是出于研究的必要被迫引入房价变量，从学术根基来看并没有摆脱资产阶级庸俗经济学"三位一体"萨伊教条的影子，抹煞了生产关系的客观存在和价值分配的事实真相。马克思在批判地继承古典政治经济学思想基础上建立的剩余价值理论体系，系统阐述了利润、地租、利息均来源于劳动的剩余价值的思想以及剩余价值分配格局对资本运动的影响，将利息和地租进而利息率和房价统一于剩余价值分配的理论框架之中，蕴含着房价内生化货币政策的理论思想，充分印证了当前内嵌房价矛盾的经济发展实践。本章正是对这一重要理论思想的深入挖掘，从马克思剩余价值论的视角对资本主义生产方式下以房价为载体的货币政策传导机制进行剖析。

第二节　房价内生化货币政策的传导过程

长期来看，经济周期是宏观经济运行的客观存在，货币政策在经济周期的不同阶段呈现不同调节方向，因此，在经济周期的大背景下考察货币政策传导机制更有理论与实践价值。

一、经济周期环境下的剩余价值分配与货币政策传导

在这里，假定初始阶段处于经济周期的萧条期，以此为起点考察以房价为载体的货币政策随经济周期不同阶段变化的动态传导过程。

第一阶段：经济处于停滞或者长期萧条阶段，宽松货币政策开始实施。此时，各类资产价格经历前期危机冲击后泡沫基本消除，资产价格处于较低位置，产业资本再生产的积极性不高，存在较为严重的失业，社会购买力相对不足，货币资本存在大量剩余。经济的启动需要产业资本的兴起，因此产业资本与货币资本比较而言，前者处于更加重要的地位，中央银行实施低利率的货币政策，通过降低货币资本家的剩余价值份额以提升产业资本家的剩余价值份额，试图通过刺激产业资本扩大再生产，进而推动经济复苏。

第二阶段：在宽松货币政策环境下，产业资本逐渐兴起，社会资本扩大再生产开始运转。较低的利率促进长期投资开始提升，第Ⅰ部类生产资料的生产扩张开始启动，就业开始增加，第Ⅱ部类消费资料的有效需求随之开始提升，两部类之间互动共生模式开始运转。此时，产业资本的现金储备基本能够支持自身的扩张，货币资本特别是银行借贷资本充裕，完全能够满足产业资本投资所需资金，因此银行利率仍然较低，相较而言产业资本利润开始增厚，剩余价值分配格局对产业资本家仍然具有激励作用。与此同时，低利率促使地价开始提升，同时促进房价开始上涨，部分闲置的货币资本转变为房地产领域虚拟资本。但是，由于商业信用和证券规模还受到现实资本的约束，银行的货币创造和信用放大功能还十分有限，这时虚拟资本作为与现实资本进行转换的储备和支持，适当的存在既是必要的，也是可行的。因此，该阶段房地产虚拟资本并未对健康的货币政策传导机制带来威胁，房价温和上涨是经济增长的反映，房地产作为抵押物也是银行进一步信用扩张的条件。

第三阶段：持续宽松的货币政策刺激信用扩张加速，扩大再生产的步伐加快。

第七章 货币政策房价传导机制的政治经济学解释与治理方向

由于扩大再生产的资金需求不断增强,产业资本家的现金储备以及相互之间提供的信用不足以支撑扩大再生产和快速周转的需要,于是对货币资本的需求开始扩大。货币资本家的地位凸显,市场利息率开始回升,但是受制于银行自有资本和基准利率的限制,银行资本通常需要通过资本市场或者影子银行的融资工具向厂商提供资本,剩余价值分配的有利条件逐渐从产业资本家转向货币资本家。房地产虚拟资本的扩张逐步领先于现实资本的积累,房价持续上涨吸引了大批货币资本介入,房地产的买卖创造了一个脱离现实资本自我膨胀的强大的虚拟市场,并进一步催生对土地的需求,土地所有者的地位也由此得到进一步提升,地租不断上涨,地租与房价正反馈膨胀效应加大。

第四阶段:信用过度扩张,资产价格快速上涨,货币政策内在矛盾突出。此时,银行信用体系难以完全支持生息资本的扩张规模,还需要资本市场通过创造数量更多更加庞杂的金融衍生品,为瓜分剩余价值"再生产一整套投机和欺诈活动"。在房地产领域,虚拟资本的扩张有增无减,房地产过度扩张带动的关联行业的短暂繁荣掩盖了结构失衡的矛盾,在房价高涨背后,两大部类之间、生产与消费之间、信用创造与实际产出价值之间的比例失调愈加严重,社会资本集中于泡沫资产领域,社会均衡体系受到了深度干扰。资本脱实向虚愈演愈烈,利率、地租等非生产领域对剩余价值的过度瓜分致使企业融资成本不断增加,产业资本实际利润率急剧缩减,剩余价值的创造已经不足以支撑原有扩大再生产的步伐,也难以继续维持当前剩余价值畸形的分配格局。房价等资产价格高位盘踞对物价稳定形成威胁,迫使中央银行要么推进紧缩型货币政策消除泡沫,要么因畏惧泡沫破裂风险而继续维持宽松的货币政策,并将经济结构进一步带入失调的深渊。

二、房价内生化货币政策传导渠道

从经济周期动态化的货币政策传导机制分析能够看出,货币政策实际上是通过调节剩余价值的分配关系发挥作用。短期来看,利率的变动直接调节货币资本家和产业资本家的剩余价值所得份额,进而影响到产业资本扩大再生产的程度;长期来看,利率的变动影响到房价的变动,进而改变土地所有者、虚拟资本以及产业资本对剩余价值的所得份额,最终也会影响到扩大再生产的程度。以利率下调的扩张性货币政策为例,从短期来看有利于促进资本扩大再生产,从长期来看经历房价的载体后,最终会抑制资本的扩大再生产(如下页图所示)。货币政策传导机制出现了内部矛盾，并进一步将货币政策推向难以自愈的危机。

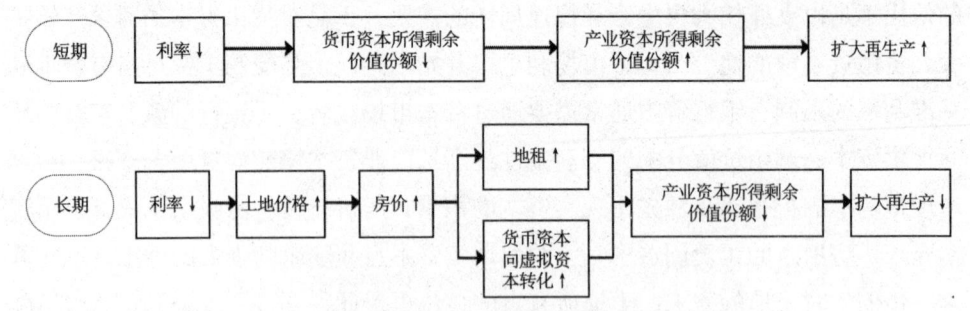

货币政策在短期和长期中的传导渠道

第三节　房价内生化货币政策的主要矛盾

从以上分析能够看出，资本主义生产方式下房价内生于货币政策运行体系，进而引发货币政策传导机制的自我矛盾，具体体现在以下方面：

一、房价为剩余价值的生产与分配创造了新的载体，同时也加剧了货币政策在资本循环中的矛盾

房价为剩余价值的生产与分配创造了新的载体，具体表现为：一方面，作为生产资料，用于厂房、办公等用途的房地产参与了剩余价值的创造，是固定资本的重要组成部分。"正像流动资本是生产固定资本的前提一样，固定资本也是生产流动资本的前提"，在扩大再生产的资本循环中，要创造更多的剩余价值，必然同时要开辟更多的建设用地。因此，房地产的再生产与剩余价值的再生产密切关联，一旦房地产及相关行业占据了社会剩余价值生产的重要份额并形成经济增长的路径依赖，剩余价值的创造就更需仰仗于房价的持续上涨；另一方面，作为消费基金，住宅领域的房地产，是维系劳动力再生产的重要基础。在住宅领域，资本本身必须限制自己对剩余价值的无限剥夺，以免破坏劳动力再生产的能力，因为"工人阶级的不断维持和再生产始终是资本再生产的条件"。从这个角度来看，只有可承受的房价支付或者房租支付，才能避免高房价对消费能力的侵蚀，才能维持劳动力再生产的条件，才有利于剩余产品在资本循环中被吸收回笼再生产，这在客观上又对房价提出了不能过快增长的内在要求。货币政策的两难在于，在高房价阶段，是更加偏重于短期经济增长目标继续宽松加码，维系当前的剩余

价值生产体系和分配结构,进而放任房价泡沫存在,还是通过紧缩型政策尽快刺穿房价泡沫,促进房地产价值回归,修整剩余价值生产与消费的循环动力,给货币政策再次宽松腾挪空间,进而维护长期增长目标?这是货币政策面临的相当棘手的问题,并进一步把货币政策立场推向阶层博弈的地步。

二、货币政策立场难以在资本家阶级对剩余价值的纷争中保持独立

从资本主义发展历程来看,资本家阶级内部对剩余价值的分割从来就不是平和的,其中,产业资本家与土地所有者之间、产业资本家与货币资本家之间的矛盾最为突出。在土地领域,土地所有者和产业资本家之间围绕地租水平存在长期斗争,因为地租水平过高会压缩产业资本家的剩余价值份额,于是,"土地所有权就取得了纯粹经济的形式,……在产业资本家自己及其理论代言人同土地所有权进行斗争的热潮中,曾被斥责为无用的和荒谬的赘瘤"。类似地,在资本领域,产业资本家与货币资本家围绕利息率的高低也存在矛盾,高融资成本往往会打压生产资本的有效运行,当然,"降低以至于最后废除利率决不会把所谓'资本生产率'的'双角握住加以驯服',……不是保证工人比工业资本家获得优惠利益,而是保证工业资本家比食利者获得优惠利益"。为此,产业资本家、土地所有者以及货币资本家在剩余价值分割立场上形成鲜明的对立,产业资本家希望土地所有者和货币资本家提供廉价的住宅价格、房租水平以及利息水平,因为"这些……条件的节约,是提高利润率的一种方法",这种诉求在经济不景气时期更加强烈,因为高地租和高利息率水平会加剧生产制造的成本负担,对产业资本的循环再造形成极大威胁。此时,如果市场竞争已经让位于固化的阶级利益,价格信号与供给关系失灵,资本也就难以通过在资本家阶层之间的自发转换形成均衡,这种矛盾最终需要依靠国家机器进行协调,中央银行的货币政策调节即是这一争端解决机制的体现。

资本主义制度环境下,国家在与资本流通的关系中既是进行控制的一方,又是受到控制的一方,至于哪种力量具有支配地位,取决于阶级关系的具体形势。在以房价为载体的货币政策传导机制中,一国剩余价值的创造方式对房地产的依赖性越大、房地产与国家总体剩余价值创造模式交织越紧密、房地产利益群体或利益相关者越是渗透于国家机器,就越容易影响货币政策立场,进而迫使中央银

行货币政策继续维持以房价为核心的剩余价值生产方式和分配方式。这种做法的普遍后果是：地租和利息在剩余价值分配中的份额会居高不下，产业资本利润在剩余价值分配中的份额不断缩减，生产领域新创造出来的剩余价值不再更多地支持自身资本循环，而是纷纷涌向房地产市场，资本脱实向虚，剩余价值的生产与实现会变得更加"颠倒错乱"，社会资本热衷于通过流通领域瓜分剩余价值而不是通过生产领域创造剩余价值。更为棘手的是，一旦经济增长方式也依赖于房地产，经济周期就会更加难以驯服，这势必进一步加深房价与经济增长的内在矛盾，直至矛盾以经济停滞或者泡沫破灭的形式爆发。在对危机的深刻反省中，经济系统"革命的内核"将重新审视生产制造和劳工阶层在剩余价值吸收与再生产方面的重要作用，进而倒逼货币政策调控体系的重大调整。

三、房地产领域虚拟资本的过度膨胀加大了信用体系与其货币基础之间的矛盾

在以房价为载体的货币政策传导机制运行过程中，信用扩张在促进产业资本扩大再生产的同时，也刺激了房价的上行，进而引起房地产虚拟资本的膨胀。同时，虚拟资本的膨胀提高了金融机构担保品的市场价格，反过来又为信用体系的进一步扩张创造了条件，因此，虚拟资本膨胀与信用体系扩张是相互促进的，这势必加大信用体系和货币基础之间的矛盾。对于这个矛盾，马克思做过深刻而形象的剖析，认为"货币主义本质上是天主教的；信用主义本质上是新教的"，"正如基督教没有从天主教的基础上解放出来一样，信用主义也没有从货币主义的基础上解放出来"，并且，信用体系经常会"排斥货币，并篡夺它的位置"，这样做的后果是，"一旦信用发生动摇……一切现实的财富就都会要求现实地……转化为货币"。马克思实际上要指明的是，信用扩张要与货币能够度量的剩余价值的创造保持同步，如果信用扩张的基础不是来自于剩余价值的创造，而是虚拟资本的自行增殖，那么，这种信用的扩张将是失控的，必将面临到一个严肃的问题，那就是货币既要作为价值尺度，又要作为流通手段的内在矛盾：货币既要作为一般等价物，让价格真实地反映价值，确保可靠的货币基础；又要作为流通的中介，体现自己在交换过程中的灵活性和润滑性，允许自身与价值的"真实"代表分割开来，让市场价格得以偏离价值。在信用过度膨胀的情况下，即使抛开货币政策的阶级立场，单从技术上来说，中央银行货币政策调节的可靠性也是受掣肘的，因为这种矛盾已经内化到货币本身对抗性的职能当中。现实经济中，面对这个矛

第七章 货币政策房价传导机制的政治经济学解释与治理方向

盾，中央银行通常会巧妙地避开，因为信用扩张支撑的资产价格本身不在货币政策调控的目标范围，同时还有利用的价值：当温和通胀成为刺激经济增长的常用手段，可以借助资产价格作为流动性过剩的"池子"，用一种矛盾去暂时吸收和拖延另外一种矛盾，用短期手段去解决长期问题。直到经济危机到来矛盾集中爆发，以价值丧失为代价迫使信用体系重归货币基础，货币政策的羁绊才会被完全消除。这时，货币政策又会展现出如"救世主"般的姿态一边施舍流通手段一边重塑价值尺度，为促进下一次经济周期的到来再次开足马力。

四、房价内生化货币政策充斥的矛盾，本质上是生产力与生产关系之间的矛盾

马克思辩证唯物主义告诉我们，生产力和生产关系的相互作用构成生产方式的矛盾运动，生产力决定生产关系，生产关系反作用于生产力。从资本运动总过程来看，一方面，在现代城市化进程中，大规模的房地产开发是生产力空间纵深拓展的一个基本象征；另一方面，凝结在房价中的分配关系则是社会整体生产关系状态的集中体现。在房价过快上涨时期，以房价为载体的剩余价值分配结构，提升了非生产部门剩余价值获取比例，降低了生产部门剩余价值相对份额，在虚拟资本和信用体系的进一步放大作用下，社会剩余价值分配关系被锚定于房地产开发与流通领域而非制造业生产与创新领域，整个经济体围绕房地产的地租、利息等剩余价值分配渠道抽取了社会高额剩余价值，货币资本的投资对象越来越多地体现为对房地产的占有，而不是物质资料的生产。货币资本向生产资本转化的链条因房价的冲击而被削弱，剩余价值生产与实现之间的关系陷入"颠倒错乱"：剩余价值在生产基础上的实现，变成了在资产价格投机上的实现，这种分配格局剥离了生产、分配、交换与消费之间的内在关联，以至于资本主义"为积累而积累，为生产而生产"的盲目机器越来难以协调剩余价值创造与分配之间、当前资本积累与未来剩余劳动占有之间、必要劳动时间与剩余劳动时间的关系。在这种情况下，信用体系与经济增长方式越是依赖房地产，货币资本家和土地所有者既得利益的制度基础越难以调整，利息和地租水平就越是呈现刚性，旧的剩余价值分配格局就越难以改变，价值规律和供求关系就越难以发挥资源优化配置的作用，剩余价值分配对产业资本的正向激励就越难以形成，货币政策传导机制就越难以有效运转。与此同时，产业资本家由于面临利润严重侵蚀的处境，会进一步压榨劳动者的剩余价值，劳动力自身再生产同样面临困境，这既会使劳资关

系变得更加紧张，触发社会不稳定因素，也会降低社会总体消费水平，造成生产相对过剩。因此，围绕房价的剩余价值分配机制遏制了生产创造，禁锢了社会生产力的进一步解放与发展。

第四节　本章小结

　　本章依据马克思剩余价值学说相关论点，以利率变动下的剩余价值生产与分配结构变化为分析线索，发现一种资本主义制度环境下房价内生化的货币政策传导机制，并对此进行理论剖析和现实批判，揭示这种货币政策传导机制的矛盾内核和发展必然。分析认为，货币政策传导机制实质上是通过调节剩余价值的分配关系发挥作用，房价为剩余价值的生产与分配创造了新的载体，但同时也加剧了货币政策调节的矛盾，房地产虚拟资本的过度膨胀也加大了信用体系与其货币基础之间的冲突。作为调节剩余价值生产与分配的重要手段，货币政策的调节方向代表了特定时期占据优势地位的阶级利益及其对剩余价值的占有方式。当前各国普遍存在的房价内生化的货币政策调节框架难以确保货币资本家、土地所有者、产业资本家以及其他各类资本家集团对剩余价值的索取同时达到满意的程度。以房价为载体的货币政策传导机制最终运转失败，关键原因在于剩余价值分配在资本家集团内部存在难以调和的矛盾，突出表现在货币资本家和土地所有者围绕房地产对剩余价值的过度攫取，产业资本所得剩余价值份额相对不足，资本脱实向虚，剩余价值的创造最终难以支撑既有分配格局下剩余价值的索取程度，社会资本扩大再生产的可持续运转机制遭到干扰和破坏。

　　房价与货币政策之间的共济失调具有全球共性，次贷危机后西方国家经济与金融危机的阴霾并未消弭，货币政策周期、资产泡沫周期和经济周期交织重叠。近年来，一些发达国家在反思中摸索和尝试使用非常规货币政策和宏观审慎管理手段，其表象是货币政策调节方式的创新，其实质是通过金融手段调节社会剩余价值分配结构，提升产业资本特别是制造业资本的剩余价值所得份额，让经济重心重回生产制造业，这在次贷危机后西方国家促进经济复苏取得了一定的成效。然而，资本主义的基本矛盾总是长期存在，对资本主义政策调节方式的局部改良，并不改变资本主义"为积累而积累，为生产而生产"的盲目性和剥削性，也未能有效改善当前资本家集团内部对剩余价值分割矛盾难以协调的局面，西方发达国家经济金融危机愈加密集爆发仍是大概率事件。只有认清房价的内在矛盾，从体制层面打破围绕房价的利益固化，减缓货币资本家和土地所有者对剩余价值的过度占有，进一步振兴产业资本，促进剩余价值在资本家集团内部有序分配，减轻借助房地产载体对劳动者剩余价值的过度侵占，推进社会资本扩大再生产的可持续运转，才是货币政策传导机制能够发挥效用的基本条件，也是进一步解放生产力、调和社会生产关系以及促进经济可持续发展的必由之路。当前，我国正处于新时代深化金融供给侧结构性改革和构建房地产市场健康发展长效机制的关键时期，治理和疏导货币政传导机制，要以优化市场主体价值分配关系为基础，抑制虚拟资本过度扩张，提高实体经济领域要素所得份额，以此推进国民经济长期平稳健康发展。

第八章 结论与政策建议

本文研究具有重要的理论价值和实践价值。理论价值方面，在西方货币政策传导机制传统理论基础上，创造性地嵌入房价这一中间变量，形成货币政策房价传导机制理论，并对此进行实证分析，验证这种货币政策传导机制的实际效果。在实践价值方面，本章的经验研究为货币当局展示了一个现实经济中以房价为载体的货币政策传导机制，分析这种传导机制的实际运行效果和存在的问题，为差别化货币政策的运用以及房地产调控政策的制定提供了一个更加科学、全面的操作依据，同时也为当前因房价异常走高而导致资源错配为症结所在的经济增长方式的转换提供了改革参考。

第一节 本书主要研究结论

一、我国存在显著的数量型货币政策的房价传导机制

通过实证研究数量型货币政策对房价的作用效果发现：在货币供应量的冲击下，商品房价格呈现显著的正向脉冲响应，而且持续期较长，其中普通住宅价格正向脉冲响应最显著；高档住宅价格和商业用房价格在初期呈现较短时间负的脉冲响应后才出现正向脉冲响应效果；经济适用房价格的正向脉冲响应微弱。但是，在单独考虑由国际资本流动产生的外源性的货币供给冲击时，房价的脉冲响应却呈现不同效果。不论是来自 FDI 的冲击还是热钱的冲击，研究发现均对高档住宅价格和商业用房价格的上涨起到显著推动作用，对普通住宅价格的影响却不明显。通过实证研究房价对宏观经济的作用效果发现，房价上涨对 GDP 的增长以及 CPI 的上扬起到显著的推动作用。因此，我国数量型货币政策的扩张→房价上扬→总需求扩大的传导机制存在。

二、我国价格型货币政策房价传导机制存在时变特征

以 2011 年为界，利率对房价的影响效果存在差别，2011 年以后，利率与房价负相关，利率调节房价能起到预期的、正常的效果；2011 年以前，利率与房价变动正相关，升息使得房价不降反涨，利率不能起到调节房价的效果，存在异常的"房价之谜"现象。当存在"房价之谜"时，在利率的冲击下，普通住宅价格、高档住宅价格、经济适用房价格以及商业用房价格均呈现较长时期的正向脉冲响应效果，升息难以有效抑制房价。对二者的相互关系研究发现：利率是普通住宅价格变动的格兰杰原因，也是经济适用房价格变动的格兰杰原因，利率和高档住宅价格变化之间、利率和商业用房价格变化之间还互为格兰杰因果关系，从而验证了价格型货币政策调节下房价"越调越涨"的事实。通过单纯的升息来抑制房价，进而抑制总需求的货币政策传导机制受阻。

三、"房价之谜"受我国居民预期方式、房贷政策和收入差距的影响

本文在货币政策房价传导机制的线索中探明了我国"房价之谜"的深层次原因。研究发现，我国居民投资的适应性预期、优惠的房贷利率具有的投资"挤出优势"、以及更强于"收入拉动"和"成本推动"作用的"收入差距拉动"效果，远大于升息对房地产投资的抑制作用，房地产投资和投机性需求被超前集中释放。该结论为当前我国货币政策实施过程中引导居民理性预期、科学化制定房贷政策以及改革收入分配制度提供施政依据。

四、货币政策通过房价的传导渠道对投资结构、消费结构以及物价结构产生影响

我国房价变动对投资结构、消费结构和物价结构的变动存在显著的冲击效应。表现为：①房价上涨特别是普通住宅价格的上涨刺激了城镇房地产投资的增速，但同时抑制了非房地产固定投资增速。高房价加剧了我国投资的房地产化；②房价上涨并没有刺激消费需求的增加，负的财富效应反而存在。房价上涨对食品和衣着这类具有刚性消费特征的产品消费额不存在显著的负向影响，但是对家庭设备与服务、医疗保健以及娱乐教育文化的消费额存在负面影响，特别是后两项更高层次的消费需求抑制作用明显。因此从消费的内部结构来看，房价上涨存

在的负的财富效应,更多地体现在对耐用消费品和精神层面消费和服务的抑制作用上。③房价变动对物价变动存在正向冲击效应,其中普通住宅价格上涨对推高物价的作用最强。从物价的结构分解来看,房的上涨对医疗保健和个人用品价格、娱乐教育文化用品与服务两项价格的变动不存在正向推动作用,但是对食品、烟酒、衣着、家庭设备、交通通讯以及房屋装修与房租等价格的上扬具有显著的正向推动作用。

对以房价为载体的货币政策传导机制的研究是一项复杂的系统工程,也是一项极富挑战性的工作。虽然作者在进行大量文献学习的基础上对我国货币政策房价传导机制进行尽可能严谨深入的分析,但限于本人学识和认知,本书仍存在一些不足之处,需要进一步完善。笔者希望未来的研究可以在以下几个方面取得新的突破:

首先,本文对货币政策的衡量主要采用货币供应量、信贷规模以及市场利率,并未考虑近几年中央银行正在尝试运用的政策调节手段,诸如在货币政策传导机制的前端,通过 MLF 引致 LPR,进而进入货币政策传导渠道的过程。未来可以做出更为细致的分析,进一步深入研究货币政策新型环境下的传导机制。

其次,文中分析的货币政策通过房价对宏观经济目标的结构性影响,也主要停留在对投资结构、消费结构以及物价结构方面,未进一步考虑对产业结构、收入分配结构以及企业所有制结构等的影响。未来的研究需要进一步拓展到货币政策通过房价传导后对经济结构各方面产生的影响。

最后,考虑到研究的便利性,本文计量模型数据不包含国家实行"限购、限贷、限价、限外"的行政措施的情况。然而事实证明在房地产领域,货币政策和其他行政力量的组合对现实经济的影响也是不容忽视的,其混合作用机理、量化效果以及如何进一步完善这些制度值得深入研究。

第二节 政策建议

金融制度是经济社会发展中重要的基础性制度,货币政策传导机制是金融制度的重要方面,以房价为载体的货币政策传导机制是当前面临的重大理论与现实问题。改革开放以来,我国金融业发展取得了历史性成就,货币政策传导从不成熟到逐步完善。特别是党的十八大以来,我国有序推进金融改革发展、疏导货币政策传导渠道、治理金融风险，金融业保持快速发展，金融改革开放有序推进，金融产品日益丰富，金融服务普惠性增强，金融监管得到加强和改进。同时，我国在建立货币政策传导机制过程中的创新能力、协作效能、服务水平还不完全适应经济高质量发展的要求，在面临以房价为载体的货币政策传导过程中，一些矛盾和问题较为突出。我们要抓住疏导货币政策，完善金融服务这个重点，针对货币政策房价传导机制的特点和存在的问题，有的放矢制定相应的政策措施，以此推动金融业高质量发展。

一、推进完善我国货币政策房价传导机制的实施原则

完善以房价为载体的货币政策传导机制，是当代兼顾金融治理和经济转型发展的应有之义，相应的政策措施的制定，应坚持以下基本原则。

一是坚持服务实体。根深则叶茂，本固则枝荣。为实体经济服务是金融的天职和宗旨，也是疏导货币政策传导机制的本源要求。以房价为载体的货币政策传导机制的完善，要以服务实体经济、服务生产制造、服务人民生活为本。聚焦痛点，疏浚堵点，打通金融活水流向实体经济的最后一公里，为实体经济发展提供更高质量、更有效率的金融服务，推动金融服务结构优化和质量提升，不断畅通金融血脉、服务民生百业。

二是坚持稳妥创新。改善货币政策传导机制，需要监管部门以改革创新精神为引领，继续探索和完善市场化体制机制。要稳妥创新货币政策工具，加快推进利率市场化，培育科学可控有效的政策利率，提升货币政策传导效率，缩短货币政策传导环节，更多发挥定向调控功能，减少对总量货币调控的依赖。

三是坚持上下合力。完善货币政策传导机制，既需要顶层设计积极推进，也需要基层主动作为。要以完善货币政策传导机制为契机，加快推进市场主体健全现代企业制度，完善公司治理，加强内部管理，强化激励约束机制，鼓励担当、创新和风控，对真正支持实体经济的市场主体要加大金融支持力度。地方政府要强化属地风险处置责任和维稳第一责任，牢固树立守土有责、守土尽责的意识，认真执行货币政策，守住不发生区域性金融风险的底线。有效打击各类非法金融活动，完善地方金融监管体制，维护良好的地方金融生态，为货币政策传导机制有效落地奠定良好的微观基础。

四是坚持统筹协调。货币政策传导机制的完善，涉及地方金融机构、金融管

理部门、地方政府职能部门等多个主体,需要金融、财政、税收、产业等各项政策的协调配合,因此,必须统筹各类资源,建立多部门沟通协作机制,协同制定和推进各项金融发展与改革措施。疏通货币政策传导机制,要强化金融管理部门监管责任,特别是要加强金融与财政政策的配合,促进货币政策与财政政策互相协调共同发力。

二、推进完善我国货币政策房价传导机制具体建议

以我国货币政策房价传导机制的实际运行效果为依据,在此提出我国货币政策房价传导机制的完善措施。这些措施主要从三个方面出发:一是我国货币政策特别是房贷政策的具体操作方面,二是疏通传导渠道各项因素方面,三是相关政策环境和配套改革方面。由此总结的九项措施依次为:

(一)控制房贷规模,严格制定和执行差别化的房贷政策

控制房贷规模增速,切实做到金融服务实体经济。控制房贷规模既是防范系统性金融风险的需要,也是确保经济平稳可持续发展的内在要求。在数量型货币政策的房价传导机制运行中,货币供应量和信贷规模的增加对推动房价上涨起到重要作用,房价的上涨又会通过投资效应渠道和银行资产负债表渠道进一步刺激房地产类固定资产投资,银行存贷资金质量严重依赖房价走势。该传导机制虽然拉动了经济总量的增长,但同时造成投资结构不合理、消费需求受抑制、金融资产风险大、生态环境遭破坏的恶劣局面。要确保金融系统稳定和经济可持续发展,需要从总量上抑制过快增长的房贷规模,引导资金多投向实体经济。

适时调高二套房贷首付比例和贷款利率,对于房价涨速过快的城市,根据"宏观审慎"和"一城一策"的原则,可根据具体情况考虑暂停三套房贷发放,遏制楼市投机需求。虽然从市场经济角度来看,政府并不宜频繁使用行政手段干预市场行为。但是由于房价高低关系到百姓的安居乐业,不仅是市场买卖行为,还关系到社会稳定。房贷的首付比例及利率不再只是银行自身的经营决策,而应当是政府宏观调控的手段和金融行业准则。

针对不同发展水平的城市和不同类型房产制定灵活的房贷政策。目前来说一线城市的房价泡沫仍然存在,而且房价还有上涨的势头,因此对一线城市的房贷政策要更加严厉;对于小城市特别是西部地区城镇来说,需要放松房贷政策,这既是缩小地区收入差距的需要,也是加快推进西部地区城镇化建设的需要。对于

不同类型房产来说，普通住宅、高档住宅、保障性住房以及商业用房各自功能不同，要把抑制普通住宅的投机作为调控重点。

坚持并且强化差异化的住房信贷政策，不仅是要体现在商业信贷领域，还要给购房者提供更多的选择。未来的个人住房贷款领域，可以考虑形成首套以公积金贷款为主，二套以上商业贷款为主的格局。银行商业房贷适当提升二套以上房贷利率，增加该项业务利润的同时，也遏制了投资需求。公积金贷款则为首套房贷提供低利率，支持满足中低收入者的住房需求，作为政府再分配的一种方式，有效弥补商业贷款的不足。

（二）审慎制定房贷利率政策，引导资金支撑实体经济发展

要进一步提高二套房以上（包括二套房）房贷利率水平。利率是调节市场总体资金供需的重要阀门，而房贷利率则是调节资金流向的一把利器。过于宽松的房贷利率，会诱使资金过度涌向房地产建设与交易，非房地产部门资金被抽离，造成投资结构失衡，不利于实体经济发展。我国近十年来出现的房价越调越高的"房价之谜"现象就与房贷利率长期优惠的政策有关系，较低的房贷利率与较高的实业贷款利率存在较大差额，为资金脱离实体经济转向虚拟经济套利创造了条件。因此，要审慎制定住宅贷款利率水平，确定房贷利率围绕基准利率浮动的合理区间。目前阶段，在执行首套房贷利率优惠政策以确保改善性需求情况下，要进一步提高二套房以上（包括二套房）房贷利率水平，甚至取消多套房贷。

重视存量房贷利率的调控作用。近十年来房贷政策多变，后期推出的政策对前期房产投资投机性行为难以产生影响，既得利益者持有房产存在极低的机会成本，造成目前存量房空置率高、交易量少甚至囤积居奇的现象。鉴于此，对于政策出台前已存在的多套房房贷实行累进阶梯型利率政策，加大多套房的持有成本，活跃二手房交易市场，同时也间接引导资金转向实体经济领域。

（三）突出货币政策的前瞻性和连续性，避免货币政策调控方向的急剧逆转

要把防范房地产系统性金融风险作为维护金融稳定的重要任务。疏导货币政策通过房价影响宏观经济的传导渠道，控制银行房贷规模，规范各项房贷政策；引导和健全房地产信托、房地产投资基金等投融资平台，科学评估政府土地质押融资平台的风险；重视房价波动在宏观经济预警体系中的作用，充分体现货币政策的前瞻性。

要密切关注国际国内经济金融最新动向及其影响,增强政策的预见性,保持政策的连续性和稳定性。把握好调控的力度、节奏和重点,根据形势变化适时适度进行预调微调,处理好保持经济平稳较快发展、经济结构调整以及通货膨胀预期管理之间的关系,加强系统性风险的防范。要吸取日本房地产泡沫与美国次贷危机时期货币政策操作失误的历史教训,避免货币政策长期宽松后的急剧逆转对经济体的剧烈冲击,要把保持货币政策的连续性和增强货币政策前瞻性、针对性以及灵活性有效结合起来。

(四)疏通和拓宽投资渠道,化解房价泡沫的风险

疏通和拓展投资渠道,要培育良好的投资环境,开发新的投资品种。大力发展和规范银行理财产品,加快证券市场改革,发挥资本市场资金储蓄和调节功能。引导公众预期加强房地产投资风险教育,强化市场主体房地产投资风险自担责任。鼓励民营资本设立或参与小微金融机构,引导社会资金进入国民经济急需的行业和环节,进入正规金融难以服务到的基层,把房地产炒作资金转变为基层经济发展的有效生产要素。从金融服务环节出发,把民营企业、民营经济、民营创业的环境真正地改善,真正变得更加自由和规范。

疏通和拓展投资渠道,要打破行业垄断。进一步放宽民营资本进入金融领域的门槛限制,鼓励社会资本参与组建银行、证券、保险、基金、信托等金融机构,积极参与金融主体之间的竞争,既能拓展市场投资渠道,也有利于提高金融机构服务水平。鼓励资金投向农村,成立新型农商银行、村镇银行等金融机构,打破农村信用社超级垄断地位,降低农民融资成本,切实做好服务"三农"。鼓励资金投向教育、卫生等基础比较薄弱的领域,并通过市场调节和政府调控激励政策对投资收益提供相应保障。尽快放开政府掌控的一些有较高回报率的投资项目,如交通建设、资源开发等与销售领域,既能疏通和拓宽投资渠道,化解房价泡沫的风险,又能促进社会公平与公正,实现最广泛的民生。

(五)着力改善房地产供应结构,加大对保障性住房建设的金融支持力度

要提高普通住宅的建设比例。普通住宅建设既关系到我国最广大的民生,也关系到货币政策传导机制的稳定。各地要因地制宜,抓住重点,加大住房供应结构调整的力度,在控制非住宅和高档住宅建设的基础上,着力增加普通商品住房的供给,提高其在市场供应中的比例。要有计划地增加普通商品住房的建设规模,并及时调整房地产开发用地的供应结构,增加普通商品住房土地供应,做好土地

供应计划和住房供应计划的有机衔接。同时，抓紧清理闲置土地，促进存量土地的合理利用，提高土地实际供应总量和利用效率。对已经批准但长期闲置的住宅建设用地，要严格按有关规定收回土地使用权或采取其他措施进行处置。

加大对保障性住房建设的金融支持力度。保障性住房建设不仅有利于保障和改善民生，增加住房有效供给，挤压房地产泡沫，抑制房价过快上涨；而且有利于优化投资结构，扩大消费需求，带动相关产业发展，拉动经济增长。在货币政策的房价传导机制中，保障性住房价格波动最小，对宏观经济的影响最为"温和"。在目前阶段，要全面落实廉租住房制度，从资金需求层面破解关键难题。一方面，地方财政部门可从公共预算、住房公积金增值收益、土地出让收益、国有资本经营预算、地方政府债券收入中安排资金，向保障性住房输入资金；另一方面，金融管理部门要创新保障性住房的融资模式。以地方政府住房建设投融资平台为基础，创建专门针对低收入群体的住房信贷担保和保险机构，同时制定相应的激励机制，广泛吸取社会资本参与保障性住房建设与运营管理。

（六）管控热钱跨境流动对房地产的炒作

加强对境外投资基金的监管，限制其在房地产市场上的大量购房行为。对外资在境内购房进行限制是最直接有效的抑制国际热钱炒作的办法。虽然该方式行政色彩很浓，但是并非异常手段，实际上，对非居民投资或购买房地产进行必要限制是国际社会的通行做法。比如泰国规定，外国人要购买空置土地必须先在泰国政府授权的投资领域（如政府债券）投资 100 万美元，并且投资期限不少于 5 年，这实际上是对外资投资房地产的保证金，达到利用外资和规范管理的多重目的。

以平稳、渐近的方式审慎开放我国资本账户，使其成为狙击热钱流入房地产市场的重要"防火墙"。人民币国际化是未来经济发展的必然趋势，我国资本账户的有限开放是必要步骤，但是这一过程的稳步推进需要各项金融体制的配套改革。目前我国的利率市场化还未完全形成，国内资本市场运行机制还不完全成熟，房价正处在多空力量胶着期，以平稳、渐近的方式审慎开放我国资本账户，有利于拉长热钱的投机周期，从而缓冲热钱投机的负面影响。另外，要加快完善人民币汇率形成机制，这是与资本账户开放相配套的工作。从短期来看，要从体制机制上继续扩大人民币汇率弹性，增加游资的风险溢价，减弱投机资本对人民币升值一边倒的预期，削弱热钱流入房地产的动力；从长期来看，要加快经济增长方式的转变，扩大内需，减少国际收支净额，促进国际收支平衡。

（七）将房价作为重要变量纳入到通货膨胀水平的监控体系

改革现有 CPI 衡量体系，要把房价变动的相关因素充分反映到物价水平上。我国房价是引起物价变动的重要原因，然而只有很小一部分房价因素在 CPI 中有反应。虽然 2011 年我国将 CPI 中的居住类价格因素比重从 13.2% 提高到 17.2%，但是还远远没有充分反映整体物价水平的实际变化，与老百姓感受到的实际价格变化相差太远。

要把房价作为重要预期指标纳入到通货膨胀水平的检测体系。研究已表明，近十年来我国房价变动是引起物价变动的重要原因，房价变动已经构成物价变动的重要预期因素，中央银行把监测房价作为一项重要工作，有利于尽早发现通货膨胀的成因并制定稳定物价的相应措施，避免发生日本房地产泡沫和美国次贷危机时期货币政策实施过晚而贻误最佳调控时期的共同错误。

（八）尽快建立健全全国统一的不动产登记信息共享机制

建立全国统一的不动产登记信息共享机制，有利于克服信息不对称，为货币政策和宏观调控提供正确信息。房地产调控难的一个根本原因是信息不对称，货币当局和住建部门难以摸清现有房屋库存、空置、在建、预建以及各种类型房地产交易的具体数据，缺少一个像股票交易、期货交易、现货交易那样的全国房地产电子交易平台。如果有这样一个公开透明的房地产交易平台，不但政府施政的依据会更加科学，老百姓也会更加理性地进行房地产投资。一个切实可行的做法是，将银行房贷系统、个人和企业信用系统、户籍管理系统、房屋产权登记系统、房屋交易信息系统以及税务系统联网，建立一套全国统一的房地产电子产权登记和交易平台，充分发挥市场机制的公开、透明、自由议价的资源配置功能，当市场调节存在不足时再进行宏观调控。遵循这种"先市场，后政府"的经济运行和调节原则，既有利于政府职能的转变，也有利于市场机制自发调节功能的实现。

共享不动产登记信息，有利于提高信息透明度，防范房地产领域的腐败。没有公开透明的房地产产权与交易信息平台，投机者就可以通过户籍造假、谎报家庭收入、隐瞒多套房产信息等方式继续进行房地产投机活动，甚至发生侵占保障性住房、转移公共资源炒房、通过房地产买卖"洗钱"等非法活动。因此建立并公开全国统一的房地产产权登记和交易平台，创建我国更加公开、公平、公正的市场环境，兼有防腐治腐、防止收入差距扩大以及理顺货币政策房价传导渠道的多重功效。

(九)以房地产调控为契机,加快推进各项体制协同改革

注重运用金融财税手段调节房地产供需水平。2003年以来,房地产市场调控从财税、信贷、土地和市场监管等经济和法律手段,演变为强化运用行政手段,现已形成限购、限贷、限价、加快保障房建设和行政问责等"三限一保一问责"调控措施。但从目前的执行情况来看问题较多,要么存在一些购房者通过伪造收入证明、假离婚等手段越过政策界限而使政策失效,要么因行政手段缺乏渐进性和弹性而使市场行情发生剧烈震荡,总体来看行政干预调控效果正在减弱。未来应该进一步通过金融财税手段引导房产供需,加紧建立以金融、财税等手段为主的房地产市场调控长效机制,增强调控政策的灵活性和可控性,确保房价平稳变动。

房地产调控涉及到我国现存的各种体制机制问题,需要进一步推进各项体制协同改革。要积极稳妥地推进与房地产密切相关的几个领域改革。加快户籍制度改革,既要打破城乡户籍限制,又要防止利用户籍流动炒房的现象,警惕空有户籍却非常住人口的以炒房为目的的浅表城市化;建立家庭和企业的诚信数据库,做好信息公开公示,减少企业捂盘、囤地行为,防止个别家庭在保障房申请环节寻租和失信行为;统筹推进房地产税费改革,精简合并现行房地产税制,重构更加简明的房地产新税制,实现地方财政由"土地出让收入为主"向"土地税收收入为主"转型,由一次性收入向分年收入转变,使地方政府摆脱土地财政的束缚;建立住房空置统计制度,摸清真实的住房空置水平,在房产税之外,适时推出住房空置税,抑制扰乱住房市场真实供需信息且丧失住房居住功能的恶劣投机行为;改革土地管理制度,尊重土地资产的公共产品属性,改革"招拍挂"体制下"价高者得"的完全市场化定价的土地出让原则,完善综合评标和定价制度,降低地价成本。

参考文献

[1] SIMS C A. Interpreting the macroeconomic time series facts: the effects of monetary policy[J]. European Economic Review,1992,36(5):975-1000.

[2] GOODHART C, Hofmann B. House prices, money, credit, and the macroeconomy[J]. Oxford Review of Economic Policy,2008,24(1):180-205.

[3] MODIGLIANI F. The monetary mechanism and its interaction with real phenomena[R]. Cambridge:National Bureau of Economic Research,1995.

[4] 周京奎. 1998~2005年我国资产价格波动机制研究——以房地产价格与股票价格互动关系为例[J]. 上海经济研究,2006(4):21-29.

[5] 王来福,郭峰. 货币政策对房地产价格的动态影响研究——基于VAR模型的实证[J]. 财经问题研究,2007(11):15-19.

[6] 魏玮. 货币政策对房地产市场冲击效力的动态测度[J]. 当代财经,2008(8):55-60.

[7] 高波,王先柱. 中国房地产市场货币政策传导机制的有效性分析:2000—2007[J]. 财贸经济,2009(3):129-135.

[8] 胡浩志. 房地产市场在货币政策传导机制中的作用——基于SVAR模型的经验研究[J]. 宏观经济研究,2010(12):69-74.

[9] 李成,黎克俊,马文涛. 房价波动、货币政策工具的选择与宏观经济稳定:理论与实证[J]. 当代经济科学,2011(6):1-12.

[10] 郑忠华,郭娜. 我国房地产价格高涨的原因研究——信贷渠道视角下的解释[J]. 中国经济问题,2011(6):44-51.

[11] 王晓芳,毛彦军,徐文成. 我国房价在货币政策信贷传导渠道中的作用研究——基于SVAR模型的实证分析[J]. 中央财经大学学报,2011(6):41-45.

[12] 沈悦, 李善燊, 周奎省. 金融自由化对我国住宅价格变化的影响 [J]. 西安交通大学学报 (社会科学版),2011(6):34-39.

[13] 周冰, 苏治. 中国的货币政策能有效调控房价么?[J]. 中央财经大学学报, 2012(3):17-22.

[14] 任碧云, 梁垂芳. 货币供应量对居民消费价格指数与房屋销售价格指数的影响——基于 1978—2009 年中国经验数据的分析 [J]. 中央财经大学学报 ,2011(1):21-26.

[15] 秦岭, 姚一旻. 我国银行信贷与房地产价格关系研究 [J]. 经济社会体制比较 ,2012(2):188-202.

[16]FAN C S, WONG P. Does consumer sentiment forecast household spending?: The Hong Kong case[J]. Economics letters,1998,58(1):77-84.

[17]JANSEN W J. What do capital inflows do? Dissecting the transmission mechanism for Thailand, 1980–1996[J]. Journal of Macroeconomics, 2003,25(4):457-480.

[18]HOTTA L, LUCAS E, PALARO H. Estimation of var using copula and extreme value theory[J]. Cass Business School Research Paper,2006.

[19]GUO F, HUANG Y S. Does "hot money" drive China's real estate and stock markets?[J]. International Review of Economics & Finance,2010,19(3):452-466.

[20] 张宇, 刘洪玉. 美国住房金融体系及其经验借鉴——兼谈美国次贷危机 [J]. 国际金融研究 , 2008,4:4-12.

[21] 刘莉亚. 境外"热钱"是否推动了股市, 房市的上涨?——来自中国市场的证据 [J]. 金融研究 , 2009(10):48-70.

[22] 陈浪南, 陈云. 人民币汇率, 资产价格与短期国际资本流动 [J]. 经济管理, 2009(1):1-6.

[23] 焦继文, 郭灿. 国际资本流动对房价波动风险的影响分析——基于山东省的实证研究 (2002Q1—2010Q2)[J]. 山东大学学报 : 哲学社会科学版 , 2012(6):49-53.

[24] 沈悦, 李善燊. 国际资本冲击, 多重套利与异质性房价波动 [J]. 中国软科学 , 2012(9):36-44.

[25] 沈悦，郭品，李善燊. 国际游资冲击对中国资产价格的影响 [J]. 现代财经（天津财经大学学报），2012(10):42-50.

[26] 马亚明，赵慧. 热钱流动对资产价格波动和金融脆弱性的影响——基于SVAR模型的实证分析 [J]. 现代财经（天津财经大学学报），2012(6):5-15.

[27] BERNANKE B S, GERTLER M. Inside the black box: the credit channel of monetary policy transmission[R]. Cambridge:National Bureau of Economic Research,1995.

[28] MUELLBAUER J, MURPHY A. Booms and busts in the uk housing market[J]. The Economic Journal, 1997,107(445):1701-1727.

[29] IACOVIELLO M, MINETTI R. Financial liberalization and the sensitivity of house prices to monetary policy: theory and evidence[J]. The Manchester School, 2003,71(1):20-34.

[30] FRATANTONI M, SCHUH S. Monetary policy, housing, and heterogeneous regional markets[J]. Journal of Money, Credit, and Banking, 2003,35(4):557-589.

[31] AOKI K, PROUDMAN J, VLIEGHE G. House prices, consumption, and monetary policy: a financial accelerator approach[J]. Journal of financial intermediati on,2004,13(4):414-435.

[32] CAMERON G, MUELLBAUER J, MURPHY A. Was There A British House Price Bubble? Evidence from a Regional Panel[J]. 2006.

[33] CHO D, MA S. Dynamic relationship between housing values and interest rates in the Korean housing market[J]. The Journal of Real Estate Finance and Economics, 2006,32(2):169-184.

[34] MISHKIN F S. Housing and the monetary transmission mechanism[R]. Cambridge:National Bureau of Economic Research,2007.

[35] IACOVIELLO M, MINETTI R. The credit channel of monetary policy: Evidence from the housing market[J]. Journal of Macroeconomics, 2008,30(1):69-96.

[36] WALLISON P J. Government housing policy and the financial crisis[J]. Cato Journal,2010, 30:397.

参考文献

[37] BEETSMA R, GIULIODORI M. The Macroeconomic costs and benefits of the EMU and other monetary unions: An overview of recent research[J]. Journal of Economic literature, 2010, 48(3):603-641.

[38] GOODHART C, HOFMANN B. House Prices and the Macroeconomy: Implications for Banking and Price Stability[M].Oxford: Oxford University Press, 2006.

[39] KASAI N, GUPTA R. Financial liberalization and the effectiveness of monetary policy on house prices in South Africa[J]. The IDP Journal of Monetary Economics, 2010, 8(4):59-74.

[40] 陆前进, 卢庆杰. 我国利率调控面临的困境及政策含义[J]. 上海财经大学学报, 2008(1):65-72.

[41] 陈鹄飞, 陈鸿飞, 郑琦. 货币冲击、房地产收益波动与最优货币政策选择[J]. 财经研究, 2010(8):58-67.

[42] 况伟大. 利率对房价的影响[J]. 世界经济, 2010(1):134-145.

[43] 蔡真, 汪利娜. 房价与信贷关系研究——兼论当前房价调控政策的有效性[J]. 金融评论, 2011(1):75-93.

[44] 周江涛. 我国货币政策对住宅价格的影响效果分析——基于SVAR模型的实证研究[J]. 甘肃社会科学, 2011(5):123-126.

[45] 黄祥庆. 利率和国民收入对房地产价格影响实证研究[J]. 中国外资, 2012(10):218-219.

[46] 丁晨, 屠梅曾. 论房价在货币政策传导机制中的作用——基于VECM分析[J]. 数量经济技术经济研究, 2007(11):106-114.

[47] 曾华珑, 曾铮, 吴娟. 货币政策对资产价格的冲击——基于我国利率、房价和股价互动关系的经验研究[J]. 金融发展研究, 2008(10):22-26.

[48] 戴国强, 张建华. 货币政策的房地产价格传导机制研究[J]. 财贸经济, 2009(5):31-37.

[49] 黄飞雪, 王云. 基于SVAR的中国货币政策的房价传导机制[J]. 当代经济科学, 2010(1):26-35.

[50] 赵继鸿. 金融危机爆发前中国的货币政策、房产市场与宏观经济波动——基于SVAR模型的实证分析[J]. 金融理论与实践, 2012(12):9-14.

[51] 徐忠，张雪春，邹传伟. 房价、通货膨胀与货币政策——基于中国数据的研究 [J]. 金融研究, 2012(6):1-12.

[52] 王瑾. 货币政策的房地产价格传导机制研究——基于VAR模型的实证分析 [J]. 南方金融, 2012(9):31-34.

[53] 李雅静，杨毅. 利率和货币供应量对我国房地产投资的影响 [J]. 西安财经学院学报, 2005(5): 48-52.

[54] 周建军，代支祥，吴佳. 利率变动对房地产价格的影响机制研究——基于房地产二重性的分析 [J]. 湘潭大学学报 (哲学社会科学版), 2011(6): 31-35.

[55] 邓富民，王刚. 货币政策对房地产价格与投资影响的实证分析 [J]. 管理世界, 2012(6):177-179.

[56] 吴燕华，杨刚. 我国货币政策对房地产价格调控的动态影响分析 [J]. 现代财经 (天津财经大学学报),2011(10):70-76.

[57] BERNANKE B S, GERTLER M, GILCHRIST S. The financial accelerator in a quantitative business cycle framework[J]. Handbook of Macroeconomics, 1999, 1:1341-1393.

[58] FURLONG F T, KEELEY M C. Capital regulation and bank risk-taking: A note[J].Journal of Banking & Finance,1989,13(6):883-891.

[59] TAYLOR J B. The financial crisis and the policy responses: An empirical analysis of what went wrong[R]. National Bureau of Economic Research,2009.

[60] LÓPEZ M, TENJO F, ZÁRATE H. The risk-taking channel and monetary transmission mechanism in Colombia[J]. Ensayos Sobre Politica Economica MICA, 2011,29(64):212-234.

[61] MADDALONI A, PEYDRÓ J. Bank risk-taking, securitization, supervision, and low interest rates: Evidence from the Euro-area and the US lending standards[J]. Review of Financial Studies, 2011,24(6): 2121-2165.

[62] DELIS M D, KOURETAS G P. Interest rates and bank risk-taking[J]. Journal of Banking & Finance,2011,35(4):840-855.

[63] ALTUNBAS Y, MANGANELLI S, MARQUES-IBANEZ D. Bank risk during

the financial crisis: do business models matter?[R].Frankfurt: The European Central Bank, 2011.

[64]DELIS M, HASAN I, MYLONIDIS N. The risk-taking channel of monetary policy in the USA: Evidence from micro-level data[R].Munich : Munich Personal RePEC Archive, 2011.

[65]PALIGOROVA T, Santos J. When is it Less Costly for Risky Firms to Borrow? Evidence from the Bank Risk-Taking Channel of Monetary Policy[R].Ottawa: Bank of Canada, 2012.

[66]LAEVEN L, LEVINE R. Bank governance, regulation and risk-taking[J]. Journal of Financial Economics, 2009, 93(2):259-275.

[67]SAUNDERS A, STROCK E, TRAVLOS N G. Ownership structure, deregulation, and bank risk-taking[J]. The Journal of Finance,2012,45(2):643-654.

[68]FURLONG F T. Changes in bank risk-taking[J]. Economic Review, 2012(Spr): 45-56.

[69] 宋凌峰，叶永刚．中国房地产行业宏观金融风险研究——基于金融稳定的视角 [J]. 经济管理, 2010,12(12):34-39.

[70] 刘兰凤，袁申国．住房价格，住房投资，消费与货币政策——基于金融加速器效应的 DSGE 模型研究 [J]. 广东金融学院学报 ,2011(3):3-15.

[71] 曹廷求，张光利．市场约束，政府干预与城市商业银行风险承担 [J]. 金融论坛 , 2011,16(2): 3-14.

[72] 徐明东，陈学彬．货币环境，资本充足率与商业银行风险承担 [J]. 金融研究 ,2012(7):48-62.

[73] 张雪兰，何德旭．货币政策的风险承担渠道：传导路径，不对称性与内在机理 [J]. 金融评论 , 2012(1):71-81.

[74] 潘敏，张依茹．宏观经济波动下银行风险承担水平研究——基于股权结构异质性的视角 [J]. 财贸经济 ,2012(10):57-65.

[75] 李晓庆，曹金爽．银行风险承担行为的市场约束机制研究 [J]. 中国证券期货 , 2012(8):194-195.

[76] 胡荣才，刘晓岚．货币政策影响房价的区域差异性——基于省际面板数据的实证研究 [J]. 南京财经大学学报 ,2010(4):7-13.

[77] 魏玮，王洪卫. 房地产价格对货币政策动态响应的区域异质性——基于省际面板数据的实证分析 [J]. 财经研究, 2010(6):123-132.

[78] 王先柱. 房地产市场货币政策区域效应——基于我国 31 个省市的实证分析 [J]. 山西财经大学学报, 2011(10):52-61.

[79] 李成，黎克俊，马文涛. 房价波动、货币政策工具的选择与宏观经济稳定：理论与实证 [J]. 当代经济科学, 2011(6):1-12.

[80] 程承坪，张旭. 非对称性利率政策对中国房价影响的实证分析 [J]. 经济与管理研究, 2011(9): 42-51.

[81] 李村璞，何静. 非线性视角下我国货币政策传导渠道的非对称性研究 [J]. 软科学, 2012(10): 59-65.

[82] 冀志斌，宋清华. 中央银行沟通的金融市场效应——基于中国数据的实证分析 [J]. 宏观经济研究, 2012(9):45-53.

[83] TRACY J, SCHNEIDER H. Stocks in the household portfolio: A look back at the 1990s[J]. Current Issues in Economics and Finance,2001,7(4):1-6.

[84] BERTAUT C. Equity prices, household wealth, and consumption growth in foreign industrial countries: wealth effects in the 1990s[J]. FRB International Finance Discussion Paper,2002(724).

[85] BANKS J, TANNER S. Household Portfolios in the United Kingdom[M]. Chicago: University of Chicago Press,2004.

[86] SHILLER R J. From efficient markets theory to behavioral finance[J]. The Journal of Economic Perspectives,2003,17(1):83-104.

[87] 黄平. 我国房地产"财富效应"与货币政策关系的实证检验 [J]. 上海金融, 2006(6):32-34.

[88] BJØRNLAND H C, JACOBSEN D H. The role of house prices in the monetary policy transmission mechanism in small open economies[J]. Journal of Financial Stability,2010,6(4):218-229.

[89] 黄文华，朱晶晶，熊红英. 货币政策的资产价格传导机制及其实证分析 [J]. 江西社会科学, 2010(2):84-88.

[90] 冯科. 中国房地产市场在货币政策传导机制中的作用研究 [J]. 经济学动态, 2011(8):42-49.

[91] MILLER N, PENG L, SKLARZ M. House prices and economic growth[J]. The Journal of Real Estate Finance and Economics,2011,42(4):522-541.

[92] 骆祚炎. 我国结构性财富效应的季度时变特征与货币政策调控框架转型[J]. 学术研究, 2013(1): 67-74.

[93] 田启昌, 周昭雄. 资产价格与城镇居民消费支出的关系研究[J]. 金融经济, 2012(24):118-119.

[94] 姚树洁, 戴颖杰. 房地产资产财富效应的区域效应与时序差异: 基于动态面板模型的估计[J]. 当代经济科学, 2012(6):88-97.

[95] 杨赞, 沈彦皓. 货币政策传导中房价对居民消费作用的实证分析[J]. 统计与决策, 2013(2):128-131.

[96] 唐志军, 潘爱民, 陈亮. 基于状态空间模型的我国房市和股市财富效应的比较分析[J]. 大连理工大学学报(社会科学版),2013(1):61-66.

[97] 李树丞, 曾华珑, 李林. 房地产价格波动对货币政策传导的作用研究[J]. 财经理论与实践, 2008(6):17-21.

[98] 魏成龙, 张添丁. 房地产宏观调控与地产公司股价波动的相关性——基于A股市场的实证分析[J]. 中国工业经济, 2009(11):141-150.

[99] 骆祚炎. 住房支出、住房价格、财富效应与居民消费增长——兼论货币政策对资产价格波动的关注[J]. 财经科学, 2010(5):31-38.

[100] 武康平, 胡谍. 房地产市场与货币政策传导机制[J]. 中国软科学, 2010(11):32-43.

[101] 李成武. 中国房地产财富效应地区差异分析[J]. 财经问题研究, 2010(2):124-129.

[102] 王轶君, 赵宇. 房地产价格的财富效应研究——基于中国 1996～2010 年的经验证据[J]. 经济问题, 2011(5):41-43.

[103] 邓健, 张玉新. 房价波动对居民消费的影响机制[J]. 管理世界, 2011(4):171-172.

[104] 李天祥, 苗建军. 房价上涨对国民经济影响的理论分析——基于房地产财富效应传导机制视角[J]. 软科学, 2011(2):57-61.

[105] 戴国强, 张建华. 我国资产价格与通货膨胀的关系研究——基于 ARDL 的技术分析[J]. 国际金融研究, 2009(11):19-28.

[106] 武康平，胡谍. 房地产价格在宏观经济中的加速器作用研究 [J]. 中国管理科学，2011,19(1): 29-35.

[107] 曹晶. 以我国房地产市场为载体的货币政策传导机制分析:1998-2010[J]. 中国城市经济，2011(5): 65-66.

[108] 王先柱，赵奉军. 房价波动与财政收入：传导机制与实证分析 [J]. 财贸经济，2012(11):21-28.

[109] 沈悦，周奎省，李善燊. 基于FAVAR模型的货币政策的房价传导机制研究 [J]. 当代经济科学，2011(2):50-58.

[110] 董双全，邓璇. 资产负债表效应与房地产金融风险 [J]. 广东商学院学报，2004(5):46-49.

[111] 尹中立，桑晓靖. 资产负债表型衰退理论假说及其对中国宏观调控的启示 [J]. 经济学动态，2009(9):53-56.

[112] 徐凯. 基于VAR模型的我国房地产价格货币政策传导机制研究 [J]. 当代经济，2010(17): 113-115.

[113] 昌忠泽. 房地产泡沫、金融危机与中国宏观经济政策的调整 [J]. 经济学家，2010(7):69-76.

[114] 王先柱，刘洪玉. 货币政策、实际控制人类型和房地产上市公司现金持有水平变化 [J]. 当代经济科学，2011(5):66-73.

[115] 刘传哲，何凌云. 我国货币政策房地产渠道传导效率检验 [J]. 南方金融，2006(7):5-7.

[116] 段忠东. 房地产价格与通货膨胀、产出的关系——理论分析与基于中国数据的实证检验 [J]. 数量经济技术经济研究，2007(12):127-139.

[117] 胡国，宋建江. 房地产价格波动与区域金融稳定 [J]. 上海金融，2005(3):51-53.

[118] 王维安，贺聪. 房地产价格与通货膨胀预期 [J]. 财经研究，2005(12): 64-76.

[119] 韩冬梅，屠梅曾，曹坤. 房地产价格泡沫与货币政策调控 [J]. 中国软科学，2007(6):9-16.

[120] 楚尔鸣，鲁旭. 基于非对称性视角的货币政策对房地产价格的动态影响研究 [J]. 湘潭大学学报：哲学社会科学版，2008,32(4):28-34.

[121] 王擎, 韩鑫韬. 货币政策能盯住资产价格吗?——来自中国房地产市场的证据 [J]. 金融研究, 2009(8):114-123.

[122] 唐齐鸣, 熊洁敏. 中国资产价格与货币政策反应函数模拟 [J]. 数量经济技术经济研究, 2009(2):104-115.

[123] 赵进文, 高辉. 资产价格波动对中国货币政策的影响——基于1994—2006年季度数据的实证分析 [J]. 中国社会科学, 2009(2):98-114.

[124] 戴国海. 房地产调控对货币政策的挑战 [J]. 中国金融, 2012(5):77-78.

[125] Mishkin F S. Monetary Policy Strategy: Lessons from the Crisis[R]. National Bureau of Economic Research, 2011.

[126] 邢天才, 田蕊. 开放经济条件下我国资产价格与货币政策目标关系的实证分析 [J]. 国际金融研究, 2010(5):4-12.

[127] 赵宇, 王轶君. 房地产价格对通货膨胀预期具有指示性作用吗?——来自中国1996~2010年的经验证据 [J]. 经济问题, 2011(1):18-22.

[128] 李健, 邓瑛. 推动房价上涨的货币因素研究——基于美国、日本、中国泡沫积聚时期的实证比较分析 [J]. 金融研究, 2011(6):18-32.

[129] 项后军, 于洋. 通货膨胀预期视角下的货币政策对资产价格反应问题的研究 [J]. 统计研究, 2012(11):41-48.

[130] 李巍, 张志超. 通货膨胀与房地产价格对实体经济的冲击影响——基于不同货币政策规则的DSGE模型分析 [J]. 华东师范大学学报(哲学社会科学版), 2011(4):82-94.

[131] 梁斌, 李庆云. 中国房地产价格波动与货币政策分析——基于贝叶斯估计的动态随机一般均衡模型 [J]. 经济科学, 2011(3):17-32.

[132] 肖争艳, 彭博. 住房价格与中国货币政策规则 [J]. 统计研究, 2011(1):40-49.

[133] 解保华. 扩张性财政政策的利益逻辑:对国际教训的借鉴 [J]. 改革, 2009(1):92-99.

[134] 段忠东, 朱孟楠. 不确定性下的房地产价格波动与货币政策反应:一个文献综述 [J]. 经济评论, 2011(2):135-144.

[135] 周建元. 对我国房地产实行最高限价理论分析和政策建议 [J]. 中央财经大学学报, 2011(10): 54-59.

[136] 刘明. 公共选择理论视野下的高房价成因解读——兼谈物业税开征的可行性 [J]. 陕西师范大学学报 (哲学社会科学版),2011(5):17-24.

[137] 福本智之，木村武，稻村保成，等 . 中国窗口指导的有效性与金融环境——日本的经验和启示 [J]. 金融发展评论 ,2011(10):33-42.

[138] 任木荣，苏国强 . 货币政策工具调控房地产价格的传导机制分析 [J]. 中央财经大学学报 , 2012(1): 23-29.

[139] 宗良，周景彤 . 对当前我国高房价相关问题的几点看法 [J]. 中国金融，2009(3):53-55.

[140] 王军，刘向东 . 房地产市场应转向制度调整 [J]. 中国金融 , 2012(19): 76-77.

[141] 尹虹潘 . 不同房地产调控政策在城市层面的运行机制——基于城市房价空间分布曲线的理论分析 [J]. 经济学家 , 2012(12):67-73.

[142]SIMS C A. Macroeconomics and reality[J]. Econometrica: Journal of the Econometric Society, 1980:1-48.

[143]BLANCHARD O J. A traditional interpretation of macroeconomic fluctuations[J]. The American Economic Review,1989:1146-1164.

[144]DUA P, SMYTH D J. Forecasting US home sales using BVAR models and survey data on households' buying attitudes for homes[J]. Journal of Forecasting,1995,14(3):217-227.

[145]PESARAN M H, SMITH R. Estimating long-run relationships from dynamic heterogeneous panels[J]. Journal of Econometrics,1995,68(1):79-113.

[146]KOOP G, STRACHAN R W. Dynamic probabilities of restrictions in state space models: An application to the New Keynesian Phillips Curve[J]. Journal of Business & Economic Statistics,2007,28(12):1-21.

[147]ELBOURNE A. The UK housing market and the monetary policy transmission mechanism: An SVAR approach[J]. Journal of Housing Economics,2008,17(1):65-87.

[148]KYDLAND F E, PRESCOTT E C. Time to build and aggregate fluctuations[J]. Econometrica: Journal of the Econometric Society,1982:1345-1370.

[149]YUN T. Nominal price rigidity, money supply endogeneity, and business

cycles[J]. Journal of Monetary Economics,1996,37(2):345-370.

[150]GOODFRIEND M, KING R. The new neoclassical synthesis and the role of monetary policy[R].Cambridge: National Bureau of Economic Research, 1997.

[151]CANOVA F. Detrending and business cycle facts[J]. Journal of Monetary Economics, 1998,41(3): 475-512.

[152]CLARIDA R, GALI J, Gertler M. Monetary policy rules and macroeconomic stability: evidence and some theory[J]. The Quarterly Journal of Economics, 2000, 115(1):147-180.

[153]SMETS F, WOUTERS R. An estimated dynamic stochastic general equilibrium model of the euro area[J]. Journal of the European Economic Associati on, 2003,1(5):1123-1175.

[154]NEISS K S, NELSON E. Inflation dynamics, marginal cost, and the output gap: Evidence from three countries[J]. Journal of Money, Credit, and Banking,2005,37(6):1019-1045.

[155]CHRISTIANO L J, EICHENBAUM M, EVANS C L. Nominal rigidities and the dynamic effects of a shock to monetary policy[J]. Journal of Political Economy, 2005,113(1):1-45.

[156]NERI S, IACOVIELLO M. Housing market spillovers: evidence from an estimated DSGE model[R].Rome: Bank of Italy, 2008.

[157]PARIÈS M D, NOTARPIETRO A. Monetary policy and housing prices in an estimated DSGE model for the US and the euro area[R].Frankfurt: The European Central Bank,2008.

[158]KANNAN P, RABANAL P, SCOTT A. Monetary and macroprudential policy rules in a model with house price booms[M]. International Monetary Fund, Research Department,2009.

[159]FINOCCHIARO D, QUEIJO V. Do central banks react to house prices?[J]. Riksbank Research Paper,2009(2):1-17.

[160]GERALI A, NERI S, SESSA L, et al. Credit and Banking in a DSGE Model of the Euro Area[J]. Journal of Money, Credit and Banking,2010,42:107-141.

[161]ADAM K, KUANG P, MARCET A. House price booms and the current

account[R]. National Bureau of Economic Research,2011.

[162] 刘斌. 我国 DSGE 模型的开发及在货币政策分析中的应用 [J]. 金融研究, 2009(10):1-21.

[163] 梁斌. 银行信贷首付约束与中国房地产价格研究 [J]. 国际金融研究, 2011(3):4-10.

[164] 骆永民, 伍文中. 房产税改革与房价变动的宏观经济效应——基于 DSGE 模型的数值模拟分析 [J]. 金融研究, 2012(5):1-14.

[165] 郑忠华, 邱俊鹏. 房地产借贷、金融加速器和经济波动——一个贝叶斯估计的 DSGE 模拟研究 [J]. 经济评论, 2012(6):25-35.

[166] 楚尔鸣, 许先普. 基于 DSGE 模型的中国资产价格波动与货币政策分析 [J]. 中国地质大学学报(社会科学版), 2012(5):114-122.

[167] 金晓斌, 殷少美, 尹小宁, 等. 城市住宅产业发展系统动力学研究——以南京市为例 [J]. 南京大学学报: 自然科学版, 2005,40(6):760-768.

[168] 刘丹, 杨德礼, 杨德权. 住房市场系统模型研究 [J]. 管理学报, 2007, 4(4):421-424.

[169] 沈悦, 周奎省, 张金梅. 异质有限理性预期与住宅价格动态反馈机制系统仿真 [J]. 经济理论与经济管理, 2010,9(9):20-28.

[170] HOPFIELD J J. Neural networks and physical systems with emergent collective computational abilities[J]. Proceedings of the National Academy of Sciences,1982,79(8):2554-2558.

[171] HOPFIELD J J. Neurons with graded response have collective computational properties like those of two-state neurons[J]. Proceedings of the National Academy of Sciences,1984,81(10):3088-3092.

[172] 闫妍, 等. 基于 TEI@I 方法论的房价预测方法 [J]. 系统工程理论与实践, 2007(7):1-9.

[173] 周丽萍. 商品住宅特征价格模型与指数的应用研究 [D]. 西安: 西安建筑科技大学,2008.

[174] 周小川. 金融政策对金融危机的响应——宏观审慎政策框架的形成背景, 内在逻辑和主要内容 [J]. 金融研究, 2011(1):1-14.

[175] GOODHART C, HOFMANN B. House Prices and the Macroeconomy:

Implications for Banking and Price Stability: Implications for Banking and Price Stability[M]. Oxford : OUP Oxford,2006.

[176]BERNANKE B S, BOIVIN J, ELIASZ P. Measuring the effects of monetary policy: a factor-augmented vector autoregressive (FAVAR) approach[J]. The Quarterly Journal of Economics, 2005,120(1): 387-422.

[177]BOIVIN J, GIANNONI M P. Has monetary policy become more effective?[J].The Review of Economics and Statistics,2006,88(3):445-462.

[178]SHIBAMOTO M. An Analysis Of Monetary Policy Shocks In Japan: A Factor Augmented Vector Autoregressive Approach[J]. Japanese Economic Review,2007,58(4):484-503.

[179]VARGAS-SILVA C. Monetary policy and the US housing market: A VAR analysis imposing sign restrictions[J]. Journal of Macroeconomics, 2008, 30(3): 977-990.

[180]DAS S, GUPTA R, KABUNDI A. Could we have predicted the recent downturn in the South African housing market?[J]. Journal of Housing Economics,2009,18(4):325-335.

[181]GUPTA R, KABUNDI A. The effect of monetary policy on house price inflation: a factor augmented vector autoregression (FAVAR) approach[J]. Journal of Economic Studies,2010,37(6):616-626.

[182] 王胜，陈继勇．中美经济关系、汇率制度与中国汇率政策——基于FAVAR 模型的实证分析 [J]. 数量经济技术经济研究 ,2010(1):95-106.

[183] 李善燊，沈悦．中国"房价之谜"的检验与原因分析 [J]. 上海经济研究，2012(8):42-51.

[184] 范从来，盛天翔，王宇伟．信贷量经济效应的期限结构研究 [J]. 经济研究 ,2012(4):80-91.

[185] 丁志国，徐德财，赵晶．美国货币政策对中国价格体系的影响机理 [J]. 数量经济技术经济研究 , 2012(8):3-18.

[186] 尹力博，韩立岩．外部冲击对 PPI 指数的结构性传导——基于 FAVAR 模型的全视角分析 [J]. 数量经济技术经济研究 ,2012(12):66-81.

[187] 李沂，肖继五，崔建军．人民币升值能否促进中国国际收支基本平

衡?——基于 FAVAR 模型的分析 [J]. 国际金融研究, 2012(3):30-39.

[188] 沈悦, 李善燊, 马续涛. VAR 宏观计量经济模型的演变与最新发展——基于 2011 年诺贝尔经济学奖得主 Smis 研究成果的拓展脉络 [J]. 数量经济技术经济研究, 2012(10):150-160.

[189] HWANG H. Two-step estimation of a factor model in the presence of observable factors[J]. Economics Letters, 2009, 105(3):247-249.

[190] 况伟大. 预期、投机与中国城市房价波动 [J]. 经济研究, 2010(9):67-78.

[191] 陈健, 高波. 收入差距、房价与消费变动——基于面板数据联立方程模型的分析 [J]. 上海经济研究, 2012(2):53-62.

[192] 汪小亚, 代鹏. 房地产价格与 CPI 相关性: 实证分析 [J]. 中国金融, 2005(2):17-18.

[193] 张建波, 白锐锋, 王睿. 我国资产价格对通货膨胀影响的效果研究 [J]. 江西财经大学学报, 2011(2):12-18.

[194] 张健华, 常黎. 哪些因素影响了通货膨胀预期——基于中国居民的经验研究 [J]. 金融研究, 2011(12):19-34.

[195] 邓瑛. 金融危机后资产型通货膨胀与货币政策前沿研究 [J]. 财经科学, 2012(11):1-11.

[196] 刘华伟, 杨娟. 中国一般物价和资产价格的传导机制研究 [J]. 山西财经大学学报, 2012(S1): 1-3.

[197] 谭政勋. 房价、CPI 与货币政策传导机制的中美比较研究 [J]. 亚太经济, 2013(1):93-98.

[198] 郭晔, 杨娇. 货币政策的指示器——FCI 的实证检验和比较 [J]. 金融研究, 2012(8):16-28.

[199] 戚家领, 仲伟周. 房价波动、货币政策与社会福利 [J]. 郑州大学学报（哲学社会科学版）, 2020, 53(1):56-61.

[200] 杨小军. 房价、通货膨胀与货币政策绩效 [J]. 华北理工大学学报（社会科学版）, 2020, 20(1):34-41.

[201] 严艳, 陈磊. 货币政策调控对房价泡沫的时变影响研究 [J]. 经济问题探索, 2019(12):163-171.

[202] 陆涛. 我国价格型货币政策工具对房价调控机理研究——基于利率、

汇率价格型政策工具的理论分析[J]. 价格理论与实践,2019(07):87-90.

[203] 张小宇,刘永富. 货币政策的权衡:推高房价还是刺激消费[J]. 社会科学文摘,2019(08):50-52.

[204] 倪鹏飞. 货币政策宽松、供需空间错配与房价持续分化[J]. 经济研究,2019,54(08):87-102.

[205] 张小宇,刘永富. 货币政策的权衡:推高房价还是刺激消费[J]. 财经科学,2019(05):13-25.

[206] 王玉全. 棚改货币化安置政策收紧对城市房价的影响[J]. 价值工程,2019,38(14):43-45.

[207] 郭娜,周扬. 房价波动、宏观审慎监管与最优货币政策选择[J]. 南开经济研究,2019(02):186-206.

[208] 付楷. 地区异质性、房价调控与区域货币政策效果[J]. 价值工程,2019,38(09):192-196.

[209] 郭娜. 房价黏性、系统性风险与货币政策调控[J]. 财经科学,2019(02):15-26.

[210] 巴曙松,武阳,邱超伦. 货币政策冲击与房价波动:基于 PVAR 模型的量化分析[J]. 未来与发展,2019,43(01):72-81.

[211] 赵红雨,李沂,田爽. 稳健货币政策下国内房价上涨的原因及地区差异性研究——基于 Bayesian VAR 模型的分析[J]. 西安石油大学学报(社会科学版),2018,27(06):16-24.

[212] 涂红,徐春发,余子良. 货币政策对房价影响的区域差异:来自多层混合效应模型的新证据[J]. 南开经济研究,2018(05):41-57, 175.

[213] 刘金全,毕振豫. 不确定性会影响货币政策对房价的调控效应吗?——基于 LT-TVP-VAR 模型的实证检验[J]. 财经论丛,2018(10):35-44.

[214] 郑世刚. 货币政策与房价波动关系的实证分析[J]. 统计与决策,2018,34(18):146-149.

[215] 赵胜民,张瀚文. 我国宏观审慎政策与货币政策的协调问题研究——基于房价波动的非对称性影响[J]. 国际金融研究,2018(07):12-21.

[216] 张清源,梁若冰,朱峰. 货币政策加剧城市房价的冷热不均吗?[J]. 统计研究,2018,35(05):75-87.

[217] 徐杰. 货币政策、房价波动与经济冲击：日本案例 [J]. 北方金融, 2018(03):79-83.

[218] 卢博宇. 货币政策、房价波动对我国消费影响研究 [J]. 经济研究导刊, 2018(06):74-76，134.

[219] 赵胜民，何玉洁. 影子银行对货币政策传导与房价的影响分析——兼论宏观审慎政策与货币政策协调 [J]. 经济科学, 2018(01):83-95.

[220] 姚云霞，章贵桥. 关注房价还是关注股价——基于货币政策对资产价格反应的模拟分析 [J]. 管理世界, 2017(11):170-171.

[221] 戴金平，尹相颐. 我国货币政策的调控效果与时变反应特征——基于房价与汇率变量的检验 [J]. 中南财经政法大学学报, 2017(05):88-95, 160.

[222] 李言，毛丰付. 货币政策应该对房价波动做出反应吗？——基于中国房地产市场衰退情境的模拟分析 [J]. 当代经济科学, 2017, 39(05):30-38, 125.

[223] 秦勇. 货币政策是否应纳入房价因子 [J]. 中国金融, 2017(17):47-48.

[224] 雷田礼，吴刚，熊强. 货币政策因素对房价影响的显著型分析 [J]. 数理统计与管理, 2018,37(01):155-161.

[225] 许先普，楚尔鸣. 房价波动、宏观审慎及与货币政策的协调 [J]. 统计与信息论坛, 2017,32(03):62-69.

[226] 罗娜，程方楠. 房价波动的宏观审慎政策与货币政策协调效应分析——基于新凯恩斯主义的 DSGE 模型 [J]. 国际金融研究, 2017(01):39-48.

[227] 段忠东. 基于 SVAR 模型的房价对货币政策传导的区域效应——中国 4 个直辖市的反事实模拟 [J]. 厦门理工学院学报, 2016,24(06):25-31.

[228] 许先普，楚尔鸣. 宏观审慎对房价波动的调控效应及货币政策协调 [J]. 湘潭大学学报（哲学社会科学版）,2016,40(06):72-78.

[229] 刘翠. 我国房价波动与货币政策关系研究——基于风险溢出效应的分析 [J]. 财经问题研究, 2016(10):48-53.

[230] 邓创，徐曼，汪洋. 货币政策房价调控效应的非对称性与区域差异分析 [J]. 统计与决策, 2016(17):116-119.

[231] 汤健雄. 货币政策对资产价格的影响分析——基于中国货币供给、房价和股价的实证研究 [J]. 价值工程, 2016,35(21):25-28.

[232] 龙少波, 陈璋, 胡国良. 货币政策、房价波动对居民消费影响的路径研究 [J]. 金融研究, 2016(06):52-66.

[233] 郑宁, 陈立文, 任伟. 货币政策对房价影响的区域比较 [J]. 商业经济研究, 2016(01):159-161.

[234] 陈利锋. 金融冲击、房价波动与货币政策 [J]. 首都经济贸易大学学报, 2016,18(01):40-50.

[235] 余华义, 黄燕芬. 货币政策影响下收入和房价的跨区域联动 [J]. 中国软科学, 2015(10):85-100.

[236] 李松华. 我国货币政策对房价调控效应的模拟——基于新凯恩斯DSGE模型 [J]. 深圳大学学报(人文社会科学版), 2015,32(05):75-79.

[237] 巴曙松, 田磊. 房价波动、货币政策与经济周期波动：一个DSGE分析框架 [J]. 当代财经, 2015(08):3-16.

[238] 纪晗. 房价溢出效应与货币政策异质效果：综述与展望 [J]. 金融发展研究, 2015(07):35-41.

[239] 谭政勋, 陈怡君. 货币政策反应规则与房价波动的实证研究 [J]. 金融论坛, 2015,20(07):27-36.

[240] 谭政勋, 刘少波. 开放条件下我国房价波动、货币政策立场识别及其反应研究 [J]. 金融研究, 2015(05):50-66.

[241] 周小川. 货币政策更紧稳定房价政策继续实行 [J]. 财经界, 2015(05):78-79.

[242] 马井静, 周浩. 我国房价波动与货币信贷政策调控研究 [J]. 安徽农业大学学报(社会科学版), 2015,24(02):56-61.

[243] 余华义, 黄燕芬. 货币政策效果区域异质性、房价溢出效应与房价对通胀的跨区影响 [J]. 金融研究, 2015(02):95-113.

[244] 谭政勋, 王聪. 房价波动、货币政策立场识别及其反应研究 [J]. 经济研究, 2015,50(01):67-83.

[245] 杜志达, 刘畅. 货币政策和居民收入对房价影响的实证分析 [J]. 价值工程, 2014,33(18):9-11.

[246] 陈利锋, 范红忠. 房价波动、货币政策与中国社会福利损失 [J]. 中国管理科学, 2014,22(05):42-50.

[247] 杨柳,冯康颖,黄婷.货币政策是否适宜作为房价的直接调控手段？——基于 SFAVAR 模型的实证研究 [J]. 管理评论,2013,25(10):28-39.

[248] 张中华,林众.汇改机制与货币政策冲击对我国房价的影响研究——兼论"三元悖论"在我国的适用性 [J]. 宏观经济研究,2013(09):13-19.

[249] 曾宪久.货币政策传导机制论 [M]. 北京：中国金融出版社，2004.

[250] 盛朝晖.中国货币政策传导机制探析 [M]. 北京：经济科学出版社，2010.

[251] 李松华.货币政策传导机制——数理建模与实证 [M]. 北京：中国水利水电出版社，2015.

[252] 李善燊,王君萍.房价内生与货币政策危机 [J]. 当代经济研究，2020(5):17-27.

[253] 刘翠.房地产价格波动与货币政策选择 [D]. 天津：天津财经大学,2015.

[254] 郑宁.货币政策对房地产市场影响的实证研究 [D]. 天津：河北工业大学,2017.

附录 2000年至2020年我国房地产调控的主要金融措施及房地产行情

年份	主要政策目标	主要政策内容	房市行情
2000	支持城镇个人住房消费，发展个人住房贷款业务	规范住房置业担保市场，鼓励住房贷款，建设部和人民银行共同颁布《住房置业担保管理试行办法》	房地产投资和销售稳步增长，个人购房比重增大
2001	限制商业银行违规进行住房信贷	中国人民银行以特急件下发了《关于规范住房金融业务的通知》（银发〔2001〕195号文），要求适当提高了个人住房贷款门槛，对个人商业用房贷款成数、期限、工程进度方面进行了明确规定	195号文件没有得到有效实施，房地产贷款规模激增
2002	规范房地产市场发展，整顿市场秩序，预防房地产泡沫	《2002年货币政策执行报告》措辞严厉，披露了商业银行违规贷款主要集中在房地产开发贷款和个人商业用房贷款方面	房地产市场持续发展，局部地区有过热现象
2003	加强对商业银行房地产金融业务的管理	中国人民银行121号文件要求商业银行不得向未取得"四证"的开发项目发放任何形式贷款，贷款不得向房地产开发企业发放用于缴交土地出让金的贷款，只能对购买主体结构已封顶住房的个人发放个人住房贷款等	121号文件是一个窗口指导性的措施，其收效并不十分显著，局部地区房地产投机、炒作现象严重
2004	抑制投资过快增长，稳定房价	央行九年以来首次加息。中国银监会公布了《商业银行房地产贷款风险指引》，规定建筑商不得为开发商垫资建楼，开发商开发项目自有资金不低于项目总投资的35%，购房者的月供房款不得超过收入的50%	土地供应减缓，信贷规模缩减，土地囤积、炒作现象日趋严重

续表

年份	主要政策目标	主要政策内容	房市行情
2005	抑制住宅价格过快上涨，促进房地产市场健康发展	央行上调个人住房贷款利率，银监会"212号"文件对房地产信托发行门槛进行了严格限制。国务院先后颁布"国八条"和"新国八条"，要求财税金融政策支持改善住房供给结构，正确引导居民合理消费预期	容积率下降，别墅、高档公寓占比重高，普通商品住宅增长缓慢，房屋供应结构不合理
2006	引导住房需求，优化供给结构	"国六条"和九部委"十五条"规定，个人住房按揭贷款首付款比例不得低于30%，考虑到中低收入群众的住房需求，对购买自住住房且套型建筑面积90平方米以下的仍执行首付款比例20%的规定	容积率上升，高档住宅占比下降，土地供给平稳，住宅价格持续上涨
2007	收紧房地产信贷，加快保障房建设	央行五次加息；二套房贷首付比例不得低于40%，贷款利率不得低于中国人民银行公布的同期同档次基准利率的1.1倍；严格控制外商投资高档房地产	土地出让面积增加，住宅价格快速上涨
2008	贯彻房地产优惠政策刺激房市，预防经济下滑	央行百日内连续5次降息；放宽二套房贷限制、取消城市房地产税、下浮廉租房贷款利率、购房超两年转让免营业税等新政全方位刺激房市	房地产信贷增加，住宅价格涨幅不大
2009	支持房地产市场健康发展	上半年政策宽松：下调了房地产开发项目的最低资本金比例；放开外资购房的政策。下半年政策收紧：对二套房政策做出严厉重申；提高土地出让金首付比例	住宅价格加快上涨，土地购置面积放缓
2010	遏制部分住宅价格过快上涨	国务院发布"新国十条"，强调房地产用地监管并开展突击检查，提高二套房首付比例，银行上调存贷款基准利率，上调个人住房公积金存贷款利率	保障房建设速度加快，商品住宅成交量走低，住宅价格涨幅逐渐放缓

附录 2000年至2020年我国房地产调控的主要金融措施及房地产行情

续表

年份	主要政策目标	主要政策内容	房市行情
2011	利用差别化货币政策遏制房价过快上涨	国务院"新国八条"规定二套房贷首付比例提至60%，贷款利率提至基准利率的1.1倍，第三套及以上住房不发放商业贷款，无法提供一年的纳税证明或社保证明的家庭，也无法获得商业贷款	下半年全国大中城市房价有所回落，交易量下滑
2012	抑制投机投资性购房需求	央行两次下调存款准备金率，两次降息，同时要求金融机构继续严格执行差别化的各项住房信贷政策；银监会要求金融机构继续强化房地产贷款风险防控，加强房地产信托风险管理	上半年量价齐跌，下半年量价均开始回落
2013	坚决抑制投机投资性购房需求	国务院"新国五条"要求继续严格实施差别化住房信贷政策	某些城市房价有抬头趋势
2014	防范房价过度波动的系统性金融风险	加强对产能过剩行业，地方融资平台贷款，房地产市场，各类影子银行业务，企业互保联保等风险领域的监测分析，动态排查风险隐患，督促金融机构及有关方面做好各种情景下的应对预案	房地产销售降幅及部分城市房价降幅有所收窄
2015	健全系统性金融风险的防范预警和评估体系	动态排查风险隐患，继续加强对地方政府性债务，房地产市场，产能过剩行业，各类影子银行业务，企业互保联保等风险领域的监测分析，督促金融机构及有关方面做好各种情景下的应对预案	房地产价格仍在上升，并有可能向其他领域传导
2016	抑制房地产周期波动	按照"因城施策"的原则对房地产市场实施调控，强化住房金融宏观审慎管理，对不实施限购措施的城市下调个人住房贷款最低首付款比例，清理房地产"场外配资"	房地产价格上涨有所放缓，但前期的房价较快上涨有可能逐步传导

— 213 —

续表

年份	主要政策目标	主要政策内容	房市行情
2017	加快形成促进房地产市场稳定发展的长效机制	坚持"房子是用来住的,不是用来炒的"的定位,按照"因城施策"的原则对房地产市场实施调控,强化住房金融宏观审慎管理,防控住房贷款不合理增长,严格限制信贷流向投资投机性购房	房地产库存去化明显,房价上涨速度放缓
2018	进一步理顺中央地方财政关系,加快建立房地产调控长效机制	无新的显著政策提出和实施	房地产开发投资保持较快增长,房价环比涨幅有一定回调
2019	加快建立房地产金融长效管理机制,不将房地产作为短期刺激经济的手段	按照"因城施策"的基本原则,坚持房子是用来住的,不是用来炒的定位,落实房地产长效管理机制,不将房地产作为短期刺激经济的手段	房地产市场运行总体平稳,房地产贷款增速平稳回落,房价涨幅有所回落
2020年一季度	保持房地产金融政策的连续性,一致性,稳定性	坚持"房子是用来住的,不是用来炒的"定位和"不将房地产作为短期刺激经济的手段"要求,保持房地产金融政策的连续性,一致性,稳定性	商品房销售和房地产开发投资均有所下降,然而房价保持总体稳定

资料来源:由中国人民银行各季度货币政策执行报告搜集整理